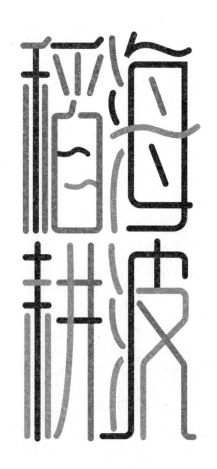

Dao Hai
Geng Bo

赵国弟

主编

上海市浦东新区
进才实验小学教育集团
教师文集 · 2023 卷

文汇出版社

本书编委会

主　　编：赵国弟

编　　委：江海虹　朱君可　叶苗瑛

　　　　　严茵茵　周卫华　徐　燕

　　　　　宋惠龙　马卫平　刘逸婷

目 录 | CONTENTS

素养导向下"神话"单元语文项目化学习实践案例..................汪轶灵 001

用项目化学习方式发展学生核心素养

    ——以"1亿有多大?"数学学科项目化学习为例..................刘 燕 009

学科素养导向下的道法大单元项目化学习设计策略..................唐 颖 016

项目驱动,综合发展

    ——核心素养背景下小学语文项目化学习实施途径初探..................顾小华 022

《长方体展开图》数学项目化学习实践与探索..................王维洁 029

浅谈核心素养导向下的小学数学项目化学习..................沈 明 035

搭建学习支架 助力项目化学习..................马卫平 041

以项目化学习探索"生活大课堂"

    ——以"争当校园'消防安全小卫士'"项目为例..................施海燕 047

素养导向下的美术学科项目化学习评价..................吴佳莉 053

对歌流转 意境悠远

    ——小学音乐"项目化学习"探究..................夏 薇 060

水彩画的秘密

    ——小学美术"项目化学习"探究..................李 秀 068

点燃音乐"灵感","催化"项目创新

    ——基于知识创造的SECI知识模型..................赵益萍 078

稻海耕农

基于问题解决的小学信息科技教学之设计与实践
　　——以"我是火箭指挥员"项目探究为例 ....陆晓君　084

数字化游戏在培养小学生数学思维中的价值与应用 ....蔡　红　091

运用新媒体技术，助力低学段学生自主识字 ....陆嘉伶　097

浅谈数字化背景下小学美术课堂教学 ....王馨蕾　104

数字化在小学音乐歌唱课教学中的探索 ....赢静雅　110

使用ChatGPT如何提高体育教师工作效率实践研究 ....李嘉伟　116

指向核心素养的小学语文教学与数字化融合的应用初探............陆　慧　127

浅谈小学生的社会主义核心价值观教育
　　——以我校的育人实践为例 ....王振华　132

以班集体建设促进学生个性化发展 ....黄赵沁　141

科学素养提升境遇中实验教学有效实施的研究 ....沈卓俊　146

浅谈优化小学低年级语文识字教学的途径与方法 ....苏逸洁　153

基于学习任务的单元整体设计
　　——以统编版小学语文五年级上册第二单元为例 ....凌彩瑛　160

探索实践，让语文课堂"活"起来 ....秦雨雯　167

小学英语阅读教学中提升学生思维品质的初探................姚志娟　174

体育游戏在小学体育教育中的作用及影响 ....潘昵昵　180

指向核心素养的表现性评价
　　——以小学牛津英语2BM4U2 Mother's Day为例 ....倪丽梅　187

浅议小学语文教材中插图的运用..........................宣丽君　199

摭谈基于人物描写的小学高年级作文教学策略................林洁稚　206

由唐僧"西天取经"所想到的
　　——摭谈基于思维力培养的小学语文教学 ....郑　楠　213

基于核心素养培育的小学语文名著阅读之学习策略..........张倩雯　218

小学二年级看图写话教学之对策探究..........周纯钢　225

小学语文深度学习初探..........顾敏艺　231

基于学生思考差异性的低学段语文前置性作业设计调整..........成雨函　237

塑造真语文课堂，扎实低年级朗读教学..........朱　蕾　243

主题意义下基于学生思考特征的英语单元整体教学..........王秋婷　249

基于核心素养培育的小学美术评价设计..........高　雯　255

浅谈小学英语阅读教学中学生核心素养的培养..........张　静　269

浅谈"深度学习"
　　——以小学数学教学为例..........王　莉　277

基于英语学习活动观的小学英语词汇教学实践..........李心宇　284

小学英语教学中合作学习模式的应用..........顾佳蓉　290

新课标视域下小学体育跨学科教学探究..........牛晶晶　295

小学数学作业评价现状分析与应对举措..........郁伟超　302

为学生创设"能说会写"的天地
　　——以"2分钟演讲"和《语林采英》为例..........江海虹　308

素养导向下"神话"单元语文项目化学习实践案例

上海市浦东新区东方小学　汪轶灵

《义务教育语文课程标准(2022年版)》(以下简称"新课标")指出,小学语文课程应当立足核心素养,加强内容整合。教师应教授学生掌握多种阅读方法,注重培养学生的独立阅读能力,使其积累丰富的语言文化知识,提高语文核心素养。本次项目化学习名为"走进神话世界",以四年级上册第四单元"神话"单元为素材,提出真实情境下的驱动性问题,设计学习任务,统整学习资源,引领学生深入合作、自主探究,在完成活动任务的过程中实现单元教学目标的落实,促进学生核心素养的发展与提升。

一、"神话"单元项目化学习的实施价值

在传统的教学中,教师以单篇阅读为主,按照教材既定的顺序依次教学。教师的主导性强,课堂以教师的讲解和学生的回答为主。学生所获取的阅读知识、阅读经验及审美体验呈现出碎片化的特点,学习效率低下。而项目化学习以学生为主导,鼓励学生自主阅读、交流合作、个性表达。通过项目化学习整合单元内容、确定单元学习目标、提出驱动性问题、设计活动任务,组织合作进行探究学习,以此促进学生由浅层次碎片化的阅读转向深度的阅读感悟,在阅读中感受、学习独特的表达方式,发现、应用写作的技巧。

统编版语文四年级上册第四单元是以神话进行组织,包括了《盘古开天地》《精卫填海》《普罗米修斯》《女娲补天》四篇课文。在"阅读链接""语文园地"和"快乐读书吧"板块中,又链接了神话题材的古诗《嫦娥》以及《燧人钻木取火》《神农尝百草》等神话故事,为学生构建了一个充满想象的神话世界。同时,在"习作"板块中要求学生以"我与_____过一天"为题创作一篇记叙与神话人物共度一天的习作。

希望学生能够通过阅读神话、创作神话,了解祖先在探索世界的进程中的独特诠释和美好向往,进一步激发他们学习神话故事的热情和兴趣。可见,本单元强调的是让学生对于"神话"这一文学体裁获取丰富的阅读体验和创作表达经历。所以,依托统编版语文四年级上册第四单元开展项目化学习是具有天然优势的。最为重要的是,通过项目化学习,学生能够更为直观地感受教材中神话故事的语言特色,教材中所蕴含的语文学科核心素养能够更为统一、完整地呈现出来,对提高学生的语文学科核心素养更具有优势,学生获取的阅读体验和表达经历也更为丰富。

在项目化学习的实施过程中,教师围绕驱动性问题,以任务为导向设计活动任务,整合单元教学内容,串联单元内知识,消除单篇课文之间的割裂感。学生可以练习单篇阅读难以练习的阅读策略,在真实的情境中进行语言实践活动,感受神话的独特魅力。

二、"神话"单元项目化学习的实施过程

(一)聚焦语文要素,构建学习目标

本单元的语文要素分别是"了解故事的起因、经过、结果,学习把握课文的主要内容"和"感受神话神奇的想象以及鲜明的人物形象"。在把握本单元语文要素的基础上,结合神话单元的文体特征,制定了本次项目化学习的目标:

1. 通过各种方法查阅、收集、整理资料,了解神话人物的出身外貌、特长能力、脾气性格等信息,学会用自己的话描述神话英雄及其经历。

2. 总结神话人物的共同之处,加深学生对神话人物的认识。

3. 能通过文字感受神话人物以及神话情节的神奇。

4. 通过思维导图、表格等方法梳理情节,发现规律,归纳出神话中英雄故事的密码。

5. 运用所学的写作方法,借鉴神话的叙事结构,展开想象,自己续写或创作神话故事。

(二)提出驱动问题,设置任务清单

在项目化学习中,驱动性问题起到激发兴趣、链接知识与发散思维的重要作用。神话起源于人类的童年时期,是人类最早的故事,是想象的产物。小学四年级的学生还处于想象力非常丰富的阶段,对于神话充满好奇,也乐于讲述故事,因此本次项目化的驱动性问题就是:作为一个神话故事爱好者,你将如何向周围的人讲述、传播

神话故事？

基于上述驱动性问题，学生进行了讨论与思考，提出了下列子问题：

1. 中外有哪些代表性的神话故事和神话人物？

2. 神话人物有什么性格、品质特点？

3. 神话故事的情节设置和叙事结构是怎样的？

4. 神话故事"神"在哪里？

5. 中西神话有哪些相同之处和不同之处？

围绕单元语文要素，根据学习目标，梳理归纳学生讨论所提出的问题，本次项目化学习创设"走进神话世界"这一教学情境，设置了三个教学任务。具体教学内容与课时安排如下：

"走进神话世界"项目化学习活动任务单与课时安排

项目化名称	任务名称	具　体　内　容	课时
走进神话世界	感受神话的神奇想象	收集、交流课内外神话故事并分享	1
		摘录、分享神话中"神奇"的句段	1
		归纳、发现神话故事共有的叙事结构	2
	体会神话的人物形象	了解神话人物信息，制作"神话人物履历卡"	1
		简述、评价神话人物	1
	创作自己的神话故事	用自己的话向周围的人讲述课内神话故事	1
		发挥想象，创作神话故事，完成习作"我与_____过一天"	2
		评选"神话创作小达人"	1

（三）组织合作探究，培育核心素养

项目化学习以学生为主导，鼓励学生以小组的形式合作探究。学生间进行分工合作、信息共享，不断地在小组内交流分享自己的理解，在这个过程中，将会不断加深对神话的认识。

1. 感受神话的神奇想象，归纳神话的叙事结构

项目化学习的第一个任务是"感受神话的神奇想象"。学生想要感受神话的

"神奇"，首先阅读本单元内的神话篇目，把握课文内容，进而阅读面延伸至课外。学生依据自己的兴趣，参考教师的推荐篇目，广泛地阅读神话故事并在同学间分享交流。在阅读的过程中，教师相机教授学生批注的方法，指导学生摘录神话故事中的"神奇"之处，并以读书笔记的形式进行小组交流。

在此基础上，引导学生梳理本单元课内神话故事的情节，以思维导图的形式呈现，并找出神话故事的共同点。学生经过归纳总结，发现神话故事的共同点不仅体现在充满想象力的语言表达上，更体现在相似的情节设置和叙事结构上。神话故事基本遵循着"人类遭受灾难—英雄挺身而出自我牺牲—英雄造福人类"的故事情节。

神话叙事结构归纳表

题　目	神话人物	起因（困难）	经过（自我牺牲）	结局（造福人类）
盘古开天地	盘古	天地一片混沌	开辟天地，身化万物	身体化为日月星辰、山川河流
精卫填海	精卫	炎帝的小女儿在东海被淹死了	化为精卫	不停填海
普罗米修斯	普罗米修斯	人类没有火，生活在黑暗和寒冷之中。宙斯不愿意把火种给人类	被锁在高加索山，遭受日晒雨淋，而且每天被鹫鹰啄食肝脏	人类获得火种。最后被大力神所救
女娲补天	女娲	天塌地陷，洪水暴发，野兽横行	女娲历经千辛万苦补天	成功补天，野兽退散，灾祸平息，百姓安居乐业

这样的活动可以在有限的时间里最大限度地丰富学生的阅读经历，夯实学生神话故事的阅读基础，为后续的项目化活动做好准备。

2. 制作神话人物"简历"，体会神话的人物形象

项目化学习的第二个任务是"体会神话的人物形象"。大部分神话里都有一个英雄。单元语文要素中的"感受鲜明的人物形象"，就是指学生应当了解神话中的英雄并能感受到他的英雄形象。在此之前，学生必须先准确地了解该神话人物的信息。学生结合文章内容，提炼神话人物的特长能力、脾气性格，出身经历等，加深对神话人物品格、神话情节的理解，以"简历"的形式呈现神话人物信息。

神话人物简历

个　人　信　息					
姓　名		性　别		出自（国籍）神话	
外貌描述		特长本领			
事　迹　信　息					
已有头衔					
主要履历	出身： 经历： 结局：				
评　价					

在完成"神话人物简历"的制作之后，进行汇总分享，学生能够发现这些神话人物不仅拥有超凡的能力、过人的智慧、无比的力量，还具有大无畏的牺牲精神。例如，《盘古开天地》里为了开辟天地而身化万物的盘古，《普罗米修斯》里为了给人类带去火种而遭受宙斯惩罚的普罗米修斯，"语文园地"拓展阅读中为治病救人而尝百草的神农，他们或是力大无穷，强健伟岸，或是足智多谋，博学多通，但无一不是甘愿为了人类的福祉而勇于牺牲的。

在交流过程中，提出"如果你是神话人物，你会怎么做？"的问题，引导学生思考，鼓励学生对某个神话人物进行评价，加深对人物形象的认识，感受神话中英雄人物的牺牲精神。

3. 讲述、创作自己的神话故事

项目化学习的第三个任务是"创作自己的神话故事"。这个任务主要培养学生的创造能力和表达能力。神话之所以能流传千年，是因为它在口耳相传的过程中不断经历着二次创作的过程。通过之前的学习任务，学生已经归纳、掌握了神话故事叙事结构与常见的情节设置，基于此，更要发挥自己的想象力，将神话中的细节讲得更具体、丰富、生动。能够生动地讲述课内神话故事也是为之后的习作打下基础。

在撰写习作"我与_____过一天"之前，在学生间展开讨论："联系现实社会中人类遇到的困难，你希望哪位神话人物来帮助我们解决问题？"有的学生回答希望与神农一起研制治疗疾病的药物，有的学生回答希望与女娲一起捏土造人，解决人口问题。将学生带入真实情境，拓宽写作思路。经过之前的活动任务，学生撰写习作时,可以按照起因、经过、结果的叙述顺序进行创作,突出神话人物特点,塑造英雄形象,同时结合讲述神话故事的经验,加入丰富的想象,实现由讲到写的过渡。这既是对知识的巩固与运用,也是语文核心素养的提升。

(四)汇总学生作品,进行成果展示

学生将项目化学习过程中生成的资料进行整理。在班级内举行"神话故事汇",进行讲神话故事的比赛。将学生的习作汇总,编撰班级文集《神话新编》。通过丰富的形式进行成果展示。在展示的过程中,学生回顾本次项目化学习经历,总结经验与收获。

(五)设计评价量表,引导多元参与

项目化学习的评价注重过程性与评价主体的多元化。通过评价量表的设计可以让学生本人、同学以及老师都参与其中。评价维度立足于语文核心素养而设置,强调了以评促教的评价取向。

"走进神话世界"项目化评价量表

评价维度	评 价 项 目			评 价 等 级		
	A	B	C	学生自评	小组互评	老师评价
文化自信	深刻体会中国神话故事中勤劳、善良、智慧、勇于牺牲的人物形象。感受中华文化的悠久历史	初步体会中国神话故事中的人物形象,但未能准确归纳其特点。对中华文化的悠久历史有一定认识	未能体会中国神话故事中的人物形象。对中华文化的悠久历史缺乏认识			
语言运用	能生动地讲述本单元的神话故事。所写的习作"我与___过一天"语言流畅,情节生动	能完整地讲述本单元的神话故事。所写的习作"我与___过一天"语言通顺,情节较为生动	不能完整地讲述本单元的神话故事。不能完成习作"我与___过一天"			

(续表)

评价维度	评价项目			评价等级		
	A	B	C	学生自评	小组互评	老师评价
思维能力	能通过分析、比较归纳出神话故事的情节结构与叙事特点	能分析神话故事的情节结构与叙事特点,但不能进行归纳总结	不能分析、归纳神话故事的情节结构与叙事特点			
审美创造	能体会神话人物的牺牲精神与英雄形象,感受到神话的丰富想象力并运用至自己的习作中	能体会神话人物的牺牲精神与英雄形象,感受神话的丰富想象力,但未运用至自己的习作中	不能体会神话人物的牺牲精神与英雄形象,感受不到神话的丰富想象力			

三、"神话"单元项目化学习的成效与反思

(一)兴趣推动学生自主学习

因为神话故事的绮丽想象对学生有着天然的吸引力,因此,学生的学习兴趣十分高涨。一改往日被动阅读,学生主动探索学习。在神话故事的资料收集阶段,学生通过网络、课外书籍等多种途径查找出资源并进行汇总;制作神话人物简历时,学生成果内容翔实;在讲述神话故事时,学生绘声绘色,专注投入……学习成果出人意料。

(二)合作锻炼学生互助沟通

本次项目化学习以小组的形式进行合作探究。学生的优势各自不同,有的长于思考但拙于表达,有的心思缜密但不擅想象。在合作过程中,学生们合理分工,优势互补,最终呈现的作品都可以看到学生集体的智慧。

(三)实践提升学生语文素养

本次项目化学习中,学生通过阅读课内外神话故事获取了丰富的阅读体验。在

感受神话神奇的想象和体会人物形象过程中掌握了比较、归纳等多种阅读策略，发现了神话的创作密码，锻炼了多文本阅读的思考能力。在讲述神话故事和习作环节，学生调动阅读积累，运用所学方法表达创作。在真实的语言实践活动中，学生的语文核心素养得到了显著提升。

参考文献：

［1］王金华.基于群文阅读思想的小学语文单元教学设计策略研究［D］.重庆：西南大学,2021.

［2］蒋军晶.让学生学会阅读——群文阅读这样做［M］.北京：中国人民大学出版社,2016.

［3］金磊.编教材神话单元项目式学习策略探究——以四年级上册第四单元为例［J］.语文建设,2023（1）：74.

［4］黄明瑜.小学语文阅读教学项目式学习的研究与实践——以"神话"单元为例［J］.试题与研究,2022（7）：122-123.

用项目化学习方式发展学生核心素养
——以"1亿有多大?"数学学科项目化学习为例

上海市浦东新区东方小学　刘　燕

《义务教育数学课程标准(2022年版)》明确了以核心素养为导向的课程目标,在强调"四基""四能"的同时,让学生逐步形成和发展面向未来社会和个人发展所需要的核心素养。在这一背景之下,小学数学的教学不能仅仅停留在知识层面,更要注重培养学生的核心素养。而项目化学习的方式正是通过让学生在一段时间内对学科或跨学科相关的驱动性问题进行探索,充分调动学生的知识、能力、品质,从而解决问题并形成公开成果。在此过程中,不仅加深了学生对核心知识的理解,更有助于发展其数学学科核心素养。

本文将以"1亿有多大?"这一项目化学习为例,在具体阐述设计方法及实施过程的同时,就成果反馈做总结与反思。

一、项目设计

(一)设计背景

本项目化学习是以沪教版数学四年级第一学期第二单元"数与量"中"大数的认识"这一内容为基础进行设计的。在对该知识点开展教学时,可能往往更注重读写等知识技能的掌握,而缺乏对学生数感这一核心素养的培养。对于学生而言,10、100、1000乃至10000的感受还是较为具体的,比如,一个年级有100多人,操场跑5圈就是1000米,上海体育场能容纳80000名观众。但对于一些大数,学生能从知识层面掌握"10个一千万是1亿",却较难形成具象感受,继而在之后的估测、应用中常常会闹出笑话。

基于上述经验,拟通过项目化学习的方式,让学生在解决问题的过程中逐步形成对于大数的感知,同时借由观察、测量、比较、推算等方法的应用,以及个人探究、小组合作等不同组织形式的实践,不仅使学生的数感得到提升,更让其量感、运算能力、推理意识等核心素养得到发展。

（二）项目目标

项目化学习最本质的特征之一就是指向对核心知识的深度理解，其中包含两个要素：一是学生所要学的是核心知识，二是要让学生产生深度理解。这就意味着项目化学习的目标制定在基于教材、学情，考虑基础知识、基本技能的同时，还要关注核心知识，即学科关键概念或能力，以及学生的深度理解，即对于知识迁移、转化的能力。

就本项目而言，其实施对象是四年级学生，在之前的学习中他们已经掌握了有关多位数乘除法的计算，认识了一些常用计量单位并知道了它们之间如何进行转换。基于此，本项目的目标制定如下：

1. 通过测量、计算、推理、对照等过程，感受1亿的大小，发展数感与量感。
2. 在探究活动中体悟"以小见大"的数学思想方法，发展推理意识。
3. 在个人探究与小组合作中，发展独立思考、问题解决及团队协作能力。

（三）驱动性问题

真实性是项目化学习的一个重要特征，但此真实非彼真实，项目化学习所谓的"真实"，是指所学知识和能力的真实以及所运用思维方式的真实。本项目化学习旨在促进学生对于所学内容（即"大数的认识"）的理解，意在发展学生的数感、量感以及推理意识。因此，在驱动性问题的设计上，以各国人口这一学生较为常见的用"亿"做单位的材料信息为引入，提出问题。具体如下：

"全球各国人口最新排名出炉（截至2022年4月）中国以14.5亿人口居首位，其次是印度有14.0亿人口，排在第三位的是美国拥有3.3亿人口。那究竟'1亿有多大呢？'你能想象吗？"

（四）预设评价

学生是否真的在本项目化学习中发展了核心素养？评价是对这一问题进行回答的一种方式。通过评价可以了解学生在项目化学习中的成长，同时评价本身也是对于学生学习的一种指引，还能促进其反思，对于教师而言亦能帮助其优化教学。

就本项目化学习而言，主要采用两种评价方法，即过程性评价与终结性评价。评价的主体有学生自己、同伴以及老师。此外，在评价维度上，不仅要关注学生分析问题、解决问题的能力，还要关注学生发现问题、提出问题的能力。因此，拟在项目实施的第一阶段和第二阶段分别开展评价,内容涵盖问题解决、方法选择、结果呈现等,突出对于数感、量感、推理意识以及质疑能力、表达能力、协作能力的关注。

二、项目实施

（一）准备阶段

学习单是引导学生自主学习、开展学习活动的材料。在本项目化学习中围绕驱动性问题,设计了如下学习活动单:

我的问题	1亿_____
我选择的方法	
我选择的基数	
我的推算	
我的感受	

本学习活动单共分五部分内容,首先是问题的确立,即探究的内容是什么？如1亿张纸叠在一起有多高？接着是研究方法与基数的选择,此处需针对"基数"和学生做相关说明,以便其更好开展后续活动。然后是推算过程的描述,最后写一写自己对于得到探究结果后的感受。

（二）实施阶段

本次项目化学习的实施主要分为两个阶段:第一阶段主要是以学生个体为单位,各自围绕研究主题开展活动;第二阶段则是在第一阶段的基础之上,以小组为单位展开进一步的探究。

【第一阶段】

1.教师就学习活动单进行阐释,让学生了解各部分内容的含义。

2.学生利用国庆长假,围绕"1亿有多大"的主题确定所要研究的具体问题,并借助各类方法解决问题,完成学习活动单。

3.教师利用项目化学习的综合实践课,请学生来分享各自的学习活动单,在师生、生生互动中共享收获与思考。从学习活动单的反馈来看,探究的问题主要可分为如下几类:

（1）涉及长度的内容

这类问题主要涉及计量单位中的长度单位，如："1亿把尺有多长？"学生A首先测量了10把尺的长度，然后再利用推算计算得出1亿把尺的总长度。在该生的分享过程中，学生们对于他的探究过程提出了各自的意见，比如在基数的选择上，不妨以1把尺的长度作为基准，测量时注意尺的首尾两端部分也要测量，不能仅仅看尺上的刻度。其次，在结果的呈现上，由于最终计算得到的数据过大，所以难以让人有较为直观的感受，不妨先进行单位换算，然后与生活中的一些物品长度进行比较，这样更为形象生动。在这一方面，学生B在探究"1亿张纸有多厚？"的过程中，以100张纸的厚度为基数进行推算，最终得到的结果不仅进行了单位换算，还与珠穆朗玛峰的高度进行了比较，让人有了更为直观的感知。

（2）涉及面积的内容

这类问题主要围绕面积展开，学生C同样以A4纸作为素材，但不同于纵向高度的探究，他研究的是平铺面积，以1张A4纸的面积为基数进行推算，从而得出"1亿张A4纸的面积"，不过在结果的呈现上也出现了数据过大，难以想象的问题。学生D确立的问题是："1亿张扑克牌展开面积有多大？"他细致地考虑到了扑克牌圆角的问题，故而特别注明"圆角被填补成直角"。该生同样是以1张扑克牌的面积为基数进行推算，但得出的结果也同样存在较为抽象的问题。

（3）涉及质量的内容

这类问题主要是围绕质量展开研究，有："1亿本字典有多重？""1亿粒米有多重？""1亿枚硬币有多重？""1亿滴水有多重？"他们都在选择相应基数后进行推算得出结果。其中学生E不仅推算出1亿粒米的质量，还通过资料查询得知我国人年均吃米110千克，并由此进一步推算出1亿粒米需要一个人大约吃18年才能吃完！这样直观形象的结果，让人一目了然的同时，也让人更能直观想象1亿有多大。

（4）涉及时间的内容

能从这个角度提出问题，十分具有创意。学生F的问题是："数1亿个数需要多少时间？"学生G的问题是："一本1亿页的书需要多久才能翻完？"这些虽然较难真正操作，但他们通过基数的选择——"先记录数100个数需要多少时间""先记录翻100页需要多久"，然后通过推算得出结果。除了富有新意的问题，这两位学生都将所得结果转换为以年为单位，使结果更加清晰、直观。同时，在学生F的层层推算中还考虑到吃饭、睡觉等休息时间，最终得到需要4年多才能数完1亿个数的结论，让人眼前一亮。

其实，除了上述所列举的四方面内容外，在第一阶段的汇报交流中还不乏其他富有创意的内容,比如"1亿粒米可以让多少人吃饱?"等,在开放式的问题下,学生们所展现出的成果令人惊喜连连。

【第二阶段】

1. 根据第一阶段的个人分享,由学生共同选出值得进一步探究或完善的问题,也可提出新的问题,经讨论后形成"备选问题库"。

2. 学生4～6人自由组队,确立组长及成员分工。

3. 各组从"备选问题库"中选择一个问题,展开相应的探究活动。

4. 利用综合实践课程的项目化学习时间,以小组为单位进行汇报展示,汇报完后,由其他小组成员提出疑问,汇报小组进行答疑。

三、项目成果

本次项目化学习的成果展示包含两方面内容:一是小组制作的"1亿有多大?"知识小报;二是小组汇报展示,即为大家阐述他们的探究过程及结果。

(一)项目成果一:小组制作的"1亿有多大?"知识小报

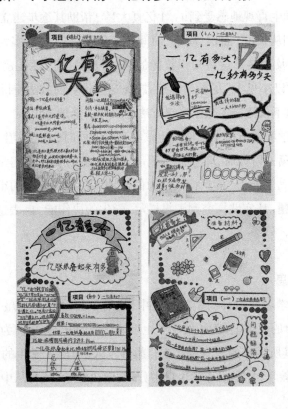

（二）项目成果二：小组汇报展示

在该环节，学生以小组为单位依次上台，结合他们制作的知识小报，为大家分别阐述各自的探究过程，从问题剖析到方法选择，从基数测量到推算方法，直至得出最终结果及给他们的感受。其中有些小组在汇报中还提到了他们在探究中遇到的问题以及他们是如何解决的。

在听完小组汇报后，其他小组可以针对刚才的汇报内容提出自己的问题或建议，再由台上成员进行解答或反馈。最终评选出一组综合表现最为优异的小组，并予以表彰。

四、总结与反思

（一）项目总结

数感、量感是小学数学学科核心素养表现形式的一部分，其作为抽象能力的内容，在教学中往往是难点所在。本次围绕"1亿有多大？"所展开的系列活动，通过项目化学习的方式让学生在实践探索中对这原本"远在天边"的大数有了"近在咫尺"的直观感受。从1亿张纸叠起来比珠穆朗玛峰还高、1亿粒米可供一个人大约吃18年等结果中，让学生直观地感受到了"1亿真大！"，帮助其逐步建立起数感。而在探究过程中，学生们从长度、面积、质量、时间等多角度对"1亿有多大？"进行了诠释，在运用计量单位及其换算这些知识技能的同时，也让学生逐步建立起了量感。此外，学生们借助"以小见大"的数学思想方法，通过推算的方法使得原本难以测量的结果得以呈现，这不仅渗透了数学思想方法也培养了推理意识。

运用项目化学习的方法在发展学生核心素养的同时，也让学生的综合能力得到了锻炼。在完成第一阶段时，学生通过测量、计算、查资料最终得出自己的结论，在此过程中渗透着动手能力、信息检索能力的运用。在第二阶段的小组合作中，从确立分工到确定选题，从实践探究到汇报展示，学生的协作能力、表达能力、倾听能力等都得到了历练。

（二）项目反思

本次项目化学习在设计与实施过程中，也有值得进一步推敲与改进之处。首先，在学习活动单的设计上，为了便于学生后续活动的开展，提前为学生们设计了一份学习活动单，其所涵盖的内容都是来自教师本人，忽略了学生的主体性。项目化学习不同于传统教学，它是引导学生自主分析、解决数学问题，从中获得相应的学习经验、技巧,为之后运用数学理论知识奠定扎实的基础。因此,在本次项目化学习中,可尝试以入项课的形式,在向学生出示驱动性问题后,通过讨论、交流逐步梳理出解决这一问题的方法,并形成一份学习活动单,如此一来不仅能让学生对于学习活动单的内容有更深入的理解,也是对于学生解决问题思路的一种培养。

其次,在项目评价的设计与实施上还需进一步研究。本次项目化学习的评价主要还是基于传统教学评价角度开展的。虽力图尝试从核心素养的角度来设计,但并未能制定出与之相适应的具体评价量规,总体而言还是较为笼统的一些指标。因此,在后续项目化学习的设计中,应将评价纳入同等重要的地位,着力从核心素养到项目目标再到评价设计与量规制定,并将其贯穿项目化学习的始终。

参考文献:

[1] 中华人民共和国教育部.义务教育数学课程标准(2022年版)[S].北京:北京师范大学出版社,2022.

[2] 夏雪梅.素养时代的项目化学习如何设计[J].江苏教育,2019(22):7-11.

[3] 夏雪梅.指向核心素养的项目化学习评价[J].中国教育学刊,2022(09):50-57.

学科素养导向下的道法大单元项目化学习设计策略

上海市浦东新区罗山小学　唐　颖

　　《义务教育道德与法治课程标准(2022年版)》(以下简称为"新课标")中提出了"一体化设计"的课程理念,这是"大单元"主题教育的必然结果。要求以核心素养为背景,提炼单元主题,结合多样课程,纵横双向运用多种活动模式,从而使学生的道德行为落地。新课标还提出了丰富学生实践体验、促进知行合一的教学建议。要积极探索议题式、体验式、项目式等多种教学方法,引导学生参与体验,促进感悟与构建。要采取热点分析、角色扮演、情景体验、模拟活动等方式,引导学生开展自主探究与合作探究,让学生认识社会。

　　五年级上册第六单元"人类世界　美好未来"这一单元由三课内容组成,但是知识跨度大,外在联系不明显。考虑到五年级学生学情,尝试采用单元项目化学习的方式,以求系统地让学生掌握科技发展的历程、国际组织的作用、世界和平的趋势,帮助学生形成人类世界共存共荣的意识,激发学生让世界变得更美好的责任感、使命感。在设计过程中,笔者采取了以下策略:

一、把握单元目标,确立核心知识

　　大单元视角下的教学,要求教师站在整体、全局的高度,以单元话题为基础,统领核心学习任务,使学生在主动的、连续的、深度的学习活动中获得知识、习得情感。项目化学习要让学生在课堂上经历更高层次的元认知历程:明确自己的学习目标,对自己的学习材料和时间进行管理,监控自己的项目流程,在和同伴交流的过程中对自己的观点进行反思改进,最终形成知识概念。

　　"人类世界　美好未来"的单元总体目标是让学生感受科学精神,认识科技是人类探索世界的重要手段,也是实现人类梦想的重要力量,能够辩证地看待科技对人类社会的作用。了解国际组织对维护世界和平与发展的重要性及我国在国际事务中的作用，使学生具有国际视野，形成热爱和平、反对战争的情感态度。

新课标发布以后，对各学科的核心素养及其内涵进行了明确的界定。结合相关阐释，能够发现本单元目标与核心素养之间的连接点，即学生对科学技术与人类关系的道德判断，对中国特色大国外交的政治认同，关心社会、国家和人类的责任意识。找到了单元目标和核心素养的关联，后续设计才会更有针对性。

二、创设现实情境，打通驱动问题

在本单元设计中，单元目标和核心素养为我们指出了这样一条驱动问题链条：如何辩证看待科技与人类的关系？怎样认识中国在国际组织中发挥的作用？为何中国共产党长期坚持中国特色大国外交道路？

面对这样三个核心问题，即便是老师，在备课中也要通过查找大量资料理清关系，更不用说是五年级的孩子。既要用大单元整合看似分散的知识点，又要用学生感兴趣的情境包裹学习过程，是项目设计的难点。

项目设计期间，正值公务员笔试全面恢复。笔者又看到了党的二十大以后，外交部新闻发言人驳斥外媒抹黑中国和平外交政策的新闻，就把"外交部新闻发言人的成长之路"作为贯穿单元活动的主情境，把三个驱动问题转化为职业体验过程中的三个阶段性问题：立志进入外交部的公考生要通过怎样的测试？驻国际组织任职的见习外交官团队，可以通过哪些方法熟悉该组织情况，发挥外交作用？新任外交部新闻发言人怎样用事实驳斥无良外媒的抹黑？

驱动性问题被无痕包裹在"小小新闻发言人"生涯体验活动的过程中，打破了单元单课、单个知识点的孤立状态，也一下子调动起了学生的积极性。

三、澄清认知策略，设计实践活动

项目化学习主要通过高阶认知带动低阶认知，教师需要借助活动任务单等学习支架，澄清驱动性问题和学习成果中包含的主要的高阶认知策略类型，对高阶认知策略的清晰设计更能整合基础知识与技能，实现概念知识的项目化学习历程，也就是本单元对"中国特色大国外交"这一大概念的突破。

大多数项目化学习会涉及至少三种实践。教师在设计中明确各种实践的基本组成，有利于设计出更能激发学生学习与思考的学习历程。在本单元项目化学习的设计中，围绕"小小新闻发言人"这一角色，设计了入职考试、外派见习和正式上岗三个职业阶段。

四、明确学习成果，激发团队潜能

传统探究学习活动的小报类成果大多是单纯收集信息的低阶思维，很少调动高阶思维，对小报的修饰会花去不少精力，反而与"双减"的初衷相违背。设计中，教师要尽可能整合教材已有信息，提供方便学生自主管理任务和进度的学习任务单，给学生提供当堂整合资料的时间，在课内完成学习成果展示的前期准备。

表1　"小发言人见习班"学习任务单

"小小新闻发言人"见习报告	
同组成员	
见习国际组织名称 及组织会标	
组织性质	世界性国际组织（　　）　　区域性国际组织（　　） 一般性国际组织（　　）　　专门性国际组织（　　）
组织概况	收集国际组织相关资料的参考途径： 中华人民共和国外交部官方网站 相关国际组织官方网站、相关书籍
我国在其中的作用	收集近年来我国在该国际组织发挥作用的新闻报道，借助时间轴排序，提炼主要内容
我的见习心得	

因此，在本单元设计中，除了初期的"小发言人招聘会"有部分基础性知识的考查，中后期还有分别以分组辩论、团体汇报、个人展示为呈现形式的考查，老师在课堂用视频记录交流成果，便于评价。

就以"驻外见习团队交流会"活动为例，教材虽然列举了不少国际组织，但是都仅仅出现了某一方面的介绍，对中国在国际组织中发挥作用的介绍资料也停留在六七年前，但是教材清楚地指示了收集国际组织相关资料的途径，就是鼓励学生开展探究式项目化活动。通过阅读教材，学生能自主整合出介绍中国与国际组织之间关系的不同角度，也能借助团队的力量，围绕某一个国际组织，分工找到中国不同年份在某一组织中活跃的新闻素材，通过素材分享、共读，能较为容易地分析出中国在这个国际组织中发挥的作用，生成丰富的个人理解，形成团体汇报成果。其他团队的同学也能在聆听中从更多角度了解不同组同学的理解，进行观点的比较。在最后的"我的见习心得"中,学生从团队回归个人,自然生成对"中国在国际组织中发挥了怎样的作用"这一问题的个性化理解。

五、设计全程评价,促进个体反思

项目化学习的评价是多元且丰富的。教师要同时运用过程性和终结性评价策略和多元主体参与的评价方法来促进学生真正投入学习,并引发更深层次的学习和理解。在设计评价指标时,教师要考虑到过程性成果能否顺利导向最终成果,最终成果与驱动性问题之间的关联,成果是否体现了核心概念的生成和知识技能的运用,学生能否自如进行知识迁移。

表2　"小发言人招聘会"评价表

"小小新闻发言人"入编考(通识)成绩通知书
亲爱的考生,你在本次入编考中答题全部正确,顺利获得面试资格,请凭本通知参与下一轮面试。
亲爱的考生,你在本次入编考中答对(　　)题,答错(　　)题,请在收到本通知后尽快完成重测,以顺利获得面试资格。

表3　"小发言人实习班"团队评价表

"小小新闻发言人"见习团队评议				
见习组织			见习总评	
团队成员				
评价指标	评　价　细　则		组内自评	他组评
团队合作	成员们积极参与小组见习工作,分担见习任务☆			
见习成果	准确掌握见习组织基本情况(名称、会标、性质)☆ 进一步掌握见习组织概况(成员国、组织理念、主要作用等)☆☆ 用资料或者时事新闻,介绍我国在该组织中发挥的作用☆☆☆ 用较为丰富的资料或者时事新闻,介绍我国在该组织中发挥的作用☆☆☆☆			
学有所得	大方分享见习心得☆ 在见习中产生独到的想法☆☆			

鉴于"小小新闻发言人"全程进行职业角色扮演的活动特性,除了包含项目化学习评价的特点,为了提升体验感,评价的方方面面均还要与主体情境呼应,凸显职业特色。三个活动对应的评价表以全体基础性学习评价的"入编通知书"、团队过程性评价的"驻外见习团队评议"和个体成果表现性评价的"新闻发言人绩效考核"形式出现,在生涯模拟活动的过程中层层递进,明确学生所需达到的能力和素养要求,调动学生逐步深入探索的欲望,促进分析、支持、整合和评价的高阶思维,带动记忆、收集信息、理解等低阶思维,以适应五年级学生的发展需求。

表4 "小小新闻发布会"评价表

"小小新闻发言人"绩效考核				
发言人			绩效总评	
考核指标	考 核 细 则		自评	小组评
观点表达	能从教材和读本出发,选择一个角度体现我国和平外交政策☆ 能从多个角度体现我国和平外交政策☆☆			
案例佐证	查阅教材、文献或新闻报道,能用一个历史资料或时事新闻体现我国和平外交政策☆ 能用多份历史资料或时事新闻体现我国和平外交政策☆			
风采展示	语言表达流畅☆ 语言表达流畅,仪态大方,自信坚定☆☆			

在实际教学中,我们也发现由于学生在基础知识、探索兴趣、主动学习能力上的差异,个体成果的呈现也有一定的分层。有些学生习惯了传统的学习模式,乐于看到同学的交流,对于自主探究还是有一定的畏难情绪。如何通过组织好小组活动,让能力强的同学对同伴做示范和带动,由老师提供更为完善的学习支架,为能力较弱的学生提供充分的支持,让每个孩子在活动中有获得感和参与感,是后续设计和组织项目化学习活动中要充分考虑的问题。

美国巴克教育研究所认为,项目化学习是"学生在一段时间内通过研究并应对一个真实的、有吸引力的和复杂的问题、课题或挑战,掌握重点知识和技能"的学习方法。道德与法治大单元项目化学习,通过任务设计问题探究、学习实践等环节,发挥学生主体作用,让学生在实践中关心并参与社会建设,引领学生在合作中解决关键问题,让教学更有针对性、实效性,促进学生持续发展。

正如习近平总书记在学校思想政治理论课教师座谈会上所强调指出的："要坚持理论性与实践性相统一，用科学理论培养人，重视思政课的实践性，把思政小课堂同社会大课堂结合起来。"

道法学科教师以大单元项目化学习设计为契机，认真研读新课标，发现学生的学习需求，在教学活动设计中寻求突破点，才能讲好每一堂道法课，让学生真心喜爱、终身受益。

参考文献：

[1] 中华人民共和国教育部.义务教育道德与法治课程标准(2022年版)[S].北京：北京师范大学出版社,2022.

[2] 夏雪梅.项目化学习设计：学习素养视角下的国际与本土实践[M].北京：教育科学出版社,2018.

[3] 夏雪梅.2019年基础教育风向标：项目化学习[N].中国教育报,2019-01-02(5).

[4] 李月琴.多维活动链　通达儿童知行合一——大单元视角下的小学思政导行的精准"落地"[J].教育实践与研究(A),2022(Z1).

[5] 冯林军.大单元视角下的历史主题教学实践探索[J].教学月刊小学版(综合),2022(Z1).

[6] 郭露璐.道德与法治课项目化学习实施策略探究[J].中学政治教学参考,2022(10).

项目驱动,综合发展

——核心素养背景下小学语文项目化学习实施途径初探

上海市浦东新区进才实验小学　顾小华

【摘　要】在国家全面推进教育改革创新的大背景下,以核心素养为基础的教育课程成为当今课程改革中不可或缺的一环。为了提升学生的综合能力,实现其核心素养的有效提升,本研究通过语文项目化学习的方式创设主题项目、开发学习内容和实现跨学科融合,培养学生高阶思维、语言能力,拓展学生视野,提升学生语文核心素养。同时,本研究还探索了过程性评价的方法,旨在让学生成为探究者,通过评价激发学生的学习动力和自主探索能力。本文通过实际案例,探讨小学语文项目化学习的方法和途径。

【关键词】小学语文　项目化学习　核心素养　发展性评价

一、基于核心素养的小学语文项目式学习设计的意义

学生在学习过程中,需要教师的有效指导和自主思考才能取得进步。当前的小学课程设置过于分科,学生只能在特定的学科中学习这一学科的相关知识,导致知识缺乏系统性和全面性。学习内容的单一、偏窄,必然制约学生思维品质的优化、思维能力的发展。

项目化学习是倡导以"核心素养"为本的教育,是一种新型的教学方式,其通过设计具有挑战性的情境项目,让学生参与到课程学习中,进行开放式的学习和研讨,进而提高学生的综合能力,并发挥出其特有的教育功能。

语文项目化学习主要是以语文学科中的核心知识或技能为载体,以综合学习为表现形式,以培育、发展学生的发展核心素养为关键指向的一种全新的语文教学方式,这种方式打破了传统的教学模式,教师可以将教学资源进行跨学科的研究和整

合,让学生在实践中进行合作、沟通、思辨等,从而生发协作能力、创造能力、批判能力等多方面的核心素养,让学生真正体会到学习的本质和学习的乐趣。

因此,教师应该在教学中努力为学生提供一个培养合作能力、创造能力和批判性思维的环境,让学生在项目化学习过程中,深入地分析问题和解决问题,提高学生的语文核心素养。

二、目前小学语文项目化学习教学设计存在的问题

1.教师专业素养欠缺

在小学语文教学中,教师的专业素养和能力虽在持续的师训中不断提高,但较多停留在对理论一知半解的层面,又缺乏在相关理论的指导下对实践的主题深入探究。

2.教学方式滞后

以学生为主体的教学方式还没有得到充分发挥,学生的学习仍以被动接受为主;由于缺乏有效的指导,学生很难全身心地投入项目化学习中。

3.缺乏创新思维

学生的语文学习虽在知识技能上有所长进,但普遍缺乏创新思维。当下项目化学习已被广泛地应用于基础教育,但它仍然存在许多理论佐证和实践运用的不足,特别是在解决实际问题方面。

三、核心素养背景下小学语文项目化学习实施途径研究

1.依托大单元教学目标,培养学生高阶思维

《语文教育课程方案(2022年版)》指出:"探索大单元教学,积极开展主题化、项目式学习等综合性教学活动,促进学生举一反三、融会贯通,加强知识间的内在联系,促进知识结构化。"

可是,组织项目化学习时,教师要以大单元教学为依托,从人文主题与语文要素中提取核心内容,设立大单元教学目标、设计项目化学习任务,激励学生在探究主题和驱动性问题的引领下,自主探究,合作学习,切实提高学生语文核心素养。

以部编版语文三年级下册第二单元为例。此单元的篇章页导语为"寓言是生活的一面镜子"。聚焦"寓言"这个主题,结合本单元的语文要素"读寓言故事,明白其中道理",笔者设立此大单元的教学目标:通过项目化学习,了解寓言故事的特点,明白其中的道理;培养学生的思辨能力,并能将寓言故事的教益融入生活中。

在这个大单元的项目化学习中,以"寓言是生活的一面镜子"为主题,设立驱动

性问题"如何读懂寓言故事"。由此,笔者设计了三个相应的学习任务:(1)选择一则寓言故事,深入研读和理解其中的道理。学生通过互助阅读、角色扮演或小组讨论的方式,探究故事中的隐喻和象征,理解作者的用意以及寓言故事的教育意义。(2)运用所学的寓言故事中的道理来审视和分析身边的事物或事件。通过将寓言故事与现实生活相结合,促进学生更好地领会其中的智慧和教益。(3)选择一个现实生活中的问题或道德困境,创作一则寓言故事来传达自己的观点和价值观。通过创作寓言故事,学生不仅可以运用所学的语文要素,还可以培养他们的创造力和表达能力。

在完成这些任务的过程中,学生通过分析、创作、合作和讨论等多种方式,深入认识了知识间的内在联系,领悟了寓言故事的内涵,并体验着语文学习的独特乐趣。这样的教学模式激发学生的学习动力,促进了他们的合作与交流能力,培养了他们的批判性思维和创造性思维,进而提高了他们的语文核心素养。

2. 创设主题项目,开阔学生视野

项目化学习能为学生在具有挑战性主题的刺激下展开深度学习,创设适切的探究情境。通过主动探究、积极合作和反思,培养学生的深度思维能力。据此,教师应根据课程内容和学生的实际情况,设计主题项目,创造真实情境,提供学习资源,培养学生的自主学习能力,并构建学生与项目核心任务之间的桥梁。

统编版语文教材二年级上册第七单元围绕"想象"主题编排了《古诗二首》《雾在哪里》和《雪孩子》三篇课文。其中两篇课文是以"水"为主旨展开丰富的想象,展示了水的神奇变化和不同的性格形象。笔者在教学本单元内容时,进行了调整和重组,将第2课《我是什么》与《雾在哪里》《雪孩子》整合为以"我是什么?"为主题的项目化学习任务组,旨在引导学生探索自然界事物的奇妙变化。此次项目化学习中,笔者设计了四个任务:(1)画一画"我"的旅行——借助图文结合的方式,了解水的形态变化;(2)演一演"我"的脾气——借助表演的方式,体验水对人类生活的影响;(3)找一找"我"的秘密——走进生活,在小组合作探究水的变化,并用多种方式记录这种变化;(4)"百变精灵"就是"我"——选择一个自然现象或物体,通过调查研究和资料收集,深入了解其特点、变化过程以及对人类生活的影响,以小组展示的形式分享研究成果。

"我是什么?"项目通过多样性的学习,使学生打开视野,全面了解水的各种变化。正是在打破课堂边界、走向生活世界的主题式、拓展型探究中,将原有散点式、碎片化、隐性化的知识学习整合为学生对单元系统知识与技能的主动探究,促使学生在自主解决问题的过程中主动获取知识并构建知识框架。这样的学习方式,让语文学习变得更加有趣和有意义。同时,引导学生学会思考问题、表达观点,并能够自觉地将所学的知识应用到实际生活中,也为学生未来的发展奠定坚实的基础。

3. 开发学习内容,提升学生语言能力

在项目化学习中,教师应根据学生的兴趣和实际需求,创造积极的学习氛围,开发多样化的学习内容,开展口头表达、写作、演讲等语言运用活动,在增强他们的逻辑思维和沟通能力中提升学生的语言能力。

以统编版语文教材三年级下册《荷花》为例,笔者借助项目化教学模式,组织实践活动,引导学生探究"花中四君子"这一主题。

第一步:组织《荷花》的教学内容,引导学生观察和欣赏荷花,讨论"为什么荷花会被古人称为'花中君子'",激发学生的好奇心,引发对"花中四君子"的探究兴趣。第二步:组织学生进行实地考察或实验活动,了解"花中四君子"中的兰、菊、梅、竹。学生通过观察"四君子"的外貌、气味、生长环境等,并记录相关信息,认知这些花的不同特点。第三步:引导学生对"花中四君子"的深入探究,并提供相关的课外阅读材料、图片或视频资料,让学生了解每种花的历史、文化背景、象征意义等。学生以小组形式进行研究,并汇报他们的发现和观点。第四步:根据学生的个人兴趣和特长,鼓励他们选择一种花作为"花中四君子"的代表花,进行个性化实践活动。学生选择其中一种花进行插花艺术、写一篇介绍该花的文章、设计一个海报或制作一个模型等。通过个性化实践,培养学生的创造力和表达能力。

以上项目化教学的设计与实施,让学生在驱动性问题的导引下,通过观察体验、小组探究自主学习的方式深入了解"花中四君子"的特点和意义;同时,通过实践活动以及个性化实践的体验,提升语文语言运用能力,包括词汇的运用、写作表达能力和口头表达能力。

4. 实现跨学科融合,培养学生综合能力

实现跨学科融合在小学语文教学中具有重要意义。语文作为一门基础性学科,与其他学科存在紧密的联系和互动。通过跨学科融合,可以促进学科之间的相互渗透和交流,拓宽学生的知识视野,提升语文学习的实用性,培养学生的综合能力。教师可以设计相关项目化学习任务,积极开展跨学科教学活动,引导学生在跨学科学习中进行探索和实践,使他们在语文学习中获得更多的收获和成长。

以统编版语文教材二年级下册《传统节日》为例。笔者设计了以下相关的项目化学习任务:

(1)以"我最喜欢的传统节日"为主题。创作一个与传统节日相关的艺术作品。例如,制作节日贺卡、剪纸、彩绘传统节日场景等,通过艺术的表达培养学生的审美意识和创造力,并结合语文学习揭示作品所透视的文化内涵。

(2)制作"传统节日知多少"创意小报。以项目化学习小组为单位,研究各个传统节日的起源和发展历程,了解其中的历史背景和文化传统,并以语文的学习为主题进行相关文献的阅读和讨论,实现历史与语文的融合。

(3)借助"传统节日交流会",探究传统节日在社会生活中的意义和作用。了解不同地区和群体的庆祝方式和习俗,在语文学习中进行口头表达和小练笔,实现社会习俗与语文教学的融合。

通过以上的跨学科项目化探究活动,学生得以在更广泛的层面上认识和体验中华优秀传统文化,从而培养他们对其独特的文化价值的尊重和热爱。而且,这样的活动不仅提升学生的语文语言运用能力,还能够激发学生的创造力和思维能力,进一步拓展他们对艺术、历史和社会的理解。

5. 重视过程性评价,促进学生自主探究

评价标准起到指导学生有效学习的作用,帮助他们调整和完善学习方法和成果,进而实现学习目标。项目化学习将评价与过程融合在一起,强调对学习过程的评价,而非仅仅关注学习结果。

过程性评价是项目化学习中的一种重要的评价方式,其目的是让学生成为自主的探究者。评价不再是简单地给出成绩或打分,而是关注学生的学习过程、思维方式、解决问题的能力和创新思维等方面的发展。

现以"传统节日"为主题的项目化学习为例。笔者设计了核心素养背景下小学语文项目化学习过程性评价表,设置项目选择、资源获取、研究计划、研究过程、表达能力、合作与交流、反思与进步七个评价要素,通过学生自评、小组评价、教师点评、家长参评等多元评价,及时调整和不断改进学生的学习状态,让学生成为学习的主体。

表1 核心素养背景下小学语文项目化学习过程性评价表

项目主题《传统节日》

姓名＿＿＿＿＿＿＿＿＿＿ 年 月 日

评价要素	内 容 标 准	学生自评	小组评价	教师评价	家长评价
项目选择	能够选择一个传统节日主题,并表达兴趣和愿望进行研究	☆ ☆ ☆	☆ ☆ ☆	☆ ☆ ☆	☆ ☆ ☆
资源获取	能够使用简单的资源获取基本的传统节日信息	☆ ☆ ☆	☆ ☆ ☆	☆ ☆ ☆	☆ ☆ ☆

（续表）

评价要素	内　容　标　准	学生自评	小组评价	教师评价	家长评价
研究计划	能够制订简单的研究计划,并按计划完成研究任务	☆ ☆ ☆	☆ ☆ ☆	☆ ☆ ☆	☆ ☆ ☆
研究过程	能够按照研究计划有条不紊地进行研究活动,并记录重要发现	☆ ☆ ☆	☆ ☆ ☆	☆ ☆ ☆	☆ ☆ ☆
表达能力	能够通过简单的口头表达、绘画、手工制作等方式表达对传统节日的理解和感受	☆ ☆ ☆	☆ ☆ ☆	☆ ☆ ☆	☆ ☆ ☆
合作与交流	能够与同学分享研究成果,进行简单的交流和合作,尊重他人的观点和意见	☆ ☆ ☆	☆ ☆ ☆	☆ ☆ ☆	☆ ☆ ☆
反思与进步	能够定期反思项目学习的过程,评估自己的学习成果和表现,并提出改进的建议	☆ ☆ ☆	☆ ☆ ☆	☆ ☆ ☆	☆ ☆ ☆
备注	星星数表示评价等级:★★★代表优秀,★★☆代表良好,★☆☆代表一般				

在项目化学习中,评价不仅应关注学生的知识掌握情况,还应关注其表达、思考、合作等能力的发展,这才是过程性评价的功能所在。这种评价方法真正实践了以学生为中心的教学理念,激发了学生学习潜力,培养了学生的自主学习能力和探究精神,使学生成为自主探究的善学者。

四、结束语

通过上述项目化学习的种种例证和说明,教师能有效利用语文学科的人文内涵和工具性特点,引导学生在项目化学习中实现以语文核心提升为主的综合发展。这种核心素养,不仅体现在知识技能上,更体现在学生思维能力、合作能力和创新能力的培养上。当然,核心素养背景下的项目化学习是一个方兴未艾的热点命题,本文的探究只是一种积极的尝试,当梳理经验、反思不足、不断进取。

参考文献:

[1] 赵旭华.小学语文整本书阅读教学中项目式学习的应用路径[J].第二课堂(D),2023(02):37.

[2] 杜万彬.小学语文主题单元项目式学习的实践与思考——以统编版语文六年级下册第一单元的教学为例[J].小学教学研究,2023(05):69-71.

[3] 钟芳仪.项目式教学视域下语文阅读教学策略研探[J].新课程研究,2023(04):19-21.

［4］陈小燕.项目化学习下语文阅读教学探究［J］.文理导航（下旬）,2023（01）：16-18.

［5］李晓强.小学语文项目式阅读教学的实践研究［C］//中国国际科技促进会国际院士联合体工作委员会.2023年现代化教育国际研究学会论文集（三）.［出版者不详］,2023：1080-1082.

［6］周娜.真实性·深化性：小学语文项目式学习的任务设计探究［C］//中国国际科技促进会国际院士联合体工作委员会.2023年教育教学国际学术论坛论文集（二）.［出版者不详］,2023：688-693.

《长方体展开图》数学项目化学习
实践与探索

上海市浦东新区东方小学　王维洁

【摘　要】本文以《长方体展开图》一课为例,阐述如何在数学学科中实施项目化学习,从而有效提高学生的沟通与合作、问题解决、批判性思维等重要的能力。

【关键词】项目化学习　小学数学　长方体展开图

一、项目概述

本项目旨在通过设计和制作长方体的展开图,以帮助学生深入理解几何形体的空间结构。展开图是将三维物体展开为二维平面图形的表示方式,有助于展示物体的表面特征、边界结构以及各个面之间的关系。通过参与该项目,学生将能够锻炼几何思维、图形设计和手工制作能力,培养空间想象力和创造力。

学生运用所学的长方体展开图等相关知识,设计和制作母校校园模型,以留存对母校美好回忆并展示学生们的创意和合作能力。这个特别的毕业前夕课程将鼓励学生们从一个全新的角度去感受和表达他们与母校之间深厚的情感。

二、项目设计

在五年级下册数学教科书(沪教版)《长方体展开图》这一课中,笔者进行了一次学科项目化学习的尝试,引导学生进行持续探究式的学习,旨在落实数学建模、应用意识等数学核心素养。学习了"长方体展开图有哪些"后,结合"毕业前夕"为主题的成长体验活动,创设情景,引导学生通过制作学校模型,来表达自己对母校的热爱与怀念。学生们对这一活动主题跃跃欲试,充满了兴趣。但该如何制作呢? 一开始,大家都心里没底。于是激烈的头脑风暴开始了,学生提出了很多亟待解决的问题:

（1）学校教学楼是什么形状的？

（2）怎样把教学楼分割成规则的图形（蓝村校区教学楼）？

（3）会用到哪些已经学过的数学知识？没有学过的数学知识有吗？怎么解决？

（4）如何使制作的模型和教学楼的形状相像呢？

经过讨论，学生对本次项目化学习有了初步的认识，发现本学期所学到的长方体展开图大有可为，凭借这些知识和技能，大家就能用纸来制作长方体了。最终，学生们确立了四个活动。

（1）制作模型草图。

（2）制作教学楼模型（单个）。

（3）拼搭与美化。

（4）展示评价。

通过进一步讨论，学生们又提出了许多具体问题（问题链）：

（1）教学楼的形状有什么特点？由哪三个立体图形组合而成？

（2）这三个长方体合并组成教学楼模型，有哪几条边的数据是相同的？

（3）要在纸上作出长方体的展开图，需要知道哪些数据？（长、宽、高）这三个长方体的长宽高之间有什么特点？

（4）怎么画长方体的展开图？（数量、大小、顺序）

（5）把展开图搭建成长方体时要注意什么？

（6）如何美化自己做出的模型？

在以上问题链的基础上对问题内容进行修改，将合适的问题转化为驱动性任务，明确驱动性任务：如何画出长方体的展开图，从而搭成长方体。（旨在提高学生动手操作、发现问题、解决问题的能力）

基于对课程标准的细化分解、对学生学习情况的分析，制定了本次学习的主题：设计不同形状的长方体展开图，拼搭长方体，组合美化模型。

学生经历探索不同形状的长方体展开图的过程，理解长方体的特点并能解决简单的问题，体会方法的多样化和合理性。在测量、计算、交流展示等过程中，培养独立思考、分工合作、自我表达、沟通交流、乐学善思、解决问题的能力。

根据主题确定学习目标：

（1）深入理解长方体的空间结构，掌握展开图的概念和制作方法。

（2）培养学生的几何思维能力，提升图形分析和空间感知能力。

（3）提升学生的图形设计技能，包括比例、对称、排版等方面的能力。

（4）培养学生的手工制作技能,锻炼耐心和细致注意力。

（5）鼓励学生在设计过程中发挥创造力,尝试不同的展开图设计方案。

（6）通过搭建组合图形,培养学生宏观视角整体思考和有序思考的能力,锻炼学生从发现问题到分析问题,再到解决问题的探究和学习能力,提升学生的核心素养。

（7）通过搭建校园模型,学生从不同于以往的角度,重新审视与自己相处了五年的校园,丰富学生的情感体验,从而懂得感恩。

三、项目实施过程

项目化学习是以学生为主导,鼓励学生以小组的形式合作探究。学生间的分工合作、信息共享,不断在小组内交流分享自己的理解,在这个过程中,将会不断加深对长方体展开图的认识。

活动一：设计教学楼模型草图

实施环节的第一个活动,设计草图。要设计草图,需要解决三个问题,分别是：

1. 实地观察教学楼布局。

2. 确定教学楼是由哪几个图形组成的。

3. 制作草图。（初步确定数据）

为了解决这些问题,学生们走出教室,开展实地观察,从不同的距离、不同的角度,研究我们校园的每一栋楼。他们或手绘,或借助电脑,制作出了一张张模型设计的草图。

在教学楼模型草图设计活动中,学生通过实地观察和模型草图的设计,开始锻炼自己的观察能力和图形构建技能。学生们迈出了项目化学习的第一步,展示了他们的独立思考和观察的能力。通过实地观察和布局设计,他们逐渐了解了校园的空间结构。这种观察与图形设计的结合,对学生的图形分析和空间感知能力有积极的影响。这个阶段,学生通过创造性的设计初步锻炼了自己的审美和设计技能。另外,也开始了团队合作,在小组内分享各自的观察和设计,为制作模型打下基础。

活动二：制作教学楼模型（单个）

实施环节的第二个活动,制作模型。要制作这么大一个模型,一个人的力量是薄弱的。同学们想到了分工合作,每人制作一到两个长方体,最后再组合起来,整个校园教学楼的模型就完成啦。经讨论，将活动二分为以下步骤：

1. 画长方体展开图。

2. 制作长方体模型。

分小组后，学生们先组织分工，每人选择自己负责的建筑物。然后通过讨论，大家明确了每栋楼的大小尺寸。确定了每个人的任务后，学生们便开始挥毫泼墨，画了起来。其中，我们蓝村校区教学楼较少，为了丰富学生的学习活动，老师只提供了有限的纸张，这就要求学生在一张纸上使用多种不同的展开图，来充分利用纸张的每一处空白，以此来巩固学生对不同类型长方体展开图的认识。

绘制完后，学生们通过组内互查，找出画错的展开图，及时调整。通过试错，学生充分累积了活动经历，总结出了经验，对长方体展开图有了更深一步的认识。

此时，学生们已经画好了一个个长方体展开图，也就有了模型的骨架，如何将它们聚拢、固定和美化，学生早已有了主意。有的同学选用了较为容易的方法，即用玻璃胶将长方体相邻的面黏合起来。也有同学充分调用了自己在美术和劳技课程中掌握的技法，通过在长方体展开图的边缘留下一段距离，涂上胶水，黏合、聚拢长方体。

在这个阶段，学生分组紧密合作，制作模型的过程中需要解决多个具体问题，例如：如何将图转化成实际的模型、如何选择合适的工具等，这培养了学生解决问题的能力，同时也要求他们运用数学知识，如测量、计算，以保证模型的准确性。通过反复试错和调整，学生获得了对几何图形和测量的深刻认识。

活动三：拼搭与美化

第三个活动是拼搭和美化，在美化的过程中，学生们也各显神通，有用画笔的，有用彩泥的……最后，大家从分工转向合作，将自己所制作的模型汇集起来，形成了我们整个校园的模型。

拼搭与美化环节鼓励学生发挥创造力，不仅要制作模型，还要为它们增色添彩。学生们学会如何将不同的部分整合成一个完整的模型，并运用美学原则为其增色添彩。这不仅增强了学生的美术和设计能力，还激发了他们的创作思维，使他们在实际的制作过程中更加仔细和耐心。

活动四：成果展示，学生互评

第四个活动是成果展示，学生互相评价。学生分小组进行作品展示并有条理地陈述了他们的设计思路，同时也深入总结了他们在制作过程中遇到的问题和所得到的经验教训。观众席上的同学们从各种不同的角度提供了宝贵的评价意见,这种多元的反馈不仅让被评价的学生感受到了认同,也使他们能够从别人的观点中看到自己设计中的不足之处,为进一步提升提供了方向。

学生互评成果展示是整个项目的精华,学生通过提出自己的设计思路和完成的模型,展示他们在数学、美术和团队协作方面的成就。这个过程激发了学生的自信心,同时也教导他们如何接受并提供良好的反馈。

四、项目化学习的成效与反思

1. 深入几何思维,强化数学能力

通过设计和制作长方体的展开图,学生不仅能够理解三维空间结构,还能学会如何将其映射到二维平面。这强调了几何思维的培养,促使学生更好地理解和分析各种图形。在设计展开图的过程中,学生需要考虑比例、创新性、排版等数学因素,这有助于增强他们的数学能力,特别是几何方面的技能。

2. 鼓励大胆尝试,培养创造思维

学生在项目中必须先尝试不同的展开图设计方案,不断进行调整和修改,然后评估模型的制作。通过这个过程,学生培养了解决问题的能力,学会从不同的角度思考和灵活运用数学知识,同时也激发了他们的创作思维。

3. 培养团队协作,增强集体意识

项目化学习以小组合作的形式进行,每个小组的学生拥有各自的优势和特长。有的学生善于思考但不善于表达,有的思维严密但缺乏想象力,有的则具备良好的动手能力。在合作的过程中,学生需要合理分工,相互补充,通过设计和制作长方体展开图以及拼装校园搭模,启迪了集体的智慧。这有助于提升学生的团队协作、沟通和合作能力,以及集体意识的培养。

4. 促进深刻交流,不断反思成长

整个项目化学习过程不仅仅是完成一个数学模型的制作,还包括深入思考和学习的机会。在回顾和反思阶段,学生能够回顾所运用的数学知识、总结在解决问题时所获得的经验和扩充所学的数学内容,还深入思考自己在解决问题时所采用的策略和方法。通过与同伴的交流和互动,学生看到了自己设计中的不足之处,并在讨论中吸取了宝贵的经验教训。这样的反思和交流不仅有助于当前项目的提升,也积累了宝贵的学习和成长资历,为今后的学习和生活奠定了坚实的基础。

综上所言,项目化学习是一个强有力的教育教学方法,通过它,学生不仅能够掌握数学知识和技能,还能培养跨学科的能力,如创作思维、沟通技巧和团队协作。这些都是未来成功的因素。因此,项目化学习不仅仅是传授知识,更是培养学生的全面素质,使他们具备更强的学习和生活技能。

参考文献:

[1] 中华人民共和国教育部.义务教育数学课程标准(2011年版)[S].北京:北京师范大学出版社,2012.

[2] 夏雪梅.项目化学习设计:学习素养视角下的国际与本土实践[M].北京:教育科学出版社,2018.

浅谈核心素养导向下的小学数学项目化学习

上海市浦东新区华林小学　沈　明

【摘　要】项目化学习的推广,对激发学生的学习兴趣和自主性,提升学生的问题解决能力和创新思维,以及培养学生的团队协作和沟通技巧等核心素养方面有较大的促进作用。然而,现阶段仍存在一些问题,如教师对项目化学习有效实施的能力不足,整合其他学科实施项目化学习的意识不强,以及评价体系的不完善等。因此,笔者认为应提升教师的专业素养,加强学科整合,以及完善评价体系,来进一步推广和深化项目化学习在小学数学教学中的应用。这将有助于提升学生的核心素养,培养他们的创新能力和解决问题能力,为适应未来社会做好充分准备。

【关键词】核心素养　项目化学习　小学数学

随着时代的变迁和发展,我们的教育正在发生潜移默化的变化。这种变化强调的不再仅仅是知识和技能的掌握,更重要的是各种核心素养的培养,如创新思维、团队协作、问题解决等。教育,特别是基础教育,需要与时俱进,以适应这种变化。核心素养的培养已经成为全球教育改革的共识,也逐步在我国的课程改革中得到了初步的应用和实践。其中,项目化学习以其独特的教学方式,被认为是培养学生核心素养的有效途径。

在项目化学习中,学生不再是被动的知识接受者,而是成为主动的知识探索者和创造者。他们需要在解决实际问题的过程中,运用和拓展所学的知识,锻炼和提升自己的能力。特别是在小学阶段,学生的思维和能力处于快速发展的时期,他们对新事物充满好奇、乐于动手、乐于探索,项目化学习正好满足了他们的这些特点。在小学数学教学中,我们已经看到了项目化学习正在如火如荼地开展中,然而仍面临一些问题和挑战,这需要我们进行深入的研究和探讨。

一、小学数学项目化学习的现状

（一）教师项目化学习实施的能力有待提升

核心素养下的项目化学习，要求教师不仅需要有专业的数学知识，而且需要具备优秀的项目设计和指导能力。然而，在实际教学中，部分教师的理解还存在偏差，将其理解为单纯的知识技能，而忽视了学生核心素养的培养。同时，也有一部分教师缺乏项目化学习的设计和实施经验，难以提出符合学生需求的项目，或者在项目实施过程中，难以对学生进行有效的引导和帮助。

（二）个别项目化学习学科属性略显单一

随着近几年项目化学习逐步推进，教师们也都开始尝试实施项目化学习，但设计项目化学习时往往只考虑本学科的内容，比如数学老师只局限于数学这一个学科，有时也只局限于数学课堂，缺乏与其他学科的有效整合，这样的项目化学习就缺少了深度和广度。

（三）项目化学习评价体系不够完善

项目化学习强调学生的主体性和实践性，需要通过多元化的评价方式来全面反映学生的学习效果。然而，目前我们的小学数学课堂教学评价体系仍以知识掌握为主，难以全面准确地评价学生在项目化学习中的表现。例如，在项目化学习过程中，学生可能需要运用数学知识解决实际问题，进行团队合作，或者进行创新设计等，这就需要教师能够设计出多元化的评价方式，如观察记录、调查记录、过程评价、同伴评价、师生评价等等，但这在实际操作中，对教师的专业素养和教学能力都提出了更高的要求。

二、小学数学项目化学习的建议

（一）提升教师实施项目化学习的能力

为了解决教师理解和能力问题，教师专业素养是必不可少的一环。教育部门和学校应积极组织有关核心素养和项目化学习的培训，通过专家讲座、案例分享、研讨交流等形式，提升教师的理论素养和实践能力。此外，学校可以建立教师共享平台，鼓励教师分享项目化学习的成功案例和教学经验，互相学习，互相启发。教师的专业素养是项目化学习在小学数学教学中推广的关键，也是保障学生学习效果的重要因素。

（二）加强项目化学习各学科之间的整合，提升学生核心素养

《义务教育数学课程标准（2022年版）》明确指出："项目式学习的设计以解决现实问题为重点，综合应用数学和其他学科知识解决问题，体会数学知识的价值，以及数学与其他学科的关联。"在小学数学学科中开展项目化学习，有助于改变传统的数学学科的学习方式，充分体现学生的主体性，突出数学学习的过程性和实践性，并打破学科的壁垒，让学生用数学的眼光去思考各个学科的内容，积累丰富的数学活动经验，有助于学生更好地形成核心素养。

项目化学习是学生在一段时间内，通过对真实且有挑战性的问题（任务）进行持续探索，创造性地解决问题，形成公开有效的成果，达到对核心知识的再建构与思维迁移。为此，笔者在校长的指导下，结合本学科（数学）做了一个项目化学习的小实践：

项目题目：学校鱼池里面的鱼儿去哪儿了？

活动参与人员：五（1）班全体队员

分组情况：自由组合并推选一名组长

驱动性问题：鱼池里面的鱼为什么会越来越少了？（校长提出）

项目目标：

1. 通过猜想，提升想象、推理等能力。（数学逻辑思维能力的培养）

2. 通过观察、调查，增强收集信息、处理信息的能力。（数学数据意识的培养）

3. 小组合作，结合观察或调查形成合理化建议。（提升解决问题的能力）

4. 感受数学的魅力，提升学习数学的热情。

活动过程：

第一阶段（2月17日—2月20日）：头脑风暴。猜想鱼池里面的鱼为什么少了？请学生先独立思考，然后交流汇报。

第二阶段（2月21日—3月11日）：根据学生的交流汇报，决定探究方向（自主探究）。

学生利用在学校的课余时间实践探究，分小组进行（自由组合），每组4到6人，每一个小组推选一名负责人。

观察日记：完成观察记录表。（请教语文老师）

小调查：完成调查记录表。（采访总务处的老师、门卫叔叔、打扫卫生的阿姨等等）

通过对调查和观察的结果进行分析，学生们发现了一些线索。利用数学课上学习的数据收集和整理方法，将调查结果制成条形统计图或折线统计图，以便更好地讨论问题。

完成观察记录表和调查记录表后进行自我评价。

第三阶段(3月12日—5月31日):提出合理化建议。

内部因素:水质污染,改善水环境和种植水草,保持生态平衡。(请教自然老师)

外部因素:盗食者(猫、白鹭、黄鼠狼等),加强对鱼池的防护。(主要因素)

为了解决这个问题,学生们制订了一套解决方案。他们与学校管理员商量,为鱼池增加一层网状护栏,防止猫等动物接近。(让学生利用学过的数学知识度量鱼池的周长、面积等,和学校管理员一起参与到护栏的建设中,使孩子真正成为学校的小主人)

活动成果:

交流汇报。(小组进行)

通过小组汇总的方式,形成作业成果,最后以统计图、统计表、图片、视频(采访)、观察日记、调查记录、小报等形式呈现出学习成果。

在校长的支持下,网状护栏的建设有效地加强了对鱼池的防护。

这样的项目化设计,既立足于本学科,又将不同学科的知识紧密联系起来,让学生在实践中更好地理解各学科之间的关联和相互作用。这种学习方式有助于拓宽学生的视野,提高他们的综合素质和创新能力,并可以有效地提升学生的核心素养。

(三)完善项目化学习的评价体系

完善评价体系是项目化学习在小学数学教学中深化的重要途径。学校和教师应认识到:评价不仅是检查学生学习结果的手段,更是引导学生学习的重要工具。因此,学校和教师应该从多个维度、多种方式对学生进行多元评价。除了对学生的知识掌握进行评价,还应重视对学生的学习过程、团队协作、问题解决等能力的评价。下面就是我为"学校鱼池里面的鱼儿去哪儿了?"这一项目化学习设计的评价:

自 我 评 价

请就以下问题给自己打分
5分表示非常好,4分表示好,3分表示一般,2分表示须改进,1分表示须努力

在指定时间内完成任务	5	4	3	2	1
能够对获取到的信息进行梳理整合	5	4	3	2	1
用合理的方式进行观察或调查,记录完整	5	4	3	2	1

自我评价表:学生需要根据项目的评价标准自我评价,对自己的学习成果和能力进行比较,激发学生对自我管理和提升的意识。

小 组 评 价

评 价 项 目	评 价 标 准	评 价 者
合作能力	A.合作能力强　　B.合作能力较强 C.合作能力一般　D.合作能力较差	生生互评
沟通能力	A.热情沟通　B.喜欢沟通 C.能够沟通　D.不善沟通	生生互评

师 生 评 价

评 价 项 目	评 价 标 准	评 价 者
学习兴趣	A.热情参与　　B.喜欢参与 C.能够参与　　D.不参与	师评,生生互评
作品成果	A.优秀　B.良好 C.合格　D.需努力	师评,生生互评

小组、师生互评表:学生在团队合作中要互相评价和检验,评价表能够帮助学生更客观地评价他人,并提供合理的反馈。

同时,教师也应及时反馈评价结果,引导学生反思学习,调整学习策略,以达到更好的学习效果。完善的评价体系能够更真实、更全面地反映学生的学习状况,有利于提高学生的学习兴趣和提升学生的学习效果,进而逐步提升学生的核心素养。

三、小学数学项目化学习的支持

项目化学习通常需要大量的时间和资源进行支持。例如,项目需要设计、准备、执行和评估等多个阶段,每个阶段都需要足够的时间保证。但在实际的教学环境中,课程时间往往是紧张的,教师需要在有限的时间内完成大纲的教学,这使得项目化学习的时间分配成为一个难题。此外,项目化学习还需要各种教学资源的支持,比如实验材料、教学软件、教学设施等。然而,一些学校可能由于条件限制,难以提供充足的教学资源。因此,优化资源配置和时间管理非常重要,学校可以通过增加教学设备、更新教学软件、扩大学习空间(学校的小农田)等方式,为项目化学习提供物质条件。同时,学校可以通过调整课程设置,合理安排课程时间,保证项目化学习的实施。教师也需要提高课堂教学效率,让学生在有限的时间内,既能完成知识学习,又能进行项目探索。优化资源配置和时间管理,不仅能提高项目化学习的效果,有利于学生核心素养的提升,同时也能提升教学质量。

核心素养导向下的项目化学习是小学数学教学改革的重要方向。只有充分理解并应用这一教学模式,才能更好地发挥其在提升学生核心素养方面的积极作用。对于未来,期待看到一个更加完善的小学数学教育体系,它不仅关注学生的知识掌握,更重视他们核心素养的提升。通过项目化学习的方式,鼓励学生主动探索,充分展示他们的创新精神和解决问题的能力。这种教育方式能够让学生在学习过程中收获乐趣,增强他们对数学的热爱,从而更好地为他们的未来发展奠定基础。让我们共同努力,为实现这一目标做出自己应有的一份贡献。

参考文献:

[1] 魏婵.劳动教育视角下小学数学项目化学习的实践探索[J].小学教学参考,2023(02):11-13.

[2] 饶瑛.以项目化学习促进整本书真实阅读和深度阅读——以《朝花夕拾》为例[J].中学语文,2021(12):15-17.

[3] 姚威.从零开始,设计项目化学习——以"探秘地铁"项目化学习为例[J].求知导刊,2021(05):03-05.

[4] 林素娟.项目式学习在小学数学教学中的应用[J].西部素质教育,2022,8(10):10-12.

[5] 林慧君.小学数学项目式学习教学实践与启示[J].亚太教育,2022(08):08-10.

搭建学习支架　助力项目化学习

上海市浦东新区晨阳小学　马卫平

"支架"一词是从英文"Scaffold"翻译过来的，也译为"脚手架"，本来是建筑行业的一个术语，具体指建筑楼房时搭起的暂时性支持，这种支持会随着楼房的建成而被撤掉。"支架"这个术语经美国心理学家伍德引入教育领域，苏联心理学家维果茨基的"最近发展区"理论是学习支架的理论基础。如今，学习支架在教育学领域中已被广泛运用，在项目化学习中，学习支架是一种非常重要的工具，它能够帮助学生在学习过程中不断成长。

一、项目化学习中搭建学习支架的重要性

项目化学习是一种以学习者为中心的深度学习的探究活动。在项目化学习的知识与能力构建中，学生通过"学习支架"一步一步地攀升，逐渐发现和解决学习中的问题，并对问题持续不断地探求。因此，在项目化学习中，学习支架的搭建非常重要。

1. 激发学习热情

项目化学习初期，面对发现的问题，学生可能会有畏难情绪。这个阶段，教师可以将问题与学生的实际生活结合起来，设置一个学生感兴趣的情境，使学生觉得解决这个问题非常必要，从而引发学生的使命感，引导学生去观察、发现、思考，从而进行持续性的探究。

2. 助力问题解决

项目化学习实践中，学生会遇到一些问题，有的问题，学生经过思考能够自主解决，而有的问题对学生来说可能是从未接触过的，学生运用现有的知识储备无法解决。这时，教师可以为学生提供解决问题所需的资源、途径、方法，让学生借助这些线索和提示去解决问题。避免学生盲目学习，可以少走弯路。

3.促进反思改进

一个项目化学习任务完成以后,有经验的教师会制定一个项目化学习反馈表,可以引导孩子回顾在整个项目化学习过程中自己的表现,小结自己的收获,反思不足之处。相信反思之后,孩子们会积累学习经验、改进不足之处,在下一次的项目化学习中,扬长避短,助力学生提升学习能力。

二、项目化学习中学习支架的呈现方式

1.借助学历案,推进项目化学习

为了有效推进《义务教育新课程方案和课程标准(2022年版)》落地,华东师范大学课程与教学研究所崔允漷教授提出了"素养导向下的大单元教学"理念,倡导站在学生的立场,用一个组织者(大问题、大任务、大观念)作为单元骨架统摄一个单元的学习活动,从而达到高阶位的学习目标。这种大单元教学设计就是学历案,一份完整的学历案包括单元概览、分课时学历案和作业与检测+学后反思几个部分。学生学习之前收到的学历案的单元概览部分,作为一个学习支架,能为学生展开学习做好准备。单元概览包括"你敢挑战吗""你将学哪些知识""期望你学会什么和给你支招"四个部分,我们可以从"你敢挑战吗"和"给你支招"部分来了解学历案。

(1)你敢挑战吗

这个部分属于项目化学习中的一个挑战问题,需要创设一个与所学知识相关的真实情境中的大任务或者大问题,以激发学生想学习的动力。如部编版语文三年级上册的第一单元的单元概览中,根据单元学习内容和学生实际情况,可以设计这样一个大挑战:

新学期开始了,我们迎来了可爱的一年级新生,为了让这些小朋友尽快了解我们晨阳小学,感受校园生活的美好,学校即将招募一批"魅力校园推荐官",请你准备一份200字以内的推荐词,宣传介绍我们美丽的校园。学校将通过班级推荐名单,评选最佳推荐官作为"魅力校园推荐官",期待你成为其中的一员哦!

新学期开学,孩子们已经是三年级新生了,能以哥哥姐姐的身份迎接一年级的弟弟妹妹,大家一定很期待,也乐意为弟弟妹妹推荐我们的学校,这项任务孩子们一定会愉快地接受的。

(2)给你支招

如果说"你敢挑战吗"部分是个从思想上吸引学生、激发学生学习热情的动员型的学习支架的话,那么这个部分就是实实在在能助力学生解决问题的实用型学习

支架了。在部编版语文三年级上册的第一单元的单元概览中，"给你支招"的内容中包含这样两条：

① 本单元我们将关注阅读中遇到的有新鲜感的词语和句子。你可以从"读起来很有趣味、很奇妙""陌生的事物或景物""特别的构词、构句方式"等角度去关注，可以运用以前学过的联系上下文、联系生活实际等方法理解词句。通过分类诵读、借助插图、想象画面等方式来体会，并在习作中尝试运用，丰富语言表达。

② 本单元我们将领略不同的校园生活，对于民国时期的私塾和私塾里的规矩大家可能不太熟悉，我们可以通过到图书馆或网络搜索、询问教师长辈等方法进一步了解私塾。

关注有新鲜感的词语与句子是本单元的语文元素，"给你支招"的第一条为学生提供了关注新鲜词句的方法：首先，有新鲜感的词句是指那些"读起来很有趣味、很奇妙"的词句，是对学生而言"陌生的事物或景物"的词句，是具有"特别的构词、构句方式"的词句；其次，提示了理解这些词语的方法，运用以前学过的联系上下文、联系生活实际等方法理解词句；再次，体会这些词句的方法，通过分类诵读、借助插图、想象画面等方式来体会；最后，在习作中尝试运用，丰富语言表达。

"给你支招"的第二条是对学生的学习途径的支持。对于学生不熟悉、不了解的民国时期私塾，可以采用到图书馆或网络搜索等独立学习的方式去学习，也可以通过询问教师长辈等求助方式去完成，哪种学习途径更便捷有效就可以选用哪种。

借助这些学习支架，孩子们在介绍自己的美丽校园时，首先，挑选了能体现学校特色的有新鲜感的内容来介绍，如校园美景的介绍中，出现了校园里最吸引孩子们驻足的大鱼缸、奖杯荣誉墙等；其次，学生们还借助积累的有新鲜感的词语，运用比喻、拟人、排比等修辞手法使自己的推荐词更引人关注。

2. 设置子任务，提升学习效率

项目化学习是一种以问题解决为导向，通过项目设计和实施来促进学生学习的方法。为了更好地帮助学生通过项目化学习解决问题，教师可以设置一些辅助型的子任务，帮助学生梳理思路，快速有效地完成学习任务。如部编版语文五年级下册第二单元"走进中国古典名著"的项目化学习，为了帮助学生快速有效完成中国古代四大名著的阅读，老师们设计了一些子任务，同时配备了相应的学习支架，帮助学生化解难点。

（1）名著人物我分享

四大名著人物形象鲜明，数量众多，怎样才能快速而比较全面地了解书中的人物呢？老师们设置了"人物大家谈"子项目。活动时，教师充分挖掘已有的影视资源，通过经典的四大名著影视片段，让学生能以更直观的方式感知名著内容，深入了解人物形象，从而提高鉴赏能力。

（2）阅读方法我知道

四大名著，每一本拿在手上都是沉甸甸的，为了让学生快速有效地完成阅读任务，老师们设置了"阅读方法我知道"的子任务，并给出了鱼骨图、火车图、阶梯图、环形图等思维导图的模型。通过绘制思维导图，抽象的思维过程被可视化，学生在创作中以绘促思，更深入地了解四大古典文学名著，并掌握了有效的学习方法策略，从而系统地构建起知识框架体系，使整个学习过程更加系统、科学，学生的逻辑思维能力和创造性思维能力得到提升。

3. 运用评价工具，助力目标实现

在整个项目化学习过程中，教师需要制定一些评价量表，对学生的项目化学习情况进行评价，可以是对学习态度、学习方法的评价，也可以是对学习成果的评价。这些评价量表就如一个航标，让学生明白自己目前处在什么位置，需要达到什么目标，自己离目标还有多远，在哪些方面做得好，可以给同伴分享经验，哪些地方不够好，可以从同伴那里取长补短。

（1）依据学生学习表现设计的评价量表

这类评价量表主要是依据学生在项目化学习的每个环节中的参与情况设计的量表，提醒孩子积极参与项目化学习活动。如部编版道德与法治三年级下册"多元民族　多彩文化　同庆新年"的项目评价中，老师设置了项目活动参与程度、知识技能掌握程度、项目实施探究能力、团队活动合作精神这四个评价项目，让孩子们检测项目化学习情况。又如三年级美术学科"剪出多样　秀出自信"的评价项目，包括查找资料、整理资料、小组合作、口语表达、展示形式等。这类评价量表更注重考查学生参与项目化学习活动的状态。经过评价，如果觉得自己的状态不够好，那么在后续的项目化学习中就要不断调整，让自己以最好的状态投入到学习中去。

（2）依据学生学习成果设计的评价量表

这类评价量表为学生完成最后的学习成果提供了学习支架。如部编版语文一年级下册第一单元"好玩的童谣　律动的生命"的项目化学习中，老师设计了两张评价表,第一张用来评价"绘写童谣之美",设计了画面、色彩以及画的内容等几个评价项目;第二张用来评价"编童谣之韵",设计了写话格式、书写工整、配画美观几个评价项目。这类评价量表更注重考查项目化学习的成果,学生可以根据评价内容,修改自己的学习成果,从而达到弥补不足或者精益求精的效果。

三、项目化学习中搭建学习支架的原则

1. 适时性原则

学习支架能助力学生在已有知识的基础上构建新知,帮助学生顺利开展项目化学习,但学生必须通过自己的探究实践过程来获得学习成果,体验成功的乐趣。因此,教师在为学生搭建项目化学习支架的时候,要注意时机。学生经过努力,还是不得要领时,就是一个提供学习支架的好时机。就如《论语》中提到的"不愤不启,不悱不发"。不到学生努力想弄明白,但仍然想不透的程度时,先不要去开导他;不到学生心里明白,却又不能完善表达出来的程度时,也不要去启发他。这个时候提供的学习支架,学生会真正用起来。

2. 适切性原则

项目化学习是以学生为主体的学习,有些老师常常会担心学生完不成学习任务,得不到理想的结果,因此想为学生设置足够多的学习支架,希望能帮助学生尽快顺利解决问题,这种想法不可取。在项目化学习中,教师提供的学习支架要适切,能起到提醒、启发的作用,但是不能压缩学生思考的空间,甚至取代学生的学习。整个项目化学习过程,必须由学生合作,自主完成。

3. 递增性原则

项目化学习通常由高阶学习带动低阶学习,但是学习能力和知识的获得是在项目化学习过程中逐渐获得的,因此,学习支架的搭建还须遵循递增性原则。这里的递增是相对重复而言的,就是说学习支架的搭建是递增性的,根据实际情况逐渐递增,但不提倡重复搭建。如同已经完工的建筑,脚手架被移除了,建筑会更完美。一个学习方法很久不用可能会遗忘,教师可以再次提醒学生,但是不要让孩子重复学习。以查询资料为例,学生通常喜欢用关键词在网络上搜索的方法,如果关键词不会写,输入不了怎么办?推荐语音搜索;需要图片怎么找?递增图片搜索方法;遇到一些学术性较强的内容呢?可以让学生去搜索专业网站,强调资料的严谨。搭建学习支架,就是这样一点一点累积,逐步转化成学生的学习能力。

新课标强调核心素养导向,学科育人,项目化学习逐步成为学校深化课程改革

的重要抓手,促进学生的认知学习与社会性成长。学习支架如一把神奇的钥匙,将开启我们推进项目化学习的探索。

参考文献:

[1] 夏雪梅.项目化学习的实施:学习素养视角下的中国构建[M].北京:教育科学出版社,2020:151-152.

[2] 崔允漷.指向核心素养的单元学历案何以可能[J].中国教育报,2022,12(1):07.

以项目化学习探索"生活大课堂"

——以"争当校园'消防安全小卫士'"项目为例

上海市浦东新区晨阳小学　施海燕

一、挖掘"开放课堂"的意义

2020年9月,上海市教委出台了《义务教育项目化学习三年行动计划(2020—2022年)》,随着这计划的推行,项目化学习在浦东一下子成了热门话题。夏雪梅博士也解读了项目化的概念,项目化学习是以校长为核心的教育教学团队,在课程计划和实施过程中,设计真实、富有挑战的驱动性问题,引导学生持续探究,创造性地解决问题,形成相关项目成果。在此过程中培养学生创造性思维、批判性思维、团队合作等重要的终身学习能力,促进教与学方式的变革和教师专业成长,从而提高教学质量。大量实践告诉我们,项目化学习主体是学生,课堂不再局限于教室,生活就是大课堂;让学生在课堂中质疑、研究、讨论;在生活中体验、验证,真正做到学以致用。在实施消防教育的过程中,笔者发现,采用项目化学习模式,不仅能引导学生解决生活中的实际问题,也能在学习实践活动中将消防安全意识潜移默化地融入日常的生活中。

二、探索"趣味课堂"的价值

学习的动力来源于生活。我们步入校内安全体验室,真正开启课堂教学中的头脑风暴。有了前期的实践探究活动,此时,学生探究的兴趣盎然,有的对"消防站的历史"感兴趣,有的想探究"消防的各类设备",还有的对"冬天的消防措施"充满了探究欲。思维碰撞中、集思广益中,大家共同商定了课堂中的本质问题——争当消防安全小卫士。

(一)学习知识,强化安全意识

《小学生公共安全行为指南》(高年级版)中明确要求五年级学生在学习防范火

灾的基础上,认识火灾的危害,能够意识到预防火灾的责任,在日常生活中要具有防火意识。但对学生而言,火灾在生活中毕竟较为陌生,当灾难真正来临时,缺乏正确的自护自救能力。我校的安全体验室配备有专业的消防模拟装置。安全体验室内配备有报警电话装置、消防设施、电子互动设备等,为学生有效实施自护自救行为奠定了实践的根基。

五年级学生已经掌握了基本的消防安全知识,明晰火灾对人类生命、生活的影响和危害,已经具备了一定的消防安全意识。同时,五年级学生积累了一定的生活经验,遇到问题能够冷静思考,且思考有一定的深度,有解决具体问题的能力;乐于尝试,对新鲜事物有探究欲望,有一定的好胜心和竞争意识;已经形成初步的团队合作精神。

在课堂教学中,以知识学习与实践活动相结合的方式,力求让学生在由浅入深、循序渐进的体验游戏中,意识到预防火灾的责任,并最终落实到日常生活,从个人延伸到家庭和社会,提升安全意识。例如,体验119模拟报警系统的游戏环节中,看似寻常的报警电话,却让几个小组连连受挫,系统均提示:报警失败。于是,学生们开始小组讨论,结合失败的教训,总结出拨打火警电话的要点:讲明发生火灾的详细地址、火势大小、着火原因、报警人信息等,从要讲清楚哪些内容,到用什么语速来讲,一一厘清,最终再次体验模拟报警系统的时候,每个小组都获得了成功。生活中我们总是认为,已知的知识就是已经获得的本领,但是拨打报警电话的模拟实践,却让学生们明白了实践出真知,知识要落实到实践中,能解决问题的知识才是自己获得的本领。通过这种课堂中的情境模拟,学生改变了以往的学习方式,在实践中运用了知识,在实践中巩固了知识,让学生能活学活用,课堂效率更高,学生也真正获得了本领。

(二) 巧用装备,筑造安全基石

项目化学习是聚焦了重要的知识和能力,在发现和解决问题的过程中进行学科和学科、学科和生活的联系和拓展,可以说,学生在项目化学习中更能提升自己的核心素养。

1. 人工智能提质量

本次项目化学习活动的主题是"争当消防安全小卫士"。要做消防安全小卫士,首先学生要有一定的消防安全知识的储备。那如何检测学生是否掌握这些知识呢?课前,我利用安全体验室里的电子设备,提前设置了消防安全闯关题,让学生以小组为单位,合作完成消防知识闯关游戏,分别有消防设备对对碰、消防场景连连看、消防迷宫闯闯看等等。能够闯到最后一关的小组就能得到"消防安全智慧星"的徽章。采用这种小组合作闯关卡的游戏学习形式,增加了活动的知识性和趣味性,学生主动参与的欲望和竞争意识增强,团队合作意识有一定的提升。

2. 思维导图明方向

安全体验室中配备有专业的模型灭火器,分别是清水灭火器、干粉灭火器、二氧化碳灭火器、泡沫灭火器等。在认识灭火器这一环节中,"这些灭火器分别叫什么名称?""它们的成分有哪些? 有什么不同吗?""它们分别适用于哪些范围?"等这一系列的问题引起学生更大的探索求知欲。小组分工合作,马上利用安全体验室的电子设备去寻找答案,但由于收集到的信息多而杂,很难在短时间将内容梳理清楚,这该怎么办呢? 老师引导学生利用思维导图进行资料的整理和分类。于是,小组重新分工,一部分学生是寻找资料组,一部分学生根据收集的资料绘制思维导图。没过多久,学生就呈现出清晰明了的四类灭火器的思维导图,这些图不仅展示了这四类日常灭火器的名称,还显示了它们不同的构成成分和适用范围,有的小组还细心地标注了不同灭火器的使用方法。大家的思维导图绘制完成后,学生之间也进行了交流,对自己的探究结果进行修改和备注,这种自主学习的方法,提升了学生的学习效率。

在这一过程中,学生遇到了问题,经过教师的点拨,发现了解决问题的方法,并有效改变了学习的方式,共同合作完成了探究的任务。这样的学习实践活动不仅锻炼了学生的应变能力、深化了学生的思维能力,更磨炼了学生的团队合作意识。

(三) 学科融合,绘制安全防线

项目化学习的内容本身不是单一的,它往往涉及多学科知识,在多学科情境中思考、实践、创造、合作,激发学生多方面的潜能。

1. 明辨是非绘路线,牢记原因学技能

在安全体验室里,学生通过系列活动知道了遇到火灾要沉着冷静,如果事先绘制好逃生路线图,那就会起到事半功倍的效果。但是,生活是复杂多变的,尤其是真实的火灾现场,如何在发生火灾时,依旧能够凭借消防安全知识和消防安全技能,保护自己呢? 在这一环节中,利用电子设备,笔者在逃生路上设置了一个个真实的障碍,让学生在模拟中做出正确的判断,并讲明理由,比如:冲出安全体验室时,你发现旁边电梯正打开着,你的选择是什么? 四周都是烟雾,同学们四散跑动,你会做出怎么的选择? 楼道处都是拥挤的学生,但是另一侧却没有人,这时,你的选择是什么?

在一个个真实的火灾逃生情境中,学生真正掌握了逃生小技能,绘制了校园内的安全逃生路线图,为保护自己增加了一分信心。而这个过程也让学生对消防安全有了更新的认识,消防安全重在防患于未然,只有人人都有消防安全意识,我们的校园才是安全的。

2. 巧记重点画铭牌,自主高效增实效

在绘制逃生路线图的活动中,学生认识到校园内的消防标志的重要性,那么校园内有哪些消防设备呢? 这些消防设备你都认识吗? 它们的作用分别是什么呢? 刚开始,学生们很兴奋,找到了校园内多处消防设施,但交流时却讲不清楚消防设施的外形特点和作用。这时,笔者请学生打卡自己最想介绍的一种消防设施,描绘下这种消防设施的外形特征,并标注名称和功效,给消防设施制作一张铭牌。随后,学生自动分组分工,有的在安全体验室的电子设备上查询资料,有的构思消防设施的图画,有的来做文字介绍卡,等等。交流过程中,学生对于不同的消防设施如数家珍,讲者自信满满,听者聚精会神,自主高效的学习氛围已悄然形成。

（四）应急培养,防范安全风险

在逃生的过程中,学生了解了平日身体锻炼的重要性,同时,也对身处高楼,利用窗帘、床单逃生讨论纷纭。这时,把学生注意力引向安全体验室的一角——学打逃生结,这一技能在野外生存以及消防逃生时非常实用,但同时也给学生小提示,我们毕竟是小学生,要在大人的监护下,才能使用逃生结。我先设置一个挑战赛,边讲解边示范打了一个常用的逃生结,示范3遍,然后让2位学生上来挑战,看谁先学会,同时利用学生的好奇心,让学生在安全体验室的电子设备里解锁更多的逃生结的打法。

三、拓展"生活课堂"的外延

项目化学习的重心就是培养学生解决生活的能力,就是驱动型问题源于生活,最后解决的最大的成果和收获也应该归于生活。

（一）多元评价,激发学生潜能

1. 教师评价,改变学习模式

安全体验室内的系列课和平日课堂不一样,不再是老师教授、提问,而是以学生为主、教师为辅的探究性课堂,老师适当的评价,让学生从不爱学到主动学。老师的评价语言不再是单一的表扬,更多的是好奇的提问,引发学生思考。比如:当学生在活动中创新了一种逃生结时,我会表扬他是创新小能手之外,还会问他:"为什么这个逃生结与众不同,那么牢固而且易解开呢?"这引起学生进一步的思考:还有其他逃生结的打法?它们之间有没有共同点?

2. 任务评价,提高学习兴趣

学生自主学习的课堂更适合任务型的评价,每节课前都会设计、展示一份任务卡——闯关卡,闯关卡上有"成果内容""态度指标""自评""互评"和"我的收获和我下节课想要学习的内容",学生每次拿到这份闯关卡,就知道本节课要学习的内容,每当闯过一关,就会给自己评价或者去和组内同学互评,而且每个孩子脸上都洋溢着成功的喜悦。等最后课结束,写收获时,都滔滔不绝有话可说,因为这是他们人人参与的课堂。我也从他们下节课想要学习的内容里提取相关信息,及时对课堂内容做适当改变,让课堂真实起来,真正受学生的喜爱。

3. 成果评价,宣讲学习收获

学生通过自己一系列的探索学习,整理归纳好学习资料,书写了倡议书,制作了PPT,自信走进一、二年级教室,开始"有声有色"宣讲校园消防安全知识,提高低年级学生的校园消防意识。

(二)快乐研学,开启探索之旅

学校周边有许多教育基地,结合学校的消防月活动,我们带着KWL表格去参观了孩子们心目中神秘的"消防站"。借助观察和思考,借助询问和判断,让学生将生活中自己想要知道的消防知识,想要学习的消防技能融合在KWL表格中。在实践中学,在实践中梳理对消防安全知识的已知和未知。从消防装备到消防员的日常、出警过程等,短短一日,却让学生对消防员这个职业有了崭新的认识,震撼于消防员的超然一分钟:听到警铃骤响60秒必着装登车出发,从了解火灾信息到消防车出库仅仅用时60秒,有些不可置信的孩子还给他们倒计时,最后都折服于消防员的"快"。在这样一个开放性的课堂中,学生不但对消防知识有所了解,而且意识到了在救援时刻,时间就是生命。对他们而言,开放性课堂给予他们的是理性与感性的冲击,消防员叔叔用实际行动给他们上了生动的一课。

(三)献计献策,消除安全隐患

真正的课堂应该延伸到家庭乃至社会。课后作业除了给学生布置了绘制自己家的逃生路线图之外,还希望学生做个有心人,观察身边有哪些安全隐患,提出一些安全小建议。学生们纷纷反映：楼道里堆积着纸板废纸等，消火栓也被杂物遮挡，还有楼道里停放着充电的电瓶车，等等。我随即提问：有什么好方法消除这些消防隐患吗？大家踊跃献计：可以小组活动，大家一起劳动，清扫楼道，可以大手牵小手，一起动手，还可以做好宣传纸，分发给楼道的邻居，尤其针对老人，还可以面对面宣讲，等等。

通过这样的交流，小组又有了新的活动任务，将课堂学习知识和实践成果落实到现实生活中去，这就是项目化学习活动的初衷啊！

总之，这次项目化学习下的消防安全课堂，不会再像课堂里那么拘束，也许这里没有课桌，没有固定的教学模式，只有快乐的探索活动，不断尝试，屡有收获，学生自由思考，畅所欲言，踊跃尝试，这才是真正的学生课堂。让学生在真实的学习环境中掌握各项本领，提高教学质量。引导学生在活动中形成良好心理素质，提升学生面临突发安全事件时的自救自护的应变能力，通过巩固基本的火灾自救知识，使学生牢固树立"珍爱生命，安全第一"的意识，掌握必要的安全行为的知识和技能，培养学生的社会安全责任感。

参考文献：

[1] 夏雪梅, 吴宇玉. 预见"新学习"：上海市义务教育项目化学习三年行动计划进展[J]. 现代教学, 2022: 13-14.

素养导向下的美术学科项目化学习评价

上海市浦东新区东方小学　吴佳莉

在以往的美术教学中,小学美术课堂往往更加注重美术技能的传授,但伴随着国家课程改革和艺术课程标准的修订,小学美术将更注重培养学生核心素养必备的品格和关键能力。项目化学习成为推动学科深度学习的聚焦点,推动学生逐步形成高阶思维能力。

本案例是基于美术学科的项目学习,它依托美术教材提炼的项目学习主题,其学习内容以本学科为主,涉及部分跨学科内容。在现行的美术教材中,同一主题的美术知识被分散在不同学段的不同单元中,削弱了知识的连续性,不利于学生对知识的深度学习与探究。项目化学习可以有效连接各学段同一主题的单元知识,帮助学生在较长时间的探究活动中有效地构建起知识构架,提升学生的美术素养和创作能力。

通过前期对教材的梳理,我归纳了小学阶段各学段中关于色彩的教学内容,整合成两个学习模块。在这两个模块的学习中,我引导学生转变学习方式,从过去"听中学"的单一学习方式,拓展出"尝试中学""体验中学""玩中学"等多元的学习方式,并帮助学生提升综合学习能力和核心素养的发展。

"色彩"既是造型艺术的重要元素,也是绘画的重要艺术语言。它以自身的特点成为小学美术学科的重要学习内容。认识基本的色彩、运用色彩表现画面的基本规律以及如何将色彩合理地运用于生活,都是小学美术学习中色彩知识的基本要求。该项目化学习以任务为驱动,通过模块的学习让学生感知色彩的魅力、读懂色彩的语言、掌握基本的色彩造型能力。

【学习模块】

模 块	模块主题	教 材	涉及单元	单元核心知识
模块一	色彩的奥秘	第一册	《认识颜色》	色彩名称
		第二册	《走近名作》	颜色的深与浅
		第三册	《感受色彩》	色彩的冷暖、色彩的渐变
模块二	我是色彩搭配师	第四册	《漂亮的"扎染"》	强烈的色彩
		第五册	《美丽的花挂毯》	间色、强烈的色彩
		第七册	《走近名作》	对比色、类似色
		第十册	《走近名作》	光源色、类似色

【课程内容设计】

模 块	学习内容	目标实现要求
模块一：色彩的奥秘	1. 认识颜色 2. 色彩的深浅 3. 色彩的冷暖 4. 色彩的渐变	1. 审美感知：在欣赏与交流中感受自然界、艺术作品中的丰富色彩以及传达的情感。 2. 艺术表现：用常见的颜色表现生活中的景物；用所学的色彩组合表现特定的画面。 3. 创意实践：在观察、分析、创作等体验活动中掌握色彩的基本知识。 4. 文化理解：欣赏艺术家的作品，感知作者通过色彩传达的情绪、情感。
模块二：我是色彩搭配师	1. 认识三间色 2. 认识复色 3. 和谐的色彩 4. 强烈的色彩	审美感知：在欣赏与探究过程中，感知不同色彩搭配形成的不同美感。 艺术表现：学会调配较为复杂的间色、复色；运用色彩搭配技巧表现有色彩倾向或强烈对比的作品。 创意实践：运用较为复杂的色彩搭配技巧设计校园嘉年华海报。 文化理解：了解画家的绘画风格，读懂画家的色彩语言。

本案例围绕《认识颜色》《走近名作》《感受色彩》这三个单元进行拓展研究，是一个集理解、观察、绘画于一体的美术学科项目化的学习设计。

【课程实施】

一、色彩的奥秘——认识颜色

本课程是在一年级进行的项目化学习,该学习是以任务为驱动的项目化学习,学生从"完成一件彩虹色的物品"出发,通过个人、小组合作的形式完成小挑战,通过认识彩虹的颜色、彩虹色的排序、了解"青"色、画彩虹几个环节搭建任务支架。

学习任务单

1. 你能给彩虹的颜色排排队吗?

　黄(　) 红(　) 橙(　) 绿(　) 青(　) 紫(　) 蓝(　)

2. 你知道"青"是哪个颜色吗?

3. 能用什么方法把你画的彩虹变成生活中彩虹色的物品吗?（小组讨论）

评 价 表		
评价指标	学生表现(用涂★表示) 白色部分为自评,灰色部分为同伴互评	
审美感知 （自评）	我能按顺序说出彩虹的颜色 ☆☆☆☆☆	我能说出彩虹的颜色 ☆☆☆☆☆	我不能说出彩虹的颜色 ☆☆☆☆☆
艺术表现 （互评）	他(她)的作品构图饱满、颜色均匀 ☆☆☆☆☆	他(她)的作品构图不够饱满、颜色不够均匀 ☆☆☆☆☆	
创意实践 （自评）	我能用剪的方式把彩虹作品变成生活中的物品,并能体现出彩虹的七种颜色 ☆☆☆☆☆	我能用剪的方式把彩虹作品变成彩色的物品 ☆☆☆☆☆	我不能把彩虹作品变成彩虹色物品 ☆☆☆☆☆
文化理解 （自评、互评）	我喜欢五彩缤纷的物品 ☆☆☆☆☆	我不太喜欢五彩缤纷的物品 ☆☆☆☆☆	
	他(她)在讨论中积极发言,并找到两种以上方法让彩虹作品变成生活中的物品 ☆☆☆☆☆	他(她)在讨论中积极发言,并找到一种方法让彩虹作品变成生活中的物品 ☆☆☆☆☆	他(她)没有发表讨论,找不到方法让彩虹作品变成生活中的物品 ☆☆☆☆☆

二、我是色彩搭配师——《走近名作》

本课程是在二年级实施的项目化学习,色环是色彩学习中非常重要的一种色彩学习工具,该学习从"你能从色环中寻找对比色吗?"出发,搭建任务支架去了解色彩、学习如何搭配色彩。

学习任务单

1.通过学习马蒂斯的名作——《金鱼》,你知道什么是对比色吗?

2.找一找,你能从色环中寻找对比色,并且把它们连一连吗?

3.通过走近大师的作品,你学习到能用什么方法让画面色彩强烈?(小组讨论)

评　价　表		
评价指标	学生表现(用涂★表示) 白色部分为自评,灰色部分为同伴互评	
审美感知 (自评)	我能说出3组对比色 ☆☆☆☆☆	我能说出对比色 ☆☆☆☆☆	我不能说出对比色 ☆☆☆☆☆
艺术表现 (互评)	他(她)的作品构图饱满、颜色均匀 ☆☆☆☆☆	他(她)的作品构图不够饱满、颜色不够均匀 ☆☆☆☆☆	
创意实践 (自评)	我能运用一组对比色(黄紫、红绿、蓝橙),画出色彩对比强烈的作品,并且对比色互相调和 ☆☆☆☆☆	我能运用一组对比色(黄紫、红绿、蓝橙),画出色彩对比强烈的作品 ☆☆☆☆☆	我不能运用一组对比色(黄紫、红绿、蓝橙),画出色彩对比强烈的作品 ☆☆☆☆☆
文化理解 (自评、互评)	我喜欢作品具有强烈的视觉感受 ☆☆☆☆☆	我不喜欢作品具有强烈的视觉感受 ☆☆☆☆☆	
	他(她)在讨论中积极发言,并在色环中能够找到两组以上的对比色(黄紫、红绿、蓝橙) ☆☆☆☆☆	他(她)在讨论中积极发言,并在色环中能够找到一组对比色(黄紫、红绿、蓝橙) ☆☆☆☆☆	他(她)没有发表讨论,在色环中不能够找到一组对比色(黄紫、红绿、蓝橙) ☆☆☆☆☆

三、我是色彩搭配师——感受色彩

学习任务单

1. 说一说,你在染色时发现了哪些有趣的现象?(小组讨论,列一列吧)

　如:颜色间会有相互渗化的情况、染色颜色不宜过久等。

2. 染纸有规律的美感,你能找到其中的方法吗?

　如:田字折、放射折等。

3. 在染色过程中,试一试以下两种颜色渗化后会形成什么颜色。

黄+红=(　　　)　黄+蓝=(　　　)　蓝+红=(　　　)

4. 说一说,能用什么方法把一张薄薄的宣纸变成一幅色彩绚丽、图案富有规律的作品?

　如点染法、渗化法、晕染法、滴染法等。

评　价　表		
评价指标	学生表现(用涂★表示) 白色部分为自评,灰色部分为同伴互评	
审美感知 (自评)	我能按顺序说出染色的步骤 ☆☆☆☆☆	我能说出染色中的渗化后的颜色 ☆☆☆☆☆	我不能说出染色中渗化后形成的新颜色 ☆☆☆☆☆
艺术表现 (互评)	他(她)的作品构图饱满、颜色清新 ☆☆☆☆☆	他(她)的作品构图不够饱满、颜色不够均匀 ☆☆☆☆☆	
创意实践 (自评)	我能用染的方式把宣纸变得绚烂多彩,并能运用多种折法和技法 ☆☆☆☆☆	我能用染的方式把宣纸变得绚烂多彩,并能运用一种折法 ☆☆☆☆☆	我不能把宣纸变得绚烂多彩,也不会折法 ☆☆☆☆☆
文化理解 (自评、互评)	我喜欢绚丽多彩、富有规律的物品 ☆☆☆☆☆	我不太喜欢绚丽多彩、富有规律的物品 ☆☆☆☆☆	
	他(她)在讨论中积极发言,并找到两种以上染法制作出富有色彩变化的作品 ☆☆☆☆☆	他(她)在讨论中积极发言,并找到一种染法制作出富有色彩变化的作品 ☆☆☆☆☆	他(她)没有发表讨论,找不到染法制作出富有色彩变化的作品 ☆☆☆☆☆

(一)第一次染纸活动

通过学习任务单①,学生了解宣纸的强吸水性,初步感受染纸的乐趣,解决染纸中的常见问题,以过程评价方式对染色活动进行评价。

展示宣纸,请学生观察宣纸与平常书写用纸的区别,然后教师演示染纸引导学生感受,它最大的特点就是具有比较强的吸水性,这时学生迫不及待地想要尝试,为了及时满足学生的好奇心,及时给予学生自主探究的空间,通过亲身体验和感悟发现问题,发现在染色中常见的问题,如颜色有渗化、染色实践不能过久等,教师在学生活动时进行引导、交流。引导学生进行自主、合作、探究学习,帮助学生有效地掌握美术知识与技能。

(二)第二次染纸活动

通过学习任务单②,学生发现染纸图案有规律的特点,了解染纸的基本染法和折法,凸显染色的规律之美,从审美感知方面进行自我评价。

学生在之前从未接触过染纸活动,没有感受到染纸作品有规律的美感,教师出示范画,让学生通过对比发现染纸作品具有规律的特点。再通过引导学生在书中寻找答案的方式,找到染纸的步骤,教师演示田字折法与浸沾的方法让学生加深印象。学生在看完教师的示范后顺利完成第二张染纸作品。

(三)第三次染纸活动

通过学习任务单③、④,学生发现不同的折法以及染法影响染纸的效果,再次感受染纸富有变化的美感。在作品完成后,对学生作品进行展示,让学生有机会参与到欣赏、评价中来,以自评、互评相结合的形式进行评价。

教师再次演示放射折法和渗化、点染等不同染法,以及学生的欣赏与交流发现折与染的方法对花纹的影响。教师在PPT上展示多种折法,并让学生自主学习交流折法。学生在掌握了更多染纸的折法和染法后,能独立完成一张色彩绚丽且图案富有规律的作品。再一次让学生感受到染纸作品的美。

(四)通过染纸活动,引导学生了解民间艺术——扎染

由染纸作品,引发学生关注我国的民间艺术——扎染,感受民间扎染工艺的独特魅力,激发热爱民间艺术的热情。

基于课程标准的评价表,通过学生的自我评价,突出学生的学习过程,以及个体的差异,激发学生再学习的兴趣,同时对教师而言,通过评价反馈的功能,从而更好地调整教学。

本次素养导向下的美术学科项目化学习评价通过自我评价、互相评价、自我+

互相评价结合等方式完善评价机制，自评让学生能够在学习的过程中对自己有一个充分的认知和了解，发现自己的不足和长处；互评增强了学生间的合作和沟通能力，通过看到他人的优势和不足，从而取长补短。项目化学习评价贯穿整个学习过程，学生围绕"审美感知""艺术表现""创意实践""文化理解"开展自评和互评，通过条目化的列表，聚焦学习内容、促进深度学习。从学习内容到学习态度，给学生提出全面具体的期待和要求，给学生提出了明确的方向和操作点。

对歌流转　意境悠远

——小学音乐"项目化学习"探究

上海市浦东新区进才实验小学　夏　薇

【摘　要】"项目化学习"是当下"双新""双能"背景下被推崇、力行的一种新型教学方式,也是一种新的教学思想、教学理念,旨在培育学生的学科核心素养和综合核心素养。

本文以"学习、体验我国民间的对歌文化"为主题,以"对歌流转,意境悠远,让我们一起探究对歌吧"为驱动性问题,旨在培育学生的音乐核心素养,促进教师的专业成长。

本文的着力点是"项目探究过程"。在两课时的项目探究中,学生较好地掌握了关于对歌的基本知识、基本技能,也较好地培养了团队合作能力、反思质疑能力、音乐理悟能力、表演创新能力;而"培养学生健正、高雅的审美情趣与审美能力,体验、传承中华民族优秀音乐文化"的预期目标也在潜移默化中得到了较好落实与实现。对于笔者而言,在经历了这番项目化教学探究后,也受益良多。

【关键词】小学音乐　项目化学习

一、项目探究概述

(一) 探究动因

众所周知,"项目化学习"是当下"双新"(新课标、新教材)、"双能"(人工智能、数字化赋能)背景下被推崇、力行的新型教学方式,已呈"烽火四起的燎原之势"。这是因为,"项目化学习"这种新型学习方式,主张学生通过自主探究、合作学习的科学探究过程,获得知识、能力的双提高。而其中的能力正是新课标所强调的以高阶思维为内核的各学科的核心素养。作为一名音乐教师,理应更新教学理念,主动尝试与时俱进的教学方式,积极投身于深化课改的前沿阵地。而"对歌教学"对学生来说很有新鲜感和吸引力,以此作为项目化教学的载体,是颇为适切的。

(二)探究目标

1. 学生发展的目标是:(1)使学生了解对歌的基本概念、历史沿革、表现形式、语言技巧和对歌的民族风情、艺术价值;(2)培养学生自主探究、合作学习的能力和音乐学习必备的思维品质;(3)培养学生健正、高雅的审美情趣与审美能力,体验、传承中华民族优秀音乐文化。

2. 教师专业成长的目标是:(1)较好地把握项目探究主题、项目研究目标和驱动性问题间的内在逻辑关系;(2)较好地把握项目化教学的基本流程和重点;(3)较好地把握学生主体作用与教师主导作用的辩证关系。

3. 通过本项目研究,取得一定的成果。

(三)探究主题

本项目探究的主题是:学习、体验我国民间的对歌文化。

(四)驱动性问题

本项目的驱动性问题是:对歌流转、意境悠远,让我们一起探究对歌吧。

(五)探究流程

本项目探究大致分为准备、实施、小结三个阶段。在实施阶段,以驱动性问题为主旨,分解出若干子问题(即任务),形成环环相扣、层层递进的问题链,在分析问题、解决问题的过程中尽力实现预期目标。而将具有检测、改进作用的过程性评价、小结性评价渗透于项目探究之中。

二、项目探究过程

(一)准备阶段

在准备阶段,教师需要制订详细的教学计划和教案,包括对歌教学的目标、内容、方法、时间安排等。同时,教师还需要准备好教学所需的资料和工具,例如音响设备、教学PPT、教学视频等。学生的准备工作有:预习对歌的相关知识、了解对歌的历史沿革和民俗风情等。此外,学生还需要准备好自己的表演服装和道具等。

(二)实施阶段(第一课时)

1. 新课导入:通过播放一些经典的对歌视频或音频,引导学生了解、体验对歌的音乐特点和艺术魅力,激发学生学习对歌的兴趣。且在驱动性问题的统驭下引出学习任务一:感知刚播放的《摇船调》,并提问:《摇船调》的歌词问了哪四个问题,你能从对歌中找出答案吗?学生听罢《摇船调》,还沉浸在诗情画意的对歌意境中,对于老师的提问感到有点突兀,但很快找到了歌词中所问的四个"?"的答案,也初步领略了对歌的音乐特点。接着,笔者引出学习任务二:学唱《摇船调》。先由教师范唱,再由学生学唱,在数遍的学唱中,让学生从歌词、曲调、意境中进一步了解、体验对歌的基本内涵、基本特点。此时,笔者再次提问:在《摇船调》中,提问题的小朋友和答题的小朋友的心境相同吗?应该怎样表现呢?学生稍作冷静思考后按小组(前后相邻)进行讨论,对对歌的认识有了一定深度的感悟。

2. 要点讲解:在学生聆听《摇船调》等经典对歌,初步感知对歌的基本概念、基本特点的基础上,通过师生的范唱、学唱和学生的思考讨论,学生对对歌的来龙去脉有了较正确也较清晰的感悟。此时,笔者便因势利导,对对歌的基本概念、历史沿革、表现形式、语言技巧、民俗风情、艺术价值等作了简明扼要的讲解。因为借助视频、字、声、像、境合一,故学生倾情投入、认知深刻。在此基础上,笔者引导学生共同完成以下表格(见下表)。

我国民间对歌的常识梳理表

认知要点	内 容 摘 要	备注
基本概念	也称"斗歌",采用问答的形式唱歌,演唱内容多以猜谜为主。	
历史沿革	相传为光绪年间闻福臻所创,是我国一些少数民族的风俗。以广西最为盛行,如农历三月初三的对歌会,至今流传。	
表现形式	两人对唱(含男声对唱、女声对唱、一男一女对唱);两组对唱(男声组对女声组,混合组之间)等。	
语言技巧	唱法随机应变,富有即兴性、趣味性、多样性,甜酸苦辣都有。	
民俗风情	每逢元宵节、"三月三"等节日,不同地区的少数民族都要聘请艺人去演唱"对歌"。不同少数民族的对歌,与其民族的风俗相关联。	

（续表）

认知要点	内　容　摘　要	备注
艺术价值	在展示音乐创作与表演技巧、形成音乐门类多样性、民族性等方面,对歌具有独特的价值。	
文化传承	对歌往往与一个地区、一个民族的生活习性和情感思想紧密关联。通过对歌,可大致了解其情感思想和文化历史,对传承民族优秀文化很有好处。	

3. 对歌采风:当学生对对歌的基本常识和前世今生有了较为全面、系统的认知后,项目探究便进入了生生互动、师生互动的环节。此时,依据主题挈领下的驱动性问题,引出学习任务三:对歌采风。让学生事先查阅网上资料,进入云端采风。而后提问:对云南、广西、客家的采访分别给你怎样的感受? 它们分别运用了哪三种对歌形式? 你能用这三种形式创编对歌歌曲吗? 为使学生的合作学习具有针对性、地域性,拟将学习任务三细分为以下三点:(1)云南对歌——加入引腔。先请学生聆听笔者范唱的云南民歌《猜调》,再为对歌《摇船调》设计引腔。(2)广西对歌——帮腔衬唱。让学生观看《刘三姐》对歌视频,再在笔者范唱的引导下,让学生尝试用"帮腔衬唱"的方式演唱衬词。(3)客家——即兴编唱。在播放客家有关对唱视频后,笔者又做了范唱并抽了几位同学即兴编唱,并总结客家对歌的特点。

4. 分组彩排:当完成对歌采风任务后,笔者布置了课后作业,即推出基于驱动性问题的学习任务四——对歌"DIY",梳理小结云南、广西、客家三种对歌形式的相同点和差异点。要求学生将"加入引腔""即兴编唱""帮腔衬唱"三种对歌形式加入《摇船调》。在创新对歌《摇船调》的基础上分组彩排。于是,各组学生利用中午或放学后时间进行排练,不少同学穿上了滇、桂、粤地区少数民族的服装,辅以相应的道具,像模像样地演了起来。教师分别给予各组的彩排以点拨、引导。为使彩排的艺术质量得到较好体现,除教师的口传手教外,还制定了"循规蹈矩"的《学习评价表》(见下表)。

学习评价表

评　价　内　容	学习结果核查
1. 能否用正确的节奏朗诵歌词	□能　□不能
2. 能否对歌曲进行即兴编唱	□能　□不能

（续表）

评 价 内 容	等 第 判 断
3. 能有感情地演唱歌曲《摇船调》，运用"加入引腔""帮腔衬唱""即兴编唱"三种对歌形式，通过创编表现歌曲	□① 能以模仿、听唱的方式齐唱歌曲
	□② 能用优美的声音有感情地演唱歌曲
	□③ 能运用"即兴编唱""加入引腔""帮腔衬唱"三种对歌形式，通过创编表现歌曲。
	等第标准说明：3颗星：能做到①②③；2颗星：能做到①②；1颗星：能做到①

这份《学习评价表》，既是对歌学习中"应知应会"的"应会"内容和评价细则，也是本项目探究最终成果的评判标准。各小组在彩排中，对两人对唱、两组合对唱，分别做了自评和小组评议，对表演不正确或欠到位之处，经小组讨论和教师指导，及时予以改进，收到了良好效果。

（三）小结阶段（第二课时）

1. 温习"应知应会"：由教师根据表一、表二的内容提问学生，使学生对于我国滇、桂等地区的对歌和客家对歌的基本常识有一个梳理、复习的思考过程，也对如何表演不同地区、不同风格的对歌有了亲身体验的熟悉感、真切感。既为即将亮相的上台表演做好知识技能与思想心理的准备，也有助于实现"探究目标"中提出的"学生发展目标"。

2. 表演"对歌流转"：按抽测程序，各组分别登台表演。有的小组选择男女声两人对歌，有的小组则全体亮相，组成对歌队。只见同学们穿上滇、桂少数民族的服饰，运用"即兴编唱""加入引腔""帮腔衬唱"三种对歌形式，童趣洋溢地唱起了《摇船调》。有一组还将三种不同的对歌形式加入《刘三姐》对歌之中，给人以别有风味的美感。几位爱好摄影的同学则兴致盎然地拍下了各组对歌表演的录像与照片，留下了少儿风采的珍贵记忆。

3. 依规"公正评价"：比对学习评价表，综合各组自评、组间互评、教师参评的情况，在五个组中评出3星级一个组，其余四组均为2星级。对此，同学们报以热烈的掌声，一致认为评价客观、公正，起到了鼓励先进、正视差距的作用。

4. 美育"意境悠远"：在第二课时即将结束前，笔者抛出了一个半月后上交的作业——通过"对歌流转,意境悠远,让我们一起探究对歌吧"这一驱动性问题引导下的项目化学习——"你在学习、体验我国民间的对歌文化上有什么收获?"(要求写200字左右的感言)一周至半月间,同学们先后交来了作业,不少作业除谈及具体的知识与技能、合作学习、评价激励等收获外,还从审美情趣与能力、传承中华优秀音乐文化的层面,抒发了少儿内心的质朴感受。

三、项目探究成效

除显性的项目探究成果——各组学生有模有样、有声有色的对歌表演外,项目探究的成效主要体现在"探究目标"中学生与教师的收获、长进上。

(一)较好实现了学生发展的目标

在本项目探究中,学生在教师的组织、主导下,借助网上查询、视频感知、教师讲解、列表归纳、温习提问、小组彩排等系列探究任务的学习、感知、体验,较好地掌握了关于对歌的基本知识、基本技能,也在自主探究、合作学习、依规评价的项目探究过程中培养了团队合作能力、音乐理悟能力、反思质疑能力、表演创新能力。凡此种种,均对促进学生的"应知应会"和培育学生的高阶思维品质具有积极意义。而"探究目标"这一点中关于"培养学生健正、高雅的审美情趣与审美能力,体验、传承中华民族优秀音乐文化"的预期目标也得到了较好的落实与实现。

理由有二:一是在本项目两课时+两份课后作业的多形式、多途径的学习、体验、表演中,学生的身心在不经意中受到了我国民间对歌文化的熏染、陶冶。音乐是美育的重要组成部分。从根本上说,"美育是一种重体验的过程教育,其中欣赏重于创作,情感重于分析,反思重于盲从"。在本项目探究中,笔者从未以说教者、指挥者的姿态出现,而是尽量创设驱使学生乐学、爱学、善学的探究情境,循循善诱地引导学生进入"对歌流转、意境悠远"的天地,让学生感知滇、桂与客家对歌的纯真美、质朴美和少数民族特有的乡土味、山水情。这种仿如其境的感知、体验正是渗透中华优秀音乐文化的良田沃土。二是在最后的作业中,不少学生抒发了热爱祖国大好河山、喜爱民间对歌文化的童真之心,其折射的无疑是雅正的审美情趣与审美能力。这些正是学生音乐核心素养的生动体现。

(二)较好促进了教师的专业成长

在"双新""双能"背景下,对教师的教育教学理念、教育教学方式提出了严峻的挑战。如何在传承传统德育与教学精华的基础上，紧随深化课改的大势，做一个体现"教育家精神"的新时代人民教师，是当下的芸芸为师者必须做出的时代应答。对正呈"燎原之势"的"项目化学习"而言，教师如何熟悉它、把握它、运用它，就是必须直面相对的一个现实命题。通过本项目的教学探究，对于"探究目标"提出的"教师专业成长目标"，感受深切。如，笔者已较深刻地认识到，"项目化学习"不仅是顺应"双新""双能"课改大势而应运而生的一种新型教学方式，而且是一种新的教学理念、教学思想，务必下功夫熟悉它、把握它，自觉运用它，用好它。又如，"项目化学习"的学习主题、学习目标、驱动性问题存在着缜密的逻辑联系：学习主题是"项目化学习"的纲要、主线；驱动性问题是服务于学习主题的主抓手、助推器；而学习主题及其统驭下的驱动性问题和细分出的子任务和子问题，又是为实现预定的学习目标服务的。三者相辅相成，有机统一。另外，一般而言，某学科的单元整体教学或单课时、双课时教学，以某学科为主体的跨学科教学，德育或实践类探究等，均可理解为"项目化学习"的载体，"项目化学习"的思想及其共性操作方式，又可喻其为项目探究的应对策略，而学生学科核心素养或综合核心素养的培育正是"项目化学习"的学习目标或价值追求所在。这里提及的三者又是相辅相成、有机统一的。再如，"项目化学习"应有一个相对独立、完整的学习系统，其流程、环节务须清晰、实在，为增强有效性、可信度，拟辅以评价量规和成果展示。而在师生关系的处理上，应尽力体现学生自主探究、合作学习的主体地位，而教师的组织、引导、排忧、解难的主导作用同样不可或缺，尤其在小学。上述种种，均是笔者在此次项目化教学中获取的粗浅认知和教益，较好地促进了自我的专业成长。

当然，这次项目化教学，还有须改进之处。例如，学生间的层次差异性和发展不平衡性，导致项目探究的效能在"两头"的学生上落差较大，如何在有限的时空内"抓两头，促中间"，使每一位学生均能在各自的"最近发展区"内得到自主、充分的发展，应给予重视。又如，预设的项目探究流程、环节有时会因有理、有利的动态生成或意外事件（流感等）的发生，或多或少地干扰项目探究的进程和力度。对于正向、有利的动态生成，笔者已因势而为，做了必要的调整、完善；对于意外事件的干扰，也已机智应对，尽力降低影响力。再如，除以激励性评价为主外，还应在必要时做警示性、纠偏性评价，引导学生沿着正确、科学的轨道探究、前行。

参考文献：

[1] 中华人民共和国教育部.义务教育艺术课程标准（2022年版）[S].北京：北京师范大学出版

社,2022.

[2] 赵鹏.项目化学习融入音乐教学的新路径——以中小学民歌教学为例[J].教学管理与教育研究,2023,8(12):98-100.

[3] 程晓芳.小学音乐教材教学策略探究——以唱歌教学为例[J].新课程(综合版),2019(1):18.

[4] 胡婧.小学音乐项目式学习教学实践研究——以"京剧圈粉手册"项目为例[J].中国科技期刊数据库科研,2022(6):42-44.

[5] 杨雪男.项目化教学方法的研究与实践初探——以公共艺术教育鉴赏类课《音乐鉴赏》为例[J].黄河之声,2018(11):1.

水彩画的秘密

——小学美术"项目化学习"探究

上海市浦东新区进才实验小学　李　秀

【摘　要】怎样画出一幅漂亮的水彩画？初步掌握水彩画的一些绘画技巧，培养学生信息处理沟通能力。鼓励学生尝试水彩画的多元创作形式，培养学生的创新能力。了解欣赏和评价水彩画的方法，提高学生表达和交流的能力。感受水彩画的人文气息和艺术魅力。通过以"水彩画的秘密"为主题项目化学习实践活动，从总体上看学生在诸多方面都得到了收获和发展。学生以学到的知识和技能为基础尝试探究新的问题，锻炼发散性思维、创新思维，设计出了其他形式的水彩作品。同时，学生还用学到的方法尝试探索了其他领域的知识，在跨学科学习中拓展知识视野，提升学习能力。

【关键词】水彩画　博物馆探究　项目化探究　小组合作　评价交流

一、项目背景

古人云："韵者，美之极。"水彩画是一种蕴含独特魅力的清新画种，其使用的水彩颜料无毒无害，以水为媒介，深受绘画者喜爱。在平时的教学实践中，老师发现小学生也特别喜欢用颜料进行绘画创作，也许水彩可以成为他们走进艺术之门的引路者。但在课堂教学中能使用水彩颜料进行教学的机会并不多，学生在三十五分钟内，除了准备、整理和清洗工具，剩下能画画的时间非常有限。此外，学生对水彩画缺乏深入了解，对技法使用更缺乏实践操作的机会。一些对水彩画有浓厚兴趣的学生，更是迫切希望有能帮助他们实现这个心愿的机会。如何破解上述矛盾呢？美术社团每周活动一小时，非常适合学生开展以水彩画探秘为主题的项目化学习活动。学生可以通过课内课外、线上线下相结合的形式，主动探究、发现问题、解决问题。

二、项目设计

(一) 项目目标

1. 初步掌握水彩画的一些绘画技巧,培养学生信息处理和沟通能力。

2. 鼓励学生尝试水彩画的多元创作形式,培养学生的创新能力。

3. 了解欣赏和评价水彩画的方法,提高学生表达和交流的能力。

4. 感受水彩画的人文气息和艺术魅力。

(二) 项目主题和驱动性问题

1. 项目主题:探究水彩画的秘密。

2. 驱动性问题:怎样画出一幅漂亮的水彩画?

(三) 探究问题

问题1.水彩画与其他画种的魅力不同在哪里?

问题2.水彩画有哪些有趣的知识?

问题3.怎样完成一幅水彩画?

问题4.怎样用水彩画进行实践创作?

问题5.怎么欣赏和评价一幅水彩画?

(四) 推荐场馆

中华艺术宫、上海全华水彩艺术馆。

(五) 项目过程

活动一:参观中华艺术宫,探秘水彩画的魅力(对应问题1、2)

1. 看一看:欣赏艺术宫中的绘画作品。

2. 查一查:水彩画的历史印记。(网络自主学习)

3. 问卷调查:博物馆探究活动调查问卷。

活动二:探秘水彩画的媒材和技能(对应问题2、3)

1. 找一找:水彩纸、笔、颜料的特点。(网络自主学习)

2. 试一试:用水彩工具能画出什么样的画?

3. 写一写：材料技法探究任务单。(分两组开展探秘活动)

活动三：水彩实践创作活动(对应问题4)

1. 小书签的创作。

2. 贺卡的制作。

3. 想一想：用水彩还可以创作哪些形式多样的作品呢?

活动四：小小交流会(对应问题5)

1. "中外经典水彩"画家作品欣赏。(学生自主收集PPT)

2. 校园文化作品交流展示活动。

3. "小小留言板"评价活动。(给喜欢的作品写一句话)

(六)项目成果(预期)

1. 博物馆之旅问卷调查。

2. 材料技法探究任务单。

3. 水彩实践创作任务单。

4. 交流会任务单。

5. 水彩书签作品。

6. 水彩贺卡作品。

7. 校园文化作品交流展示活动。

8. "小小留言板"线上线下交流和评价表。

9. 项目活动总结性评价量规表。

二、项目实施

(一)项目实施活动一

活动内容和模式：

学生利用双休日进行中华艺术宫的参观实践活动，以线上线下相结合的模式探秘水彩画的魅力。

学习目标：

通过中华艺术宫参观学习活动，欣赏各类形式的艺术作品，从中逐渐感受和发现水彩画的不同艺术魅力和特点。在中华艺术宫探究活动调查问卷中，总结自己的学习感受，发现值得自己探究的问题。

引导问题：

1. 水彩画有哪些不同于其他画种的魅力

学生在中华艺术宫参观了第十一届上海美术大展,欣赏到了很多艺术形式的作品:学生在一边欣赏一边记录中认识油画、国画、版画、综合绘画、雕塑、新媒体艺术、漫画、插图、水彩等。对于水彩,学生在老师的讲解下进行了仔细的欣赏和记录,从中慢慢发现它的独特之处,也提出了很多问题。例如:水彩画为什么看上去毛茸茸的? 水彩画的颜料是什么样子的? 为什么水彩纸上会有一个个小坑? 水彩画画坏了怎么改? 我们能像画家一样画出好看的水彩吗? 世界上第一个画水彩的人是谁呢?

2. 水彩画有哪些有趣的知识(钉钉线上)

通过参观的实践活动,学生对水彩知识有了一些模糊的认识。"博物馆探究活动问卷调查表"进一步帮助学生梳理这次活动的感受,加深对这次活动的认识,发现活动中存在的学习问题,为接下来的项目研究做好前期准备。

博物馆探究活动问卷调查表

博物馆名称	中华艺术宫	
参观主题	庆祝中国共产党成立100周年——第十一届上海美术大展	
1	你去过中华艺术宫参观学习吗?	是(　) 否(　)
2	你了解这次参观活动的主题吗?	是(　) 否(　)
3	参观中你有没有特别喜欢的作品?	是(　) 否(　)
4	你发现这次展览中的水彩画了吗?	是(　) 否(　)
5	你觉得水彩画和其他绘画表现形式一样吗?	是(　) 否(　)
6	你有没有感受到水彩画的特别之处?	是(　) 否(　)
7	通过参观你是否有兴趣探秘水彩画?	是(　) 否(　)
8	参观本次展览能激发你的艺术学习动能吗?	是(　) 否(　)
9	在参观中你是否会和同学合作一起发现问题?	是(　) 否(　)
10	你会为家人同学推荐这次展览吗?	是(　) 否(　)
11	你有兴趣继续关注各类艺术展览吗?	是(　) 否(　)
12	你在本次参观后对水彩画艺术有什么疑问呢?(请写一写)	

小提示:根据你的参观体验请在"是"或"否"的后面选择打"√"

（二）项目实施活动二

活动内容和模式：

学生在线下以小组活动的模式探秘水彩画的媒材和技能。

学习目标：

通过探究活动了解水彩画的基础知识，掌握一些水彩画的表现技能，近距离感受水彩画的艺术魅力。

引导问题：

1. 水彩画有哪些有趣的知识？

2. 怎样完成一幅水彩画？

学生在本活动中对调查的内容进行了分组探究。经过讨论，对材料有兴趣的学生参加了第一组，对技法好奇的学生参加了第二组，每组学生选出了一位组长。学生在组长的带领下，通过网络查找、询问老师等方法，设计出了几个调查的问题。围绕这些问题有目的地开展了项目探究活动。

水彩画的秘密调查任务单一

参与人员： 第一调查小组	组长：孙安琪 组员：何思蓉、吴翊果、黄子涵、郭宇晟、夏天馨、刘紫涵、杨凝宣、黄婷瑶
调查任务	水彩画的材料有什么特点
活动地点	美术教室
调　查　问　题	
1.	普通的铅画纸能画水彩吗？ 调查结果：普通的纸可以画水彩，但是效果比较差，使用专业的纸效果更好。 完成效果：非常好（✓）　还不错（　）　一般（　）
2.	用什么样的笔更适合画水彩？ 调查结果：水彩笔有羊毛、貂毛、松鼠毛、尼龙混合等毛笔。 天然动物的毛笔更吸水更适合画水彩。人工材料的毛笔吸水差，所以画水彩时的效果差一些。 完成效果：非常好（✓）　还不错（　）　一般（　）
3.	水彩颜料和其他颜料有什么区别？ 调查结果：水彩颜料可以用水来调和，画完后可以擦洗。丙烯颜料也用水调和，可以画在任何地方，不容易擦洗。油画颜料用油调和，使用方法比较复杂。 完成效果：非常好（✓）　还不错（　）　一般（　）

小提示：根据调查情况请在（　）的后面选择一个打"✓"

水彩画的秘密调查任务单二

参与人员： 第二调查小组	组长：陈子文 组员：李映佳、吴清霖、王紫瑜、陈钰桃、沈子睿、戴文慧、朱贤斌、雍鑫怡
调查任务	水彩画的技法有什么特点？
活动地点	美术教室

调 查 问 题	
1.	最简单的水彩技法有哪些？ 调查结果：水彩有湿画法、干画法、干湿混合画法、水油分离法等。 完成效果：非常好(√)　还不错(　)　一般(　)
2.	怎样在水彩中留出白色？ 调查结果：可以直接在纸上空出白色；利用留白胶空出白色；使用美纹胶留出白色；采用涂蜡法留出白色。 完成效果：非常好(√)　还不错(　)　一般(　)
3.	水彩能和其他绘画材料一起用吗？ 调查结果：水彩可以和很多材料综合使用，例如马克笔、油画棒、彩色纸等综合材料。 完成效果：非常好(√)　还不错(　)　一般(　)

小提示：根据调查情况请在(　)的后面选择一个打"√"

（三）项目实施活动三

活动内容和模式：

学生运用学到的知识和技能以线上线下相结合的模式进行水彩实践创作活动。

学习目标：

在尝试设计制作小书签和小贺卡的过程中，培养学生的创新思维能力，感受艺术创作的快乐，激发学生热爱学习热爱生活的动力。

引导问题：

怎样用水彩画进行实践创作？

1. 小书签创作活动

（1）学生讨论书签的制作方法：准备材料、画面构思、绘画创作、搭配挂绳。

（2）学生分享书签的图片资料：网络查找。

（3）学生准备书签所需的材料：书签卡纸、书签挂绳、水彩工具。

（4）学生进行实践创作。

（5）学生交流并讨论怎么合理使用书签。

学生在这次创作活动中设计了内容多样的小书签：有表现动物的，有表现植物的，也有表现风景的书签。采用的绘画形式也比较多样，很多学生除了使用水彩颜料外，还慢慢学会融入水笔彩铅等工具，使作品更具表现力。

2. 小贺卡创作活动（钉钉线上）

（1）学生讨论贺卡的制作方法：卡片的形式、卡片的内容、绘画的过程、分享的方法。

（2）学生分享贺卡的图片资料：网络分享。

（3）学生准备贺卡所需的材料：绘画用纸、水彩工具、水笔彩铅。

（4）学生进行实践创作。

（5）学生在钉钉上进行作品分享和文字留言。

学生制作的贺卡种类各异：有友情卡、母亲卡、生日卡、日常卡，每张卡片的文字留言都充满感情。例如："大自然是我们应该保护的，不是任务。习总书记说过，绿水青山就是金山银山。""我用水彩创作了一张猫的日常卡片。我想把这张卡片送给吴清霖，希望她每天快乐！""我用水彩和钢笔结合的方法，创作了一张邀请卡片，我想把这张卡片送给爱丽丝，希望她喜欢。""这幅画我运用了晕染和干画法，创作了一张以蓝色之花为主题的卡片。我想把这张卡片送给我的妈妈，希望她天天快乐。"

（四）项目实施活动四

活动内容和模式：

学生以线上线下相结合的模式开展"小小交流会"。

学习目标：

通过线上线下结合的交流活动，使学生能更好地提升自我审美的能力、与人交流的能力，并进一步激发他们对艺术的热爱之情。

引导问题：

怎么欣赏和评价一幅水彩画？

1. 学生介绍自己喜欢的画家和作品

学生通过网络查找收集自己喜欢的水彩画家，并与同学进行交流分享，其中有国内的画家，也有国外的大画家。如大家熟悉的梵高和毕加索，学生在搜索中发现原来这两位世界著名的油画家也会喜欢水彩画。通过分享和欣赏这些大师的作品，学生的心情很愉悦，视野也得到了很好拓展。

2. 钉钉线上留言板

由于受到新冠疫情影响,学生在老师的组织下采用钉钉的线上交流方式进行留言。学生们不仅展示了自己的作品,同时也给伙伴写下了留言,还得到了老师的评价。例如一位学生的留言板上这样写道:

"我的创作感言:我觉得我的画颜色丰富,层次分明,花朵与字母也结合得非常好,有些细节还要注意。朋友的留言:陈子文,我觉得你的画很漂亮,特别是那些花朵,颜色鲜艳,非常精美,希望你以后可以创作出更多美丽的作品!老师的留言:这幅作品创作构思独具匠心,文字的留白和背景上的花卉能巧妙融合在一起,实在是一幅让人赏心悦目的好作品!"

3. 校园文化作品展

通过水彩画项目研究,学生创作了很多优美生动的水彩画。为了更好地展现他们的学习劳动成果,学校以建设校园文化为契机,在校园的每个角落展示了水彩社团学生们的作品。学生在课余时间,进行了认真的欣赏,还纷纷对作品做出自己的评价。这些作品使校园变得更美更具活力,也使学生更爱校园生活。

4. 项目活动评价

学生通过本次项目活动学习,以自评、互评、师评的评价量规表进行总结,反思不足。

项目名称: 水彩画的秘密 项目活动总结性评价量规表(学生自评、互评、师评表)　　　姓名(　　　　)					
评价项目	优　秀	良　好	合　格	自评	互评	师评
学习态度	积极参与每一次项目组活动,在活动中善于提问、乐于思考、勇于探究。	能多次参与项目组活动,在学习活动中乐于探索,主动求知。	较少参与项目组的学习活动,在学习活动中不积极主动。			
情感体验	能积极感受探秘过程的快乐,主动参与小组活动,与同学积极分享学习资料和成果、共同解决学习中的问题。	能感受探秘过程的一些乐趣,参与小组活动,与同学分享一些学习资料和成果,共同解决学习中的一些问题。	没有感受到探秘过程的乐趣,不太参加小组活动,不愿与人沟通和分享。			

（续表）

评价项目	优　秀	良　好	合　格	自评	互评	师评
知识技能	在探秘活动中知道了很多有关水彩的历史文化和知识；掌握了几种水彩画表现的方法。	在探秘活动中知道了一些有关水彩的历史文化和知识；掌握了一种水彩画表现的方法。	在探秘活动中没有记住有关水彩的历史文化和知识；没有掌握水彩画表现的方法。			
创新能力	能够在活动中主动发现问题，利用多种途径解决问题；能够拓展思维，设计形式多样的水彩作品；能够用学到的方法探索其他领域的知识。	能够在活动中发现问题，尝试解决问题；能够拓展思维，尝试设计其他形式的水彩作品；能够用学到的方法尝试探索其他领域的知识。	无法在活动中发现问题，解决问题；不能很好拓展思维，设计其他形式的水彩作品；无法用学到的方法探索其他领域的知识。			
项目成果	能够轻松完成知识问卷和小组学习任务单；能够创作多幅形式多样的水彩作品并给同伴撰写精彩的留言。	能够较好完成知识问卷和小组学习任务单；能够创作较好的水彩作品并给同伴撰写精彩的留言。	能够完成知识问卷和小组学习任务单；无法创作形式多样的水彩作品并给同伴撰写精彩的留言。			

小提示：自评、互评、师评处请根据"优秀、良好、合格"要求进行评价

三、项目反思

通过以"水彩画的秘密"为主题项目化学习实践活动，从总体上看学生在诸多方面都得到了收获和发展。学生能积极参与每一次项目组活动，在活动中善于提问、乐于思考、勇于探究，并能较好地感受探秘过程的奇妙和乐趣。他们能主动参与小组活动，与同学积极分享和交流学习资料和成果、共同探究或解决学习中的问题。学生在探秘活动中知道了很多有关水彩的历史文化和知识，较好地掌握了几种水彩画表现的方法。学生以学到的知识和技能为基础尝试探究新的问题，锻炼发散性思维、创新思维，设计出了其他形式的水彩作品。同时，学生还用学到的方法尝试探索了其他领域的知识，在跨学科学习中拓展知识视野，提升学习能力。

当然，学生除了在项目化学习活动中得到了满满收获，还有不少不足有待改进

纠正。例如：通过本次项目学习，多数学生虽然能够较好地解决问题，但视野还不够开阔，批判性思维和创造性思维还不够活跃。考虑在以后的项目化探究中能让学生多走出校门，多看看外面的世界，为后续学习和发展储备必要的资源和能量。其次，关于交流与评价，学生主动参与和辩证分析上要多加引导。在项目化探究中学生能完成交流与分享的目标，但是在交流中还不够活跃和主动；评价的科学性和辩证性也有所欠缺。今后可利用线上线下相结合的交流评价模式，熟练使用各类信息平台，使学生能更快乐更方便地参与交流、分享、评价等活动。再次，鉴于认知水平和社会阅历的局限，学生对历史人文探究略显知识缺乏。水彩画起源于欧洲，从最早的绘画草稿变成了独立的画种，这期间有很多文化知识值得研究。同时，上海也是中国水彩画的发源地。在上海有很多值得学生继续探究的水彩画人文知识。可惜，在本次项目中，学生对该方面的探究还不够深入，希望他们可以以本次研究为基础和引子，在深入探究水彩画秘密的艺术实践中全面培育发展美术核心素养。

参考文献：

［1］张悦颖,夏雪梅.跨学科的项目化学习［M］.北京：教育科学出版社,2018.

［2］艾伦·雷普克.如何跨学科研究［M］.北京：北京大学出版社,2016.

点燃音乐"灵感","催化"项目创新

——基于知识创造的SECI知识模型

上海市浦东新区海桐小学　赵益萍

【摘　要】在项目化学习过程中,教师如何更好地发挥创新作用,提升和激发学生的创新力?笔者结合项目化学习案例实践,基于知识创造的SECI知识模型的四个阶段,阐述了如何发挥教师的创新作用。第一,寻找共有经验,形成经验共同化;第二,创造对话反思,促进知识表出化;第三,调动创新基因,促进知识联结化;第四,坚持实践导向,促进知识内在化。

【关键词】项目化学习　SECI知识模型　创新力

巴勃罗·毕加索曾说:"别人看到了是什么,并问为什么。我知道会发生什么,并问为什么不。"在项目化学习中,每个学生都是独立的个体,他们拥有不同的学识、经历、技能和思维方式等,每一个人都是创新的源泉,可以创造出无限的可能。在项目化学习的过程中,教师如何更好地发挥创新作用,提升和激发学生的创新力呢?日本思想家野中郁次郎曾提出关于知识创造的SECI知识模型理论。

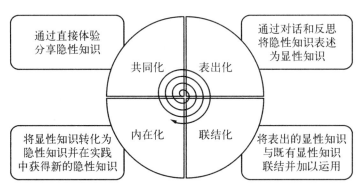

图1　SECI知识模型

SECI模型认为,知识的创造主要是隐性知识和显性知识两种状态之间的相互作用和转化,从而形成无限螺旋循环的过程。基于知识创造的SECI知识模型,笔者结合项目化学习案例"流行歌曲进校园——以歌曲《孤勇者》为例",阐述如何发挥教师的创新作用。

本次项目化学习以歌曲《孤勇者》为切入点,思考如何通过音乐创作让流行歌曲更适合小学校园,旨在培养学生的音乐创造力,提升学生的认知能力、创造能力和合作能力。项目实施过程主要分为四个阶段:阶段一,我是问号小达人;阶段二,我是探究小博士;阶段三,我是音乐小能手;阶段四,我是辩论小专家。学生在此过程中会经历一个完整的项目化过程,每个阶段依据主题为学生提供四个连续的挑战任务,并从创设知识学习情境、改变学习参与结构、提供思维外显化的学习方法、实践创造四个方面开展实施项目化学习活动。

一、寻找共有体验,形成经验共同化

在项目起始阶段,教师结合校园实际了解到《孤勇者》是同学们非常感兴趣的一首流行歌曲,既能充分激发学生的学习热情主动收集问题,又能实现经验分享,形成一个知识创造的学习共同体。例如,阶段一"我是问号小达人"的项目化学习过程具体步骤如下:

1. 提出驱动性问题——创设来自校园生活的真实情境,寻找共有体验,帮助学生获得真实感受,激发学生的学习兴趣。

驱动性问题:歌曲《孤勇者》火进了小学校园,大批同学争相跟唱、开启单曲循环模式,这首歌曲也引发了大家的关注和热议。有人觉得歌曲紧跟时代潮流,有人觉得有些歌词不利于小学生身心健康。同学们,如何展开音乐创作让这首歌曲更适合校园呢?

驱动性问题一经提出,学生们立刻联想到从实际出发展开音乐创作,设计校园版《孤勇者》。此时教师需要引导学生认识音乐创作需要经历完整流程:收集数据—设计方案—创作改进—展示交流。

2. 建立学习共同体——成立小组,展开头脑风暴,组内总结问题和分享经验,实现隐性知识的共享,完成隐性知识的社会化。

在学习过程中同学们提出了许多问题,归纳总结后问题如下:歌曲《孤勇者》火成"全民儿歌"背后的原因?歌曲《孤勇者》"好听"在哪里?什么样的流行歌曲适合小学生学唱?你对流行歌曲进校园是支持还是反对?……教师引导学生总结梳理音乐创作中需要考虑的问题,包括歌曲的歌词、旋律、伴奏、演奏乐器、演唱形式等等。学生还会提出其他需要考虑的问题,合理的教师都应该予以肯定,并及时概括总结,从而寻找学生的共有体验,形成学生已有经验的共同化。

二、创造对话反思,促进知识表出化

在项目实施阶段,学生通过寻找歌曲《孤勇者》火成"全民儿歌"背后的原因,从而深入讨论和探究什么样的流行歌曲适合进校园,小组设计《孤勇者》校园版音乐创作方案。例如,项目化学习阶段二"我是探究小博士"的实施过程如下:

1. 根据各小组总结的问题,同学们从各个角度深入探讨互动,讨论解决问题的方案,同时推送有针对性的学习资源。

同学们将"全民儿歌"背后的原因总结概括如下:歌曲是一款游戏的中文主题曲,借助新媒体等渠道传播,通过短视频得到充分的发酵,符合流行歌曲传播的逻辑;歌曲的内容励志向上,旋律好听易记,曲调朗朗上口……

2. 创造丰富的对话机会,如师生讨论、生生合作、生生互评等。通过及时反思,收集"闪光点",以此促进知识创造的持续改进,从而推动隐性知识转化为显性知识。

孩子们喜欢《孤勇者》,但是他们大都没有体会到歌曲的音乐性。通过项目化学习,同学们了解到歌曲的节拍为四四拍,节奏整齐,音乐风格激进有力,主歌舒缓悠扬,副歌铿锵激昂,前半段朗朗上口,后半段挥斥方遒,尤其是副歌部分有着突出的协律节奏和曲调,进而体会到音乐性才是音乐美的关键,也是歌曲得以流传的生命。

3. 教师将创造的知识通过线上线下等多种形式共享,目的是为此后的小组合作学习打下坚实的基础。通过引导学生总结梳理音乐创作中需要考虑的问题,在此基础上创造对话,对学生合理的问题予以肯定并及时总结反思,促进知识的表出化。

三、调动创新基因,促进知识联结化

爱迪生说,没有付诸实践的愿景只是幻象而已。在整个项目化学习过程中,教师一方面要注重学生创新基因的积极调动;另一方面要引导学生在面对关键问题时学会首先解决,引导其将相似或相近的创新点汇聚到大方向上去探讨研究。例如,在阶段三"我是音乐小能手"的项目化学习过程中,本阶段的任务目标是小组设计《孤勇者》校园版音乐创作方案,用自己喜欢的方式来表现歌曲。这一阶段的核心问题分别是:你选择从歌曲的哪个角度入手开始创作?你在歌曲创作过程中需要考虑哪些问题？你的创作有什么亮点？

1. 通过小组合作，拓宽解决问题的深度和广度，总结提炼达成音乐创作方案的共识。

2. 在音乐创作过程中，学生通过尝试节奏编创、旋律编创、歌词创作、律动设计、合作表演等多种创作方式，充分体会到通过音乐要素的变化呈现出的不同音乐的变化。

3. 展开小组歌曲创作成果汇报，开展多元化评价，为知识的创造提供及时的反馈。

同学们化身成了小小词作者和小小表演家，尝试创编不同版本的歌词，通过演唱、演奏、手势舞等丰富多彩的音乐表现形式来创编歌曲。例如抗疫版《孤勇者》、白衣天使版《孤勇者》、平凡英雄版《孤勇者》、三国版《孤勇者》、热爱学习版《孤勇者》、教师版《孤勇者》等充满正能量的新作品，内容积极向上，童趣十足，意义非凡。大家不仅享受到了音乐创作带来的快乐，而且在不知不觉中提升了音乐表演能力和音乐创作水平。学生在进行歌曲音乐创作时，无须要求其将每一项音乐创作都做到尽善尽美，而是根据所设计的音乐方案和自身需求进行设计。在创作过程中，教师通过调动学生的创新基因，引导学生在设计过程中利用相关音乐软件，同时结合自身的艺术特长展开创作，从而促进知识的联结化。

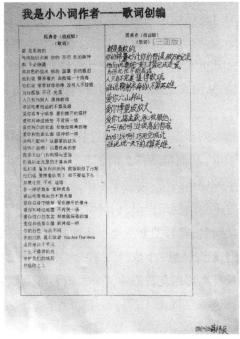

四、坚持实践导向，促进知识内在化

教师在项目化过程中始终坚持以实践为导向，引导学生吸收、消化"汇总组合"产生的新的显性知识，并将显性知识转化到隐性知识，实现内部升华即知识的内化。例如，在项目化学习阶段四"我是辩论小专家"的学习活动中，我们组织开展了流行歌曲进校园小组辩论赛活动，双方辩手针对如何正确看待流行歌曲进校园的作用展开辩论。

这一阶段的任务目标是正确认识流行歌曲进校园的作用。正方辩手认为流行歌曲进校园具有正面积极的作用，包括娱乐作用、宣泄作用、勉励作用和教化作用，反方辩手认为流行歌曲会影响小学生的学业进步，侵蚀小学生的价值观，影响小学生的身心健康发展和艺术欣赏水平。经过充分的辩论，同学们对于正确看待流行歌曲进校园有了更深的理解，认为我们应该学会正确对待流行歌曲，取其精华去其糟粕。在认识、理解音乐的历史与文化背景的基础上，提升自我的音乐辨别能力、判断能力和反思能力，提升对流行音乐的鉴赏能力。

鼓励学生创造，培养学生创造力是小学音乐新课标的重要理念。音乐课程是激发想象力和创造力的艺术课程，因此，教师应当紧扣音乐核心素养的培养，坚持实践导向，立足音乐课堂，在学生已有音乐知识和经验的基础上，展开音乐创作实践活动。通过创设具有挑战性的学习任务，为学生搭建探究知识的桥梁，引导学生通过感受、聆听、律动等方式展开联觉体验活动，在实践、讨论、反思中进行音乐知识的整合分析来解决问题，促进知识内在化，培养学生的高阶思维品质，点燃学生的创作热情，从而真正提升学生的音乐创造能力。

创新是一个持续的过程，需要教师在项目化学习的过程中持续地鼓励和引导学生，从而推动持久的创新，为创新提供持续的动力。教师应思考如何"点燃"学生的创作热情，促进学生创造力的提升。综上所述，在项目化学习过程中教师发挥着重要的创新作用，引导学生在通向创新的路上不断探究、合作、整合、跨界……与此同时，教师的创新应当从实际出发，鼓励学生各展所长，燃烧"小宇宙"、勇于"小尝试"、怀抱"小执着"、敢为"小担当"、成为"小能手"、绽放"小精彩"等。所以，只有在项目化过程中充分发挥教师的创新作用，才能点燃音乐"灵感"，"催化"项目创新！

参考文献:

［1］夏雪梅.项目化学习的实施［M］.北京:教育科学出版社,2020.

［2］张丰,管光海,何珊云,等.重新定义学习:项目化学习15例［M］.北京:教育科学出版社,2020.

［3］夏雪梅.项目化学习工具:66个工具实践手册［M］.北京:教育科学出版社,2022.

［4］杨伊,夏惠贤.项目学习:模型建构与可为路径［J］.现代基础教育研究,2021,42(2).

［5］卿素兰.中小学教师创新能力评价指标体系研究［J］.教育评论,2022(10).

［6］夏雪梅.教育科研如何引领实践创新——以项目化学习在上海的推进为例［J］.上海教育科研,2022(11).

基于问题解决的小学信息科技教学之设计与实践

——以"我是火箭指挥员"项目探究为例

上海市浦东新区进才实验小学西校　陆晓君

【摘　要】在基于问题解决的教学过程中,以真实情境导入,激发学生学习的主动性,以驱动性问题为主线,促进学生学习探究的有序性,通过问题与任务的协同发展,引导学生在实践操作中解决问题。本项目探究中,以问题为驱动,引导学生在提出问题、分析问题的自主探究中,独立解决问题,进而优化学生的思维品质,增强学生的学以致用能力,培育学生的学科核心素养。

【关键词】问题解决　项目化　信息科技教学

一、问题的提出

2022年颁布的《义务教育信息科技课程标准》中提到:"创新教学方式,以真实问题或项目驱动,引导学生经历原理运用过程、计算思维过程和数字化工具应用过程,建构知识,提升问题解决能力。"[1]在新课标新教材背景下,小学信息科技学科的教学方式正在逐渐转型,教师应注重问题解决的教学设计,通过教学策略的改进、优化,引导学生在抽象、分解、建模、算法设计等思维活动中培养计算思维等核心素养,提升解决问题能力。基于问题解决的小学信息教学之实践研究,成为教师在单元整体教学或项目化教学实践中的重要支持。

问题解决是一种较为复杂的过程。在认知心理学上,问题解决是"个体从初始状态到目标状态之间采取的一系列行动的过程"[2],通过一系列的行为操作,让问题得到解决。在教学中,问题解决应将问题和课程内容紧密联系,以问题为驱动,引导学生在提出问题、分析问题的自主探究中,独立解决问题,进而在优化思维品质中培育核心素养。在小学信息科技课程的教学中,问题解决还与真实情境相结合,让抽象问题变得真实化,从学生身边事物出发,激发学生的问题解决意识和挑战欲望,并通过分析问题的深度学习,探索新知识,构思问题解决的初步模型和步骤(即算法)。

二、基于问题解决的项目探究

(一)项目探究设计

从小学信息科技课程的内容架构看,是以单元整体教学的形式设置的,内容包括多个信息操作技能的学习以及综合学习活动。因而在教学设计时,教师应运用适合的教学策略,引导学生在特定的生活情境中发现问题、在"头脑风暴"中分解问题、在探究中理解问题、在实践中解决问题,最后在评价中迁移问题。

本案例是以华东师范大学出版社《小学信息科技(第二册)(试用本)》第四单元第19课《幻灯片,动起来》一课内容为载体,以"我是火箭指挥员"为主题,以"怎样完成火箭发射任务"为驱动性问题的项目化探究活动,在多环节有机整合的项目探究过程中,设计了多个教学策略,以带动问题解决(详见下图)。

"我是火箭指挥员"教学中解决问题思路

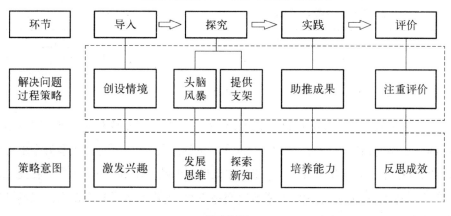

策略框架

(二)项目探究实施

1. 创设情境,激发兴趣

素养导向的小学信息科技教学中,教师应注重情境的创设,学生对于真实世界中的事物充满好奇,他们有敏锐的洞察力和丰富的想象力,教师要抓住这一特点,创设学生熟悉的真实情境,提出真实问题,在激发学生兴趣、吸引学生注意力、启发学生积极思考中,引导学生积极发现问题、自主探索问题。本项目探究中,应以学生热爱的航天话题创设真实情境,引出主题,让学生有代入感,进而在如临其境中以"职业"身份思考:作为一名火箭指挥员,怎样完成火箭发射任务?这就使学生紧扣探究主题,在驱动性问题的支持下开展深度学习和探究,课堂也就变得既庄严又活泼。

2. 头脑风暴,发展思维

在真实情境中围绕要解决的问题,学生通过独立思考、小组讨论的形式,进行"头脑风暴",把问题进行分解,形成以子任务为节点的问题链(见下图),进而瞄准子任务热烈讨论,乃至争辩。正是在"头脑风暴"的观点碰撞、智慧分享中,大家取长补短,统一认识,为问题解决铺设可操作、可评价的路径。

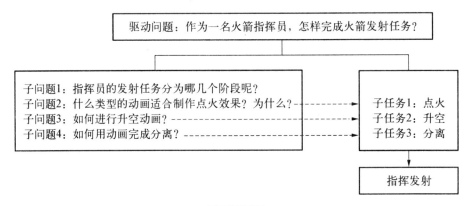

子问题框架

从图表中可看出,在项目化探究中,仅有"怎样完成火箭发射任务"这一驱动性问题是不够的,让学生在分解出子任务的"头脑风暴"中,制订让火箭升空的方案和流程,明确了问题解决的步骤,才能使驱动性问题落到实处,得以解决。在此过程中,学生通过抽象、分解、建模,形成解决问题方案,逐步形成了具有逻辑意义的计算思维,培育了学科核心素养。

3. 提供支架,探索新知

支架式教学源于维果茨基的"最近发展区"理论。搭建学习支架,即设置逐级而上的思维坡度,旨在使学习者在其"最近发展区"内,达到潜在水平区域。小学信息课堂教学中,概念和操作的学习本身具有一定的抽象性,为学生提供有用的支架,能使学生在探索中形成新知识的建构,为解决问题提供有力支撑。在项目探究中,教师应为学生搭建多种学习支架。

　　资源支架。项目探究前,教师拟为学生设计《火箭发射指导手册》,为学生提供自主学习资源,通过基于"操作步骤"的自主学习,使较多学生学会运用WPS进行动画创建;学会根据动画效果做合理的选择;确定合适的动画顺序等。实在而具效的学习,使课堂洋溢乐学、趣学之情,促进学生主动深入学习。

　　任务支架。项目探究过程中,各项任务活动贯穿整个过程。运用任务支架让学生逐步递进地完成任务,任务完成的过程即是问题解决、目标实现的过程。学习任务单是任务支架的主要表现形式,应根据本项目探究主题,围绕驱动性问题,精准设计学习任务单(见下图)。在本项目探究中,学生通过对驱动性问题的分析,分解出解决问题的多个任务,如点火、升空、分离等。在实践操作中,拟捕捉有用信息,在完成系列任务的综合效应中显示问题的解决,进而使学生在各自的"最近发展区"内得到充分发展。

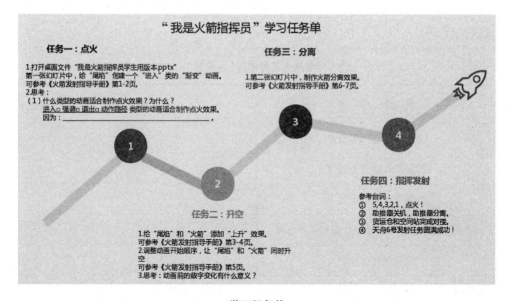

学习任务单

4. 助推成果,培养能力

　　项目探究的成效是多方面的。最终可视性作品成果的质量是主要成效之一。因而,教师在项目探究前就应"安民告示",在探究过程中更应提示、助推。作品成果不仅体现了学生对信息科技课程相关单元知识体系的理解、掌握程度,而且是学生参与项目化探究的综合能力的反映。

　　本项目探究中,发射火箭是主要的成果展示。学生通过自主学习,完成知识建构,又通过多任务的实践,进行作品的制作、编辑、添加特效,形成一个整体性的动画作品。学生完成作品的过程正是培养综合能力的过程。除发挥自主探究的主体作用外,以结对模式为主的合作学习得以充分体现。在作品展示环节中,学生们以火箭指挥员的身份,为"长征七号"运载火箭点火,在展现了科学探究能力的同时,抒发了爱国情怀和民族自豪感。

5. 注重评价,辩证反思

为了让学生能及时了解自身的探究效率和最终推出的学习成果,教师应预先设计较为科学、合理的评价表。这份评价表,既是对学生项目化探究过程中完成各项子任务和最终作品成果的评价,也是引导学生做环环相扣之深度学习的行动指南。在本项目探究中,以子任务的完成情况为评价内容,设计学生评价表(详见下表)。在多元评价中,学生能清晰地反思自我的学习、探究效果,做出较为客观、科学的评价;同时也能让老师知晓每位学生和班级整体的学习、探究态势,为后续的项目探究提供经验。

"我是火箭指挥员"评价表

评 价 内 容	贴☆
学会了创建动画效果	
能制作火箭升空效果	
能制作火箭分离效果	
知道创建动画要注意效果合适和顺序合理	
能帮助其他同学	

我获得了_____颗星

获得几颗☆	达到成就
1～3颗	优秀指挥员
4～5颗	顶尖指挥员

我获得了:优秀指挥员□　顶尖指挥员□　的称号。

我知道了中国航天的强大实力:非常同意□　同意□　不同意□。(打"√")

三、总结与反思

在"我是火箭指挥员"的项目探究中,通过以解决问题为目标的项目化教学方式,依托多种解决问题的教学策略设计,实现了预期学习目标,培养了学生的信息科技学科核心素养。学生在真实情境中发现问题,发挥主动性,进行问题的分析,对动画特效进行深入学习,运用分解、建模的计算思维去解决问题,发挥创意,完成成果制作、交流展示,在活动中,学生们同时也能感受到中国航天技术的巨大进步,增加社会责任感。通过基于问题解决的教学实践活动,笔者认为,在项目设计与实施中应该注重以下几点:

(一)注重问题设计的逻辑性

应围绕某一待探究或解决的问题,明确探究目标、确立项目主题、精心设计驱动性问题,三者之间是纵向细化的逻辑关系。又须紧扣驱动性问题引导学生在层层递进的剖析、细化中建构要解决的子问题或子任务的问题链接,在逐一解决子问题或子任务的递进式、深度性探究中,如愿完成项目探究的任务。

(二)注重任务推进的可持续性

任务的完成与问题的解决应是相匹配的,学生往往在自主探究中会遇到困难,说明问题难以得到解决。此时,教师应在活动中提供有用的学习支架,引导学生跨过"潜在区",推动学生的探究活动可持续进行,在层层递进的任务中,助力学生主动学习知识、灵活运用实践操作,促使自主学习能力得到提升。当然,教师还应鼓励运用合作模式,使组员之间取长补短,集思广益,逐一攻克各个子任务,在协作学习中完成核心问题的解决。另外,在项目设计中,注重任务的持续发生,也会触发学生多角度思考,能得到从不同角度解决问题的思路,培养他们的创新能力。

(三)注重活动过程以学生为中心

基于问题解决的教学过程中,教师应该把更多的时间留给学生进行思考、分析、分享……学生通过自主探究、合作学习等方式完成教学活动,以学生为中心,尊重学生的想法,提升学生的课堂参与感,引导他们主动探索、实践。在解决核心问题的过程中,学生能乐在其中,主动学习、探究,教师则成为引导者、鼓励者,让学生在主动学习中学会分解、理解和建构概念,并能综合运用实践,完成迁移,小组协同完成优化,最终形成更具有创造力的作品。在这一过程中,学生的计算思维也在逐渐形成,这种教学方式的转变,大大提升了学生的核心素养的发展。

因此,在信息科技教学过程中,课堂过程往往呈现的就是"发现问题—分析问题—解决问题"的过程,基于问题解决的教学活动,让教学目标变得更加清晰,学生对学习任务更明确,活动环节变得更有逻辑性,课堂气氛变得更活跃。在问题解决过程中,学生往往不再"被动"地接受知识,教师运用多种教学策略,引导学生主动学习知识、发展计算思维、提升信息技术体验感,运用学习到的信息技术知识和技能去解决真实问题,提升关键能力,培养学科核心素养,让学习真实发生。

参考文献:

[1] 中华人民共和国教育部.义务教育信息科技课程标准(2022年版)[S].北京:北京师范大学出版社,2022:3.

[2] 邵瑞珍.教育心理学[M].上海:上海教育出版社,1997:48.

数字化游戏在培养小学生数学
思维中的价值与应用

上海市浦东新区进才实验小学　蔡　红

【摘　要】随着科学技术的迅猛发展和数字化赋能的日新月异,电子版数字化游戏已成了人们(包括小学生)喜闻乐见且爱玩的新型游戏。本文在介绍数字化游戏定义和主要类型、数学思维概念及其价值的基础上,从数字化游戏的类型视角,就数字化游戏在小学数学教学中的应用,做了理性阐析和实例辅证相结合的表述,凸显了数字化游戏在培育学生数学思维中的价值和作用。为更好地体现数字化游戏的启智育能价值,也对数字化游戏的应用提出了若干注意点。

【关键词】小学生　数字化游戏　数学思维

随着科学技术的迅猛发展和数字化赋能的日新月异,数字化游戏已经成为当代儿童日常生活中不可或缺的内容。从家庭的电视、电脑到手中的平板和智能手机,孩子们每天都在与数字世界频繁互动。这种互动,尤其是通过数字化游戏的互动,不仅是一种新型的娱乐活动,而且具有方兴未艾的启智育能价值。

数字化游戏因具有仿真、趣味、互动等特点,已在全球范围内获得了广泛的受众。据统计,超过60%的孩子每天玩电子游戏,而且这个数字仍在增长。这些游戏虽然有消磨时间,影响正常学习、工作之嫌,但可以提供一个具有先进科技含量的生动有趣的学习环境,支持孩子们在娱乐中学习,培养孩子们的多种能力。在数学领域,当我们深入研究数学的本质时,会发现它不仅仅是借助数字、图形和公式等五花八门的运算,更是一种数学思想和数学思维的训练和建构。

因而,从小学开始就应培养学生的数学学习兴趣,缓解"数学难学"的畏惧心理。除重视"双新"(新课标、新教材)背景下的日常教学外,适度巧用数字化游戏,不失为良机妙策之一。

一、数字化游戏的定义与主要类型

（一）数字化游戏的定义

顾名思义，数字化游戏的本意是一种游戏。其与传统游戏的根本区别在于，这种游戏是基于数字技术、电子屏幕和互动软件来运行的。简单地说，数字化游戏是以电子设备（如电脑、手机、平板或游戏机）为工具而设计、进行的一种新型游戏。

相较于传统的棋盘游戏、纸牌游戏或户外游戏，数字化游戏最显著的特点是具有科技性和交互性，玩家不再是被动的参与者，而是能够直接与游戏互动，改变和影响游戏结果的主动调控者。据此，可巧妙地将数字化游戏引入数学教学，让学生在贴近他们身心发展特点的电子化游戏活动中融入数学学习，发挥激趣启智育能的独特作用。

（二）数字化游戏的主要类型

在数字化游戏的众多类型中，以下几类与小学数学教育密切相关：

1. 逻辑类游戏：这类游戏侧重于培养学生的逻辑思维和推理能力。通常要求玩家对信息进行排序、分类或推断，从而在精算、速算中取胜。

示例：在一个简单的电子版数字游戏情境中，要求学生根据特定规则为数字排序，或者找出所给数列的排序规律。

2. 策略类游戏：这类游戏鼓励学生对某一事件进行计划和预测，使他们能在系列具体目标的实现中实现长远的目标。此类游戏或多或少地涉及了资源管理、时间管理的策略和技巧。

示例：一个数学版的"农场游戏"，学生可种植作物，合理利用管理资源（如金钱、时间和种子），并预测收益。

3. 问题解决类游戏：这类游戏为学生提供了一系列基于数学的难题，并鼓励他们自主探索、积极试验，以寻找破解之策。

示例：一个关于几何图形的游戏会向学生展示一系列拼图，要求学生摆放不同的形状，以完成一个或几个预期的图案。

对于小学数学教师来说，利用上述不同类型的电子版数字化游戏，不仅能使学生深刻地理解数学概念和定律定理，还能在机智应用中培养学生的数学思维。而数学思维和相关能力的培养，不仅有助于增强学生数学学习的自信，而且对他们的日常生活和未来职业发展都会产生积极而持久的影响。

二、数学思维概念及其价值

（一）数学思维概念

在教育和学术领域，数学思维常被提及，但对于许多人来说，其概念之内涵并不明确。简而论之，数学思维是指使用数学研究的方式，对数学命题等进行逻辑推理和演绎的品质和能力。数学思维是一种以逻辑推理和演绎为内核的高阶思维品质。

（二）数学思维在小学数学教学中的价值

数学思维不仅是专家或学霸的专利，也是众多小学生孜孜以求的重要学习品质。环视周遭与全球，我们已生活在一个科技赋能的数字化世界中，从智能手机到在线购物，从生产变革到科技创新，数学思维无处不在。这意味着应从小培养学生的数学思维，使他们初步具有以"三个学会"为主旨的数学核心素养。

例如，当学生面对一个需要分配零食的问题时，他们可以运用数学思维来找到公平的解决方案。或者，在安排一天的活动时，他们可以利用数学思维来科学合理地分配时间，确保时间的有效利用和身心的和谐发展。

数学思维也是催生批判性思维、创造新思维的母体。如何评估信息、如何在众多选项中做出明智的选择，以及如何基于证据做出决策，均需要数学思维的强力支撑，并在求异出新中提出创造性意见。

环顾现实，展望未来，数学思维必将成为诸多领域通用的学习品质和核心素养。故而，培养、发展小学生的数学思维，利在当下，功在千秋。

三、数字化游戏与数学思维培养

那么，如何借助数字化游戏，对小学生进行有利有理有节的数学思维培养呢？现结合本人的教学实践和思考，做些粗浅探讨。

（一）基于逻辑与策略的数字化游戏

当我们论及逻辑与策略类数字化游戏时，我们首先想到的可能是那些需要玩家按照一定的规则，通过逻辑思维来达到游戏目标的游戏，例如"数独"或"魔方"。在这些游戏中，玩家需要细心观察、计划步骤并进行连贯性的思考。

这就给了我们启迪。具有顺序性和连续性特点的数学知识，可利用"逻辑与策略"，设计适切小学生的数字化游戏。玩此数字化游戏，需要学生运用前置知识来制定策略,并预测可能的结果。当学生在游戏中遇到挑战时,他们需要调整自己的策略,重新思考问题,这正是数学思维的培养过程。此外,这类游戏还能培养学生的专注力、耐久力和决策能力。

比如,二年级第一学期中有"幻方"内容。通过填充九宫格中的数字,使得每一行、每一列和对角线的和都是15,每一个小宫格内的数字都不能重复。填充九宫格中的数字,需要激活思维、缜密考量,这就锻炼了学生的逻辑思维和推理能力,也提高了计算能力。又如,计算能力对培养学生观察力、数学思维能力有着重要的启蒙、奠基作用。加之一年级学生刚从幼儿园步入小学,有一个幼小衔接的适应过程,学习兴趣、学习习惯的培养至关重要。为此,在一年级完成20以内加减法内容学习后,利用课前2分钟的微课,开展"找朋友、连一连、把小动物送回家"等数字游戏,让学生上台操作。出现错误时会发出提示音,让学生及时纠正,老师也可做及时而有针对性的反馈分析。在比难、比快的计算游戏中,原先枯燥乏味的计算成了轻松、趣味的算力竞技。在乐学好学中,学生的计算扎实、准确了。此外,不论是找规律填数、计算三角、数墙、乘法和除法竖式计算中填方框、10的游戏等,都闪烁着数学思维的逻辑之光。学生在数学谜题构建的数字游戏中的最大收获,就是数学思维的形成与增强。

(二)基于解决实际问题的数字化游戏

学会联系生活、解决问题是数学的核心素养之一。如某些智力拼图或益智游戏,要求学生面对具体的问题情境(特别是思维障碍),快速运转思维"机器",寻找最佳解决方案。

在这类游戏中,学生通常会遇到一系列难度逐步递增的问题的挑战,每个挑战都逼迫学生迅速寻找简便、高效的解决思路。学生需要运用已有数学知识和数学思维,进行尝试、评估和调整,尽快找到解决方案。当学生遇到新问题或疑难时,需要从多个角度审视问题,且在数学思维主导下,抓住重点、突破难点,切实解决面临的实际问题。

如五年级"组合图形"一课。教师出示两幅学习小伙伴画成的简单但不规则图形,要求说说哪块面积大。先由教师提供一些基本的学习用具。随后,开展小组游戏竞赛。各组学生运用一定的数学知识,借助这些有限的学具,对图形进行分割、旋转、拼接,使它转换成已学习过的基本图形。在此过程中,他们需要预测、计算,并选取最合适的分割方案。正是在合作探究的游戏活动中,学生不经意地掌握了计算组合图形面积的多种方法,也在比较中筛选出最优化的方案。又如,五年级的"组合图形体积""表面积的变化"等学习内容,同样可设计成解决实际问题的数字化游戏,让学生运用已有数学知识和数学思维,进行尝试、评估和调整,最终找到解决方案。而解决方案的准确性、简洁性以及速度,便是数字化游戏的"胜负手"。

(三)基于其他类型的数字游戏

数字化游戏的种类繁多,除上述两类外,还有一些其他类型的数字化游戏,同样对小学生的数学思维培养有所裨益。例如,有的数字化游戏着重于数字和图形的识别、排序和分类。如数的性质、大小关系以及几何图形的属性等。还有一些游戏,如模拟商店的数字游戏,可以让学生在实际的生活情境中对加减法、乘除法等基本运算做活学活用的体验。三年级学生学习了"单价、数量、总价"一课后,笔者设计了一个"虚拟商店经营"的学习情境。学生们被分成几组,每组都要经营一个虚拟的小商店,故可获得一些虚拟商品和初始资金。他们需要根据成本、竞争和预期利润来决定商品的售价。通过一天营业时间的实境模拟,在各组自评的基础上,以"哪一组的商品售价不仅合理且能实现最大的利润"为标准,评出"最佳商店"。

在模拟的商店经营类游戏竞赛中,各组学生能积极运用数学知识,尽力调动数学思维,来解决实际问题。除提高计算能力和逻辑思维能力外,还增强了数学源于生活的认知,培养了"学以致用"的意识和能力。

四、数字化游戏应用的注意点

为切实体现数字化游戏在培养小学生数学思维中的价值,培育小学生的数学核心素养,特提出若干注意点。

(一)观照课标精神,寻找数学目标与游戏内容、类型的契合点

数学新课标精神主要体现在"三个学会"的数学核心素养培育上。据此,无论是单元整体教学目标,还是每课时的教学目标,均从不同层级上指向了数学核心素养的培养。而数学核心素养虽有多种异曲同工的表述,以逻辑思维为内核的数学思维却是绕不开的要旨。数字游戏作为一种促使学生趣学、乐学、善学的教学方式,是为达成教学目标服务的。因而,设计数字游戏,得在寻找教学目标与游戏内容、类型的契合点上下功夫,切实处理好目标主旨与内容形式间的辩证统一关系,且在乐玩数字游戏的过程中,特别关注学生冷静思考、周密计算的内隐数学思维的

培养、发展。

（二）关注学生差异，提供不同难度的游戏选项

不同学生个体的学习能力和兴趣倾向都是独特的、具有个性色彩的。为了满足所有学生的兴趣爱好和学习需求，教师在设计统一式、共性化游戏的同时，还应提供不同难度的游戏选项，在各选所爱、各得其所的游戏情境中实现差异化教学。故而，数字化游戏的设计，同样应抓住"备教材、备学情"的双备要义。

（三）加强游戏调控，及时施以纠偏改进的引导

游戏活动是学生们喜闻乐见、爱玩的开放性较强的学习活动。虽然与教学内容紧密联系，但很易出现重娱乐、轻探究，乃至热闹过度、背离主题的偏误，对天性活泼、童趣洋溢的小学生而言，尤为如此。因而，加强对游戏的调控，及时施以纠偏改进的引导不可缺位。数字化游戏的教学功能和价值体现，在很大程度上是由游戏开展的进程和效能所决定的。

（四）结合现实生活，引导学生合理尝玩电子版数字化游戏

如果说教学中的电子版或实体版数字化游戏能得到学生、家长的一致推崇的话，那么对现实生活中电子版数字化游戏的评价就不那么乐观了。缘由是电子版数字化游戏虽然具有种种正向功能（如锻炼思维的准确性、敏捷性、迁移性、批判性、创造性的品质，且能自娱自乐、调节身心），但一旦沉湎，势必对学生的学习带来这样那样的负面影响。因而，由数学教学中的数字化游戏推及学生喜闻乐见、善玩的课余数字游戏，还得告诫学生以当下的文化学习、全面发展为主，合理尝玩电子版数字化游戏。

运用新媒体技术,助力低学段学生自主识字

上海市浦东新区晨阳小学　陆嘉伶

新媒体是新的技术支撑体系下出现的媒体形态,如数字报纸、手机、移动电视、网络、数字电影、触摸媒体等,利用数字技术和网络技术,通过互联网以及电脑、手机、数字电视机等终端,向用户提供信息和娱乐服务的传播形态。新媒体技术的发展飞速,在教育行业中也不断衍生出新的技能:微课、交互式平板教学、在线教学、游戏教学等等。这些新型的教学方式与传统的教学方式截然不同。

识字教学、阅读教学以及写作教学是语文教学的重点。在小学低年级阶段,识字教学必然是语文教学的重点及难点。识字的能力是语文教学的基础,学生只有掌握一定的识字量,才可以流利地阅读名家名篇,才可以顺畅地写出自己的所思所想。所以,识字教学的确为语文教学的基础,也是学习其他学科的基础。

新媒体技术可以创设生动有趣的情境,从而激发学生自主识字的热情,为快乐自主识字打下基础。

一、小学低年级识字教学中存在的问题

1. 识字量较大、教学手段较为单一

在《义务教育语文课程标准(2022年版)》中提到了整个义务教育阶段要求认识3500个左右常用汉字,其中第一学段(1～2年级)要求学生认识常用汉字1600个左右,800个左右会写。可见,1～2年级要求学生认识的汉字量几乎占到了整个义务教育阶段识字量的一半。如此大的识字量,如果老师一味地运用单一的教学手段:枯燥地带读,乏味地书空、默写生字,那么活泼好动的低年龄段的孩子们一定对这种强制性的记忆方式表示排斥,从而难以掌握《语文课程标准》要求的识字量。

新课标提出,学生是学习的主体,学生在课堂中起着导向作用。然而,经过笔者

观察发现，在识字教学的课堂中，学生往往以被动接受为主。在课堂上，老师们主要使用的教具是白底黑字的生字卡片。老师举着生字卡片，学生环抱双臂，端坐着跟读、书空。即使老师使用了大屏幕，也仅限于出示生字，只做到了把黑白的生字卡片变成了彩色罢了，吸引不了学生的注意力。老师一味地输出生字、组词、偏旁部首等知识，学生们看似认真听讲，课堂纪律井然有序，但实际上学生的课堂参与度是有限的。单一的教学手段，激发不了学生对识字的热情。

2. 学生课前预习落实不到位，课堂识字效率不高，识字回生现象严重

课前预习、课后复习是众所周知的学习好习惯，识字学习中更是如此。我执教一年级时，多次强调学生回家按时预习、复习。但由于预、复习是在家里进行的，在学校也很难检查成效，所以落实预、复习工作的学生并不多。据我观察，及时做好预习的学生，课堂听课效率高，表现积极，认字的速度也相对快；及时做好复习的学生，课后功课和小练习的情况明显好于不复习的学生。良好的识字习惯养成不了，识字教学的质量也就无法提升。

识字回生，是指学生识字后，随着时间的推移，其记忆痕迹逐渐消失或受到干扰的一种现象。我通过对班级学生的观察，发现识字回生主要包括以下几类：① 同音字混淆：比如"戴"与"带"；② 形近字混淆：比如"侯"与"候"；③ 生字部件颠倒：比如"鲜"左右写反了；④ 相似部件的干扰：比如"暖"的右边写成"爱"。

二、利用新媒体技术，引导小学低学段学生自主识字的方法

新媒体技术已逐渐渗入课堂教学中。小学低学段学生对于声、色、画、乐比较感兴趣，而这些又能利用新媒体技术充分体现出来。所以，我们可以利用多媒体技术创造丰富多彩的画面和引人入胜的声音来创设意境，从而激发学生的兴趣，提高学生识字的效率。下面，我就来谈谈新媒体技术飞速发展的环境下，小学低年级语文识字教学的方法。

（一）巧用音频帮助正音

小学一年级语文教学的重点除了识字以外就是学习汉语拼音，汉语拼音是识字的工具。有些地区的部分教师由于普通话不标准、说话带口音等因素，教授的发音有偏差，这时我们就可以利用新媒体播放汉语拼音的音频，让孩子们发音更准确、更有趣。比如，在学习汉语拼音"o"的发音时，很多家长甚至部分老师都会把它读成"欧"，但其实正确的发音应该是"哦"。发音时嘴巴圆圆的，固定不动。此时，在新

媒体的帮助下,教师的教学质量提升了,学生学到的知识也更准确了。

（二）运用视频规范书写

通常在课堂上,教师指导生字的书写时,通常运用食指书空,或者是在黑板上的田字格里示范书写。这样的方式很顺手、方便也很直观,但是不可否认,这样指导书写的方式相对枯燥。再加上坐在台下的孩子们不一定能看清楚,讲台上的老师书写的笔顺不一定正确。在新媒体技术的帮助之下,我们可以在屏幕上出示更大、画面更有趣、色彩更丰富的生字与田字格,吸引学生的兴趣;

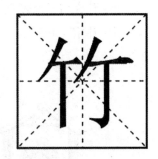

播放正确的笔顺视频,学生学有章法;出示汉字结构不同的图片进行比较,学写结构更漂亮的汉字。比如,在学习一年级上册课文12《雪地里小画家》时,要求会写生字"竹",很多学生会把上面的"两横"写成"横钩"。这时,利用媒体将笔画重点标红,学生一眼就能看见,错误率就少多了。

除此以外,我们还可以利用新媒体技术设计各种小游戏,让孩子们上台在设备上写一写正确的笔顺。如此,孩子们对汉字书写的记忆会比反复机械性的默写更为深刻。

（三）巧用新媒体解决识字难点

小学低学段的识字量较大,生字的变化又比较多,单靠老师单纯的讲解,学生们很容易混淆。我们可以利用新媒体解决识字的难点,让识字难点变得直观、简单、形象。

1.形声字的学习

形声字是由两个文或字复合成体,其中的一个文或字表示事物的类别,而另一个表示事物的读音,有形旁和声旁。声旁表发音,形旁表意。学生在学习此类生字尤其是组词时,特别容易混淆。比如低年级常见的形声字"请""清""晴""睛",在教学课件中,教师可以将部首标红,再编首儿歌配合音乐帮助区别,学生们就在玩中学,加深了记忆。

有水才说清,
日出天气晴,
有言去邀请,
有目是眼睛。

2.象形字的学习

象形字来自图画文字,是一种最原始的造字方法。从字的起源讲起,不仅能激发学生的学习兴趣,更能让学生从生字的根源上理解生字,从而加深对生字的印象。

比如,在学习"宿"这个生字时,我是这样教学的。我先出示一张人在屋子里睡觉的图片,问学生:"你看到了什么?"

生:有一个人在屋子里睡觉。

师:是呀,甲骨文中的"宿"字就是按照这样来写的,现在右边的席子变成了"百"字的模样,就更像我们睡觉的床了。现在你知道"宿"的意思了吗?

生:住在屋子里睡觉。

生:住宿。

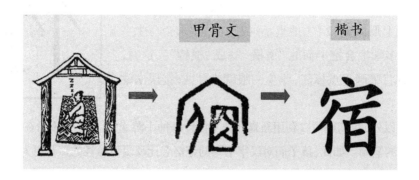

通过图片的直观感受,同学们对生字的形与意都加深了印象,教师识字教学的效率也大幅提升。

3. 同音字的比较

汉字中有不少同音字,学生总是容易混淆,低年级的学生更是如此。我们可以利用新媒体技术,制作小游戏、小视频等让学生在课堂上学习,也可以将小游戏、小视频发送给家长,让孩子们在家里巩固。比如,"在"与"再"、"坐"与"座",都是小学低年级学生容易混淆的生字。在课堂上,我们可以在课件中制作动画效果,点红、闪动、放大生字等来吸引学生的注意力,加深学生们的记忆。课后,我们可以制作"小猫钓鱼"等辨字组词游戏,让学生在家长的电子设备上完成复习巩固,寓教于乐便是如此。

4. 形近字的辨析

大量的汉字的输入,使得学生总是在经历头脑风暴。他们会在组词时将许多类似的汉字弄混,张冠李戴。其实,这也是识字掌握不扎实的表现。比如,笔者在区分形近字"操""澡""燥"时,充分利用多媒体。先将三个字的部首点红标出,再依次出示做操的图片、洗澡的图片、干燥起火的图片,字与图一一对应,让学生牢固记忆。随后,笔者又出示了游戏"找朋友",让同学们把刚刚学习的知识通过游戏的方式呈现出来。

5. 易错字的纠正

汉字笔画多,容易写错,利用多媒体我们可以突出重点内容,提醒学生注意容易出错的地方。比如,"融"左下部分只有一横,不是"羊";"尴尬"两个字的部首不是"九",是"横、撇、竖"三笔组成的。在多媒体上出示易错部分时,我们还可以添加吸引人的音效同时出现,让原来枯燥乏味的课题重现生气,让原本发呆的学生重拾注意力。

三、利用新媒体技术,引导小学低学段学生自主识字的途径

随着科学技术的发展,新媒体技术逐渐深入我们小学生的课堂。电脑、交互式智能平板、实物投影……都能帮助我们引导小学生自主识字。低年级的孩子天性活泼好动,在学习过程中易受到情感、环境等因素的影响,单纯的识字会使他们感到枯燥无味。新媒体技术的引入,能帮助引导学生自主识字。

(一)利用网络平台游戏的功能,激发学生自主识字的兴趣

低年级的小学生喜欢新奇有趣的事物,教师可以创设各种有趣的情境,吸引学生的注意力,激发学生学习生字的兴趣。对学生而言,快乐的时光总是难忘的。那么,游戏识字的时候应该也会印象深刻。课堂上,我们可以利用游戏学习生字;课后,我们可以利用游戏复习旧知。通过连一连、贴一贴、猜一猜、读一读等活动,在增加识字教学趣味性的同时确保了教学效果。

除此以外,教师还可以设置特殊的评价方式。当学生答对题目时,游戏中相应出现声音:"你真棒!"当学生失误时,可以出现音效"啊哦……有点可惜哦……"当学生答对时,适时地鼓励他,当学生出错时,恰当地保护他。可爱的音效也为游戏课堂加分不少。游戏让识字过程变得丰富多彩,教学效果显著。

(二)利用网络平台视频观看功能,引导学生学会归纳自主识字的方法

五花八门的短视频一直占据着我们的生活,闲暇时我们都会打开手机看看短视频来消磨时间。在家里,教师可以先在短视频平台上找找识字的动画视频再转发在班级群聊中,由家长带领孩子们在空闲的时候自行观看。在学校,刚入学的孩子们

课务还不繁重,有很多时间熟悉校园、熟悉同学。教师也可以在孩子们午休的时候分享识字视频,引导孩子们学会识字的方法。

比如学习"停"时,展示以下视频:一座美丽的凉亭出现在眼前,一个赶路人来到亭子下休息。动感的画面,形象的解说,吸引着学生把画面与相关联的汉字"停"联系在一起。引人注目的画面中有"人"有"亭子",这正和我们的汉字"停"相符。利用画面,孩子们记住了汉字"停"。

又比如在学习汉字"日"时,笔者出示视频"日字的演变",从象形字的日、金文的日演变到现在的日。孩子们看得目不转睛,逐渐学会了利用象形字学习生字的方法。

有趣的画面、欢乐的歌曲、鲜艳的色彩都吸引着孩子们。久而久之,孩子们在观看他们喜欢的动画的同时,认识了很多生字,无形之中爱上了识字,养成自主识字的好习惯。

(三)利用新媒体技术互动的功能,促进识字教学互动、教学评价多元化

1. 多元的教学互动

课堂上的教学互动是教师教学过程是否有效的重要表现。过去,师生间的互动多为举手一对一的你问我答,由于课堂时间有限,仅有部分学生能与老师互动。老师无法顾及全班同学,无法了解全班学生是否都已掌握知识点。有了新媒体技术的支撑,教师可以利用交互式智能平板发送相应问题,让学生在平板上答题。几秒钟的时间,答题的数据就会发送到老师的手中。数据会立马显示多少人答对了,多少人答错了。有了平板这项技术,老师能得到及时的教学反馈,自然而然,对学生知识点的掌握情况也就一清二楚了。

2. 多元的教学评价

教学评价是教师教学效果的重要体现。在科学育人的理念下,我们力求多元地展示学生的发展,评价的内容可以是学生的课堂表现、课堂作业、小组合作等等。过去的课堂中,教师对学生的评价停留在口头表扬:"你真棒!""你的回答我喜欢!""你真聪明!"这样的口头表扬能对个别同学起到激励作用,但无法反馈到全班同学。新媒体技术的发展下,我们可以利用交互式智能平板在课堂上设置积分榜。教师将题目发送到每个孩子的平板上,孩子们在平板上答题,答对一题积一分,系统自动计分,统计排名。如此,师生之间的评价可以更全面。

除此以外,生生互评、学生自评也能得到完善。比如,在指导学生进行生字的书

写时,教师可以利用实物投影展示学生的书写作品,并且鼓励学生在平板上对同学的书写作品进行打分。教师要构建不同的评价手段,进行及时有效的师生互评、生生互评、学生自评,让评价贯穿教学全过程。

　　语文学科是人文性很强的学科,也是学习其他学科的基础,识字又是开展语文学习的基础,培养学生学会自主识字的能力显得尤为重要。新媒体技术作为一个新型的互动教学终端,有多种形式出现在我们的教学活动中,充分满足现代教学的需要。在小学低学段的教学过程中,合理地将新媒体融入教学中,可以很好地改变原本枯燥的识字学习,让孩子们快乐学习,成为学习的主人。语文的学习如同大海,新媒体技术就像高级的钓鱼竿,而识字教学就如同大海里的鱼。教师要让学生捕到鱼的同时也要学会捕鱼,更要体会到捕鱼过程中的乐趣与收获,做一个快乐的"渔者"。

参考文献:

[1] 吴运琴.多媒体在低年级识字教学中的应用[J].现代教育科学(小学教师),2010(06):169.

[2] 张效民,禹明.小学语文新课程教学案例[M].广州:广东高等教育出版社,2003.

[3] 朱成宇.字理理论指导下的小学语文识字教学研究[D].金华:浙江师范大学,2017.

[4] 于述丽.浅谈新媒体下的低年级识字教学[J].新课程学习,2013(12).

[5] 方晓玲.新媒体新技术助力绘本识字读写教学[J].文教资料,2019(05).

浅谈数字化背景下小学美术课堂教学

上海市浦东新区海桐小学　王馨蕾

【摘　要】随着计算机等现代科学技术的日益发达,我国社会已经步入了信息时代,数字化教学模式也已逐步融入小学阶段的美术教学中。本文对当前数字化教学背景下的国内美术教育政策进行了研究,总结了数字化美术教学的必要性和科学性,通过分析制订小学美术数字化教学方案,从实际的教学案例中总结了数字化美术教学的积极意义。

【关键词】小学美术　数字化教学　教学案例

随着数字化技术的蓬勃发展,网络资源的应用已经渗透到学生日常生活和学习的方方面面,小学美术教育和数字化资源的融合也不可避免。合理使用数字化资源有助于增强小学美术课堂的趣味性,提升教学效果。

一、数字化教学的时代背景

目前人类社会已经步入了数字化和信息化的发展阶段,数字化资源在教育中的应用也越来越广泛。如今越来越多的国家开始推行适合数字化时代的教学政策,开发了数字媒体技术运用于课堂与教学实践研究中。

2022年,教育部为迎接贯彻党的二十大发布的工作要点中提出了六大项、三十五小项,其中第二十八项提出实施教育数字化战略行动,要求强化需求牵引,深化融合、创新赋能、应用驱动,积极发展"互联网+教育",加快推进教育数字转型和智能升级。推进教育新型基础设施建设,建设国家智慧教育公共服务平台,创新数字资源供给模式,丰富数字教育资源和服务供给,深化国家中小学网络云平台应用,发挥国家电视空中课堂频道作用,探索大中小学智慧教室和智慧课堂建设,深化网络学习空间应用,改进课堂教学模式和学生评价方式。强化数据挖掘和分析,构建基于数据的教育治理新模式。指导推进教育信息化新领域新模式试点示范,深化信息技术与教育教学融合创新。

根据2022年版《义务教育艺术教育课程标准》(以下简称《艺术课程标准》)要求,学校应该积极开发数字化课堂资源,充分利用网络资源,丰富小学美术教学的内容,创新课堂教学方式,促进小学生美术学习兴趣的提高。数字化教学在小学美术教学中有着突出的教学意义,网络资源的丰富性可以为小学生展示各种各样的美术作品和鲜明的色彩对比图,这符合小学年龄阶段小学生好奇心强的学习特点,也有利于小学生美术绘画兴趣和创新能力的培养。因此,在美术教学过程中,教师要从激发小学生的美术兴趣出发,不断探究数字化教学在课堂中应用的具体措施。

二、数字化美术学习的必要性和科学性

《艺术课程标准》中强调:"目前我国义务教育阶段的小学美术课还有很多不能适应素质教育要求的地方,过于强调美术的学科专业技能性,而忽视学生的生活体验。"美术课具有很强的人文特性,在教学过程中需要将其视为一种文化学习,创造广泛的文化情景,陶冶学生的情操,发展学生的想象力,培养创新能力和解决问题的能力。

传统的小学美术教学中普遍存在被轻视、课时量少的现状,且学习评价标准单一,把画得像不像、色彩搭配得好不好这类专业技能作为唯一评判标准;教学上过于教条化,缺乏综合性和多样性。

义务教育阶段的美术教学,主要是为了培养学生发现美的能力,而不是只求绘画技术,教学中应结合实际生活,增加趣味性,调动学生的积极性。传统美术教学中以教师讲述为中心的教学方式已经无法满足学生的学习需求了。学习过程中应该关注学生的个体差异性,让学生通过数字化资源来建立自己的知识结构,以学生自主化学习为主,教师答疑为辅,让学生在探究、合作、分享的交互式学习中,形成新的学习模式。

在新课标要求下,通过学生自主探究,增加美术教学中其他知识的交互学习,提高学生的综合能力素养,发展美术创意思维是十分必要的。

三、数字化背景下小学美术教学实践

(一)利用数字化微课进行课前导学,实现以学生为主导的课堂教学模式

数字化信息技术的发展,使得获得信息的渠道变多,教师已不再是学生获取学

习信息的唯一渠道,课堂也不再是唯一可以进行传道授业的地方,教师可以通过提前制作微课,布置导学任务,引导学生进行课前预习、收集相关资料,提前创设教学情境。

例如,在四年级下册第七单元"古代瑰宝"中的《古代的编钟》一课中,编钟作为"国之重器",又是兴起于周朝、盛于春秋战国至秦汉的一种古老的乐器,学生在日常生活中接触或使用编钟的频率非常低,所以会对其有陌生感,了解不多,因此教师便可以通过微课对其进行简单的介绍,制作动画提前让学生观看《国家宝藏》中关于曾侯乙编钟部分的介绍和编钟乐曲《长袖舞》的表演片段,让学生身临其境地感受编钟演奏场合之庄严,乐音之厚重,并且让学生在观看过程中找到古代编钟的种类、造型特征、装饰纹路等问题的答案,待之后上课时进行分享,加深学习记忆。

学生在课前通过查阅资料的方式提前了解学习内容,有助于提高教师上课时的课堂效率,节省课程导入的时间,将课堂时间尽量留给老师与学生、学生与学生之间的互动交流,实现以学生为主导的课堂教学。

(二)利用数字化媒体丰富教学方式,提高课堂效率及教学方式丰富度

由于美术教学的特殊性,美术课堂主要以图像表达和视觉审美为主要载体,现在越来越多的博物馆、美术馆创设了线上虚拟展厅,可以线上参观博物馆。例如,在《古代的编钟》一课中,可以利用虚拟展厅引导学生以虚拟参观者的身份直接观察博物馆中的编钟上的龙纹、植物纹、几何纹、兽纹等特殊纹样造型,给予学生身临其境之感。

在美术课堂的教学过程中,教师常常要进行教学示范,但传统的课堂课桌过多,过道狭小,学生都拥过来观看示范,很容易造成拥挤现象,学生看不清楚也容易产生安全隐患,学生即使站得近,也只能看得清一面,无法看到完整教学示范,无法完全了解创作难点,而数字化媒体可以在一定程度上解决这种问题。例如,在上海教育出版社三年级上册第五单元"动物天地"中的《恐龙时代》一课中,教师需要分"整体捏塑""完整组合身体结构""添加纹饰"这三步示范,可以利用微视频的方式提前录制分步示范视频,让学生提前了解,在制作过程中有着重需要注意的地方,也可以随时放大、暂停、重复,也可以将更多的范例插入视频,增加教学示范的完整度及丰富度。

教学过程中,教师也可以不拘泥于讲台,对学生进行巡堂检查指导,在巡视指导的过程中发现学生制作过程中产生的普遍性问题时,也可以对有问题的作品进行针

对性指导讲解,通过投屏的方式,指出作品制作过程中普遍存在的问题。

此外,自二年级开始的"我和电脑交朋友"的单元学习中,让学生开始接触了电脑绘画。二年级下册《图形的排列》课中,学生学习了通过简单的图形重复翻转来获得漂亮的图案;三年级上册《排好队伍出发了》中,对复制图层及缩放图像大小进行了学习;三年级下册"我和电脑交朋友"中的《蜻蜓飞舞》的学习中,学生用数位笔描绘出形态各异的蜻蜓形象,通过数位的变换大小、排列等来表现有动感的蜻蜓,教师在示范过程中也通过FLASH来展示飞舞的蜻蜓和静态的蜻蜓……数字化教学过程中,鼓励学生通过多种手段进行美术创作和探索,利用平板电脑或数位板进行数字绘画,还可以利用视频软件将静态图片转化为具有动态效果的短片,除此之外,也鼓励学生利用简单的手机软件如美图秀秀、简拼等,通过拼贴复制等对绘画作品进行创作,使数字化创作更贴近生活。

数字化媒体的发展,丰富了美术教学过程中的示范、作品制作方式,降低了教师讲解的难度,拓宽了学生创作作品的渠道,极大地提升了上课效率。

(三)数字化教学改变作品评价方式,增加课堂趣味性

传统教学过程中,由于上课时间有限,导致很多学生的作品得不到教师有效的评价和修改建议,学生只进行创作而得不到有效建议,导致学生在进行美术学习时的积极性有所下降。而随着数字化教学的普及,学生利用钉钉作业单的方式将作品上传到美术作业单中,老师可以在课下对其作品进行评价,学生也可以随时查看,整个学期的作品也可以在作业单中进行查找对比,教师也可以将优秀作品在钉钉群中表扬、展示,让学生感受到整个学期学习过程中自身的进步与成长,数字化教学使教师不被局限于课堂教学时间,随时随地因材施教。

当今的教育越来越注重过程性评价,展评环境也是美术教学中极具分量的一部分,而传统的展评方式是将学生的作品贴在教室里、黑板上进行分享展示,这样做一是在评价时仅仅以作品画得好、画得像作为单一的评价标准;二是除了贴出的作品之外,其他很多同学的作品都得不到展示。

在《恐龙时代》一课中,学生利用小组练习共同完成作品,创设"恐龙时代"情境,学生发挥想象制作符合情境的恐龙造型,最后,泥塑作品效果生动有趣,犹如微型世界。教师利用蓝牙使平板和电脑相连直接拍摄学生泥塑作品,这可以多角度精准观察评价每一个学生作品,及时发现、放大生成性资源。

在综合性较高的《皮影艺术》一课的作品评价中,笔者认为皮影戏作为中国传

统艺术之一,依据2022年版《艺术课程标准》中强调跨学科融合的要求,本课可以在评价环节结合绘画、雕塑、舞美、图像艺术、动作设计、戏曲式音乐音效等多种艺术类型,运用数字化资源,结合媒体化视听方式,多方位展示皮影艺术。如组织学生以小组为单位,引导学生进行学习模仿,用自己做出的皮影人物或动物,自行编排情节、配音等,排演一场简单的皮影戏,内容可以是一个故事,也可以是日常生活中的一个情节,之后把排好的故事拍成小视频,在班级里进行分享,最后在学生之间利用问卷星互相投票进行评价。

这种评价方式既让每一位学生的作品都得到了展示,还增加了学生在作品评点中的参与度。通过学生自己编排皮影戏的方式,既可以加深学习印象,让学生用上自己制作的小道具,还可以在编故事的过程中锻炼学生的合作、创新能力,小组合作还可以增加学生间的感情,有助于老师家长真正通过故事了解学生的内心想法、喜好,增加了课堂的趣味性,加强了学生在美术学习中的主动性、积极性。

四、小学美术数字化实践成效

(一)引导学生探究学习,有助于培养学生的自主学习能力

相对于传统的美术教学,数字化美术教学的优势在于可以将学生对课程的初步了解设置在课前,通过观看各种视频资料、相关介绍,比较轻松地对课程进行预习,寓教于乐。通过提前了解,可以让学生对上课内容有一个初步的认知,明确自己在学习过程中要重点关注的问题,并在之后的课堂学习过程中主动解决问题,创造了学生为主、教师为辅的课堂学习模式,增强了学生课堂学习过程中的主观能动力。

让学生自主搜寻资料,也有助于培养学生利用网络搜索学习资料的习惯,提高学生的自学意识,让他们在产生疑问时,可以下意识自行搜索了解并学习,满足个人求知欲。

另外,相对于枯燥的书本文字知识,生动的视频、音频材料可以尽可能多地动用学生的五感,增强在学习过程中的感受,多方位了解课程内容,综合性学习,增加学习的趣味性,也更加有助于学生理解,从而让学生更加热爱学习。

(二)营造开放的教学环境,有助于发展课堂的多样性

教师在备课过程中,可以迎合学生的兴趣爱好,从学生喜欢的动画方面入手,播放一段视频或者音乐来调动课堂的活跃性。良好的数字化环境创造出了活跃的小学美术课堂,让孩子在美术学习过程中获得强烈的感官冲击。

数字化教学还让老师和学生在一定程度上走出了课堂,不囿于一方教室。比如在皮影和编钟的学习过程中,皮影和编钟都是日常生活中所不常见的艺术表演,如果仅靠教师口述来感受,其体验值是大打折扣的,尤其是小学生的理解程度有点差,口述和文字在一定程度上也限制了他们的感受,而通过视频、音频等营造的氛围,虽比不上身临其境,但也最大限度地创造了鲜活的体验,而且这种学习是一种更加全面的、综合性的学习,就比如在用自己制作的皮影作品演绎皮影动画时,同时也欣赏了戏曲音乐,在欣赏编钟演奏时,同时也感受了浩大的场景。

(三)注重培养审美能力,有助于提高学生的核心素养

数字化教学引入小学美术课堂,对学生的审美能力提升具有重要意义。借助数字化资源,学生们在课堂上欣赏的视频基本上都是纪录片或者经典获奖作品,这些更加直观的优秀作品能够潜移默化地影响学生的审美,让他们以最简单的方式,欣赏到最优秀的作品,以尽量轻松的方式来提高审美。

另外,数字化教学模式带来的教学模式中,学生自主收集资料、小组分享、编排剧目、合作表演并拍摄短视频,这一系列活动极大地锻炼了学生的合作、创新、语言表达能力,在艺术学习的过程中也培养了他们的综合素质。

在小学美术课堂开展数字化教学,能够解决现阶段小学美术教学中存在的一些问题,提升现阶段小学美术教学与美术学习的效率与质量。小学美术数字化教学实践表明,在美术教学中发挥数字化优势有助于提高学生自学能力及提升学生审美素养,提高小学美术课堂的教学效率。

参考文献:

[1] 中华人民共和国教育部.义务教育艺术课程标准(2022年版)[S].北京:北京师范大学出版社,2022.

[2] 裴一凡,李璐航.2018年度教育热词[J].西部素质教育,2018(24):8-9.

[3] 杨宗凯.基础教育信息化2.0:科技促进教育创新发展的中国路径[J].中小学数字化教学,2018(04):3.

[4] 魏青山.探索美术数字化学习[A]//国家教师科研专项基金科研成果2019.国家教师科研基金管理办公室,2019(05):27-29.

[5] 余胜泉.在线教育与未来学校新生态[J].中小学数字化教学,2020(04):5-8.

数字化在小学音乐歌唱课教学中的探索

上海市浦东新区华林小学　赢静雅

【摘　要】小学歌唱课教学是贯穿整个音乐教学的重点之一,将小学音乐歌唱课教学与数字化应用结合起来,教师运用打谱软件,选择适合学生学习的方法与内容,训练学生,提升学生的识读节奏能力、音乐听辨能力、唱谱能力、歌唱能力;运用录屏软件、音视频软件,为学生提供丰富的拓展资源,学生接受到更广阔的歌唱信息,开阔学习音乐的视野,提升歌唱的表现力;运用数字化技术,在教师潜移默化的影响下,学生初步了解歌曲创作,创造力得到提升。

【关键词】数字化　小学音乐　歌唱课教学

在教育改革的大背景下,教师进行日常的教育教学活动,遵从“双减”原则,做到减负不减质,学生学而有获,提高课堂教学质量显得尤为重要。现如今,数字技术发展迅速,数字化能够提高音乐教学质量,能够帮助学生轻松、愉悦地学习音乐,掌握知识与技能、感知音乐、构建健康的人生观价值观。将歌唱教学与数字化结合,应用数字化提高音乐课堂教学质量。

一、数字化使小学音乐歌唱课堂唱谱教学更加便捷

歌唱教学是小学音乐课堂教学的重要组成部分,在《音乐教育词典》一书中将歌唱教学放在音乐教育方法的首位,可见,小学歌唱教学的重要性。在常规课堂上,学生需要掌握基本的读谱能力、音乐听辨能力、基础歌唱能力等。但是,区别于更加专业的声乐教学,小学音乐教师授课群体的体量大,教学时不能像专业的声乐教学那样面面俱到。所以,数字化在小学歌唱课教学中发挥作用,让教师的“教”变得更加直观,让学生的“学”变得更加从容。

（一）小学歌唱课教学中的读谱基础练习

1. 读谱能力要求

关于小学阶段的歌唱课教学，在《艺术课程标准》一书中对学业质量的读谱能力等的基础方面提出如下要求：小学第一阶段（1～2年级）学生能够"认识简单节奏谱和常用音乐符号，模唱简单旋律，做到节奏音高基本正确"。小学第二阶段（3～5年级）"学生能够运用乐谱进行音乐实践，对乐谱中符号、记号的辨识和表现准确度高，视唱简单乐谱音高、唱名与节奏基本正确，听记简单的节奏曲调，做到记谱规范、准确度高"。

2. 读谱技能的训练难点

学生在读节奏谱时，先从简单的节奏型入手，教师逐步增加、变化节奏型，学生面对变化多样的节奏谱，先易后难，经过反复训练，学生很容易掌握识读节奏谱，但是，在制作节奏谱上，教师需要花费大量的时间，与教学实际不相符，节奏谱的制作成为歌唱课教学的难点之一；听觉训练是歌唱教学很重要的一个环节，这需要长期循序渐进地练习，才可以提高学生的音乐听辨能力。抛开听觉能力的训练，听辨后的唱，学生做到歌唱的音高高度与音名对称，而不是只"念"不"唱"，这种走音、跑调的歌唱现象，是歌唱课教学的难点之一；学生在读谱时，拿到完整的一首歌谱，心理上总会感觉有难度，从而不敢尝试。如果也像节奏谱一样，先易后难，教师从简单歌谱入手，逐渐增加音与节奏，这种循序渐进式唱谱，学生很容易掌握。当然，对于教师来说，歌谱制作仍然是难点之一。

（二）数字化解决唱谱基础难点

打谱软件是一款用于制作乐谱的软件，此软件操作性强，教师可借助类似的打谱软件解决歌唱课教学中出现的难点。本人用于制作乐谱的软件是作曲大师，还有其他的制谱软件可供使用，如 EOP、JPW4 等，都可以应用到教学准备中来。

1. 应用打谱软件解决节奏训练读谱难点

节奏是音乐的基本表现要素，是一首歌曲的骨架。每个学生的节奏感都各不相同，循序渐进的节奏训练，有助于提高学生的歌唱能力。在日常教学中，常规的节奏练习，遵循从简入繁原则，教师在使用打谱软件练习节奏时，先将谱例设置成简单节奏型，从简单的节奏型入手，逐步设置增加节奏型难度、变化节奏型，学生面对从简到难的变化多样的节奏谱，有条不紊地反复训练，这样会在短时间内快速掌握识读节奏谱，读节奏谱的能力会大大提升。

应用打谱软件,教师可以随机调整节奏型,学生哪个节奏型弱,就根据学生的短板进行反复练习,攻克弱点,达到练习效果。

2. 应用打谱软件解决音乐听辨和唱谱难点

在歌唱教学中,会唱歌谱是歌唱应具备的能力,在传统的识谱教学中,教师用语言、范唱来解说音符的时值含义和演唱的方法。这种朴素的教学方法,很有局限性,制谱、识谱、唱谱这三者都不能同步。应用打谱软件,教师根据教学进度直接在软件上对音高进行调整,学生能够第一时间进行练习,做到制谱、识谱、唱谱这三者同步进行。例如:一年级学生刚接触唱谱,前几节课学习音阶do、re、mi、fa、sol、la、si、do,想唱准很难,所以在练习时,将音阶拆分为几个部分来练习先从繁到简,再从简到难来练习。一边调整谱例,一边思考并尝试歌唱谱例的音名、音高。被拆分的几个部分,单独进行训练。

学生能掌握音阶、音名,音准也得到训练以后,再进入课堂歌唱课教学。在进行读谱练习时,逐步将歌曲中的旋律提炼成简洁的音符框架,将歌曲中提炼出来的音高、节奏框架进行单独训练。基础练习后,教师将课堂教学中的歌唱歌曲旋律简化成一首简洁歌谱,歌谱中体现音与音之间的关系特点,以歌曲《理发师》为例,教师先对整首歌曲进行分析,提取歌曲中多次出现的音sol、la、mi、fa、do,提炼出歌曲的音高框架音组,学生对提炼出的音高框架音组进行练习。

学生能够熟练掌握以后,再对框架歌谱进行填充,融合整首歌曲血与肉的旋律、节奏,回归原始谱例,反复练习,做到从零到整、从简到繁,这样的教学模式遵循了小学音乐歌唱课教学的教育规律。这一歌唱练习方法是便捷的、高效的,打谱软件的应用吸引学生的注意力,解决了教师的制谱难题,提升了歌唱课的课堂教学效果。

二、数字化提升小学音乐课堂歌唱能力训练效率

(一)小学歌唱课教学中的歌唱能力训练

1. 歌唱能力要求

根据《艺术课程标准》学业质量描述,歌唱方面,小学第一阶段(1～2年级)学生能够"跟随录音或与同伴一起演唱,姿势正确,声音自然,词曲基本完整正确,音色、音量、速度、表情初步做到与歌曲情感相符"。小学第二阶段(3～5年级)学生能够"初步掌握演唱的基础知识和基本技能。演唱要做到声音自然,在情感表达,准确性、流畅性、完整性等方面基本符合作品要求,在表达作品的情绪、情感及表现音

乐意境和音乐形象等方面体现出自己的想法"。

2. 歌唱能力的训练难点

歌唱能力在音乐歌唱课教学中体现为歌唱技巧与情感表现。教师在教学中既要关注学生的歌唱技能的训练，又要强调歌唱的情感培养。所以，在进行歌唱课教学时，学生的歌唱的形态、音量、速度、表情等可以通过日常训练达到课标要求。歌唱方法的教学、歌唱情感的激发是歌唱课教学中难以攻克的难点。如果是声乐专业的教师，在进行歌唱课教学训练时，相对于其他专业的老师更容易进行歌唱课教学，但是仍旧有局限性，不太容易得到很好的效果，对于一线教师而言，歌唱的技能性训练与情感的激发是歌唱课教学的难点之一。

（二）数字资源解决歌唱教学难点

教师在歌唱教学中，为了能够更直观地传授知识，需要拓展音乐资源。教师获取资源时需要用软件将不同风格的歌曲截取下来。日常工作中，本人应用最多的是EV 录屏软件，当然也有其他的录屏软件，如 Live View、Camtasia Studio 等都可供使用，应用录屏软件把需要的视频截取下来，作为上课内容，辅助课堂教学。

1. 数字化解决歌唱技能难点

在歌唱课教学中，教师常常提到微笑歌唱、笑肌抬起来、气沉丹田、嘴巴打开、不要抬肩膀……作为成年人，很难听明白歌唱中声乐演唱的专业术语的意思；作为小学生，因为理解力有限，很难明白教师语言的意图。所以，数字资源的应用，为学生提供较为直观的听视觉资源，让学生更好地明白教师的意图，从而进行正确的歌唱练习。教学中的视频资源从何而来，人人讲、三人学、小红书、抖音等，都有对歌唱教学的难点的解说视频，教师从中搜寻到所需知识点，利用录屏软件截取精华部分，用来辅助歌唱技能教学，提升教学效果。

2. 数字化解决歌唱表现难点

教师在歌唱教学中，为了能够更直观地让学生感受歌曲的演唱风格，体会歌曲情绪，时常会为学生提供不同版本的歌曲，有时会搜集歌曲背后的故事、歌曲的人文、自然风光等。通过视频软件寻找拓展音乐资源，EV 录屏等软件，满足教师的视频提取的需求，作为上课内容的资源库。如《唱京戏》这首歌，教材中提供了谱例、伴奏音频、歌唱音频，如果只是教学教材出现的内容还远远不够，需要教师收集京剧的相关音视频资料来辅助课堂教学，可以搜索并整合扮相、服饰、声腔特点等音视频资源，让学生了解京戏的内涵，教师能更好地进行歌唱教学，为歌唱课教学提效。对

《故乡的小路》这首歌曲进行教学时,学生听到歌曲可能仅仅理解为就是一条路,不太会明白歌曲背后的深意。教师运用录屏软件搜索相关远在他乡的游子、故乡、成长、童年等素材的音视频,教师组织语言,融合搜索到的音视频资源将学生带到歌曲中来,学生感受体会歌曲,并做到富有情感地歌唱。

三、数字化给小学音乐歌唱课带来的积极影响

小学歌唱课教学是音乐教学中的一个重要形式,让学生在一堂音乐课上高效地学到相关音乐知识与技能,让学生更加顺畅地体验感知音乐,构建健康的人生观、价值观,从而达到再创造的学习效果。数字化教学提高了音乐课堂歌唱课教学的质量,使小学歌唱课教学形式变得更加多样,内容更加丰富,数字化解决了传统教学中遇到的难题。

(一)数字化让师生的"教"与"学"受益

教师应用打谱软件制作谱例,由简单节奏型,逐步设置增加、变化节奏型,到原始谱例,学生面对从简到难的变化多样的节奏谱,有条不紊地反复训练,短时间内快速掌握识读节奏谱的技巧,提高读节奏谱的能力。打谱软件的使用,减少了教师的制谱时间,解决了制谱困难,提升了教师的歌唱课的课堂教学质量,学生从另一种角度掌握歌唱技能中的识读节奏能力,让教师的"教"与学生的"学"受益。

歌唱教学中的音高、音准训练,通过打谱软件让学生在谱例中掌握唱谱方法,提升歌唱的能力,受教材中谱例的约束,所呈示的谱例对于学生来说很有难度,教师需要用大量的语言、范唱来解说音符的时值含义和演唱。应用打谱软件,根据学生的实际情况,适时制作歌唱谱例,提升了歌唱课的课堂教学质量,让教师的"教"与学生的"学"受益。

教师运用录屏软件、音视频软件,搜索适合课堂教学的音视频资源,为学生提供丰富的拓展资料,学生接受到更广阔的歌唱信息,开阔学习音乐的视野,让学生了解歌曲以外的知识、人物性格、故事等,激发学生情感、端正学习态度、培养学生的艺术体验能力,提升学生歌唱的表现力。

(二)数字化训练学生的创造力

教师借助打谱软件,还可以让学生参与到制谱中来,并运用已学节奏型自行创作节奏谱,学生化身"创作者"与"演绎者",师生进行互动教学。

在歌唱教学中,教师不仅要训练学生的歌唱能力,也要培养学生的创造能力,在歌唱教学中,数字化让课堂教学更加便捷。教师使用音乐软件进行节奏的创编、歌曲的创编,为学生提供一个创作的环境,久而久之,学生也会具备歌曲创作思维能力。比如,在运用节奏软件训练节奏时,学生自己创编节奏型,学生将创编好的节奏谱填上音高。利用打谱软件将创作好的新歌谱播放出来,让学生听辨自己创编的歌曲是否通顺,在不和谐的地方对部分音符进行修改,完善后形成一首曲调。

小结

数字化在小学歌唱课教学中,节约了教师课前准备的时间,激发了学生的学习热情。教师运用打谱软件,选择适合学生学习的方法与内容,训练学生,提升了学生的识读节奏能力和音乐听辨能力、唱谱能力;运用录屏软件、音视频软件,为学生提供丰富的拓展资源,学生接受到更广阔的歌唱信息,开阔学习音乐的视野,提升了学生歌唱的表现力;运用数字化技术,在教师潜移默化的影响下,学生对歌曲的创作有了初步了解,创造力得到锻炼。

数字化让师生受益,在小学歌唱课教学中发挥着极大的作用,解决了歌唱课教学中的各个难题,丰富了歌唱课的课堂教学内容。数字化让教师的"教"与学生的"学"不再烦琐,给歌唱课教学带来了积极的影响。当然,现在数字化内容、形式越来越丰富,作为一线教师,笔者认为,教师要做好筛查,选择适合自己的、学生能够接受的软件进行使用,遵从"双减"原则,让学生轻松学、愉快学,减负不减质、学而有获。数字化时刻提醒一线教师,要不断学习新的数字技术,与时代同行。

参考文献:

[1] 中华人民共和国教育部.义务教育艺术课程标准(2022年版)[S].北京:北京师范大学出版社,2022.

[2] 李玉芳.音乐软件的课堂应用探索[J].科学咨询,2020(04):115.

[3] 王晶.双减背景下小学音乐课堂提质增效的教学策略[J].安徽教育科研,2022(22):65-66.

使用ChatGPT如何提高体育教师工作效率实践研究

【摘　要】ChatGPT是一个利用人工智能技术驱动的自然语言处理工具，能够理解和学习人类的语言，并进行对话。它可以完成多种任务，如撰写邮件、视频脚本、文案、翻译、代码编写以及论文写作等。这使得许多使用API来免费使用ChatGPT的场景涌现出来，受到人们的广泛关注，也引起中小学教师的高度重视。笔者通过实践应用、经验总结和参考文献法，研究并实践了ChatGPT，得出了其能够帮助体育教师提高工作效率和课堂效果的结论。在研究主题"把握单元主旨　探索融合教学"的引领下，本文旨在让尖端智能AI进入校园来协助体育教师工作，同时也以实践说明了ChatGPT应用于体育教师日常工作的各种实践场景，如快速搜索、设计问题与问卷、为个性化教学提供便利、通过多种AI软件协作快速生成演示文稿、原创图片、视频等。将来科技逐渐完善，以ChatGPT为首的智能AI将会在校园内具有广泛的应用前景。

【关键词】ChatGPT　体育教师　工作效率

一、研究目的

ChatGPT的出现，引起了一场曾在其他行业中掀起滔天巨浪的"信息革命"。许多科技信息公司要求全体员工熟练使用ChatGPT软件，包括聊天、对话、绘图和制作脚本等。在上海第十九届教学博览会中提出"数字新时代，教育大未来"的前提下，作为教师，我们必须与时俱进，相信智能AI也将进入我们的校园和课堂。目前，我们体育教研的研究方向是探索数字化与体育课堂的融合教学，即如何将高科技的信息技术以及数字化赋能我们教师的工作环境和课堂教学，这是体育教师不断探索的目标。通过个人的学习实践研究，我找到了一些适合教师在日常工作中应用智能AI的场景。

二、研究方法

1. 文献资料法：借助书籍和网络信息，查阅有关ChatGPT操作实践的研究资料，并做归纳、梳理。

2. 经验总结法：通过一定的信息收集，根据自己的实际经验，将与AI互动的事例与经验进行总结、借鉴，为深化课改服务。

3. 行动研究：通过课堂实践来进行实际操作并记录操作过程和结果。

三、结果与分析

1. 高效的搜索效率和体育知识的探索

所谓Chat，就是指聊天，聊天模型的最初存在就是陪人聊天的，只是这个陪你聊天的"人"背后是整个互联网的语料内容（甚至是国外的），所以他有着大量的知识，且永远和你有共同话题。而我们可以把它当成一个非常高效的搜索应用来使用，可以很大程度上提高我们的搜索效率。

实践操作1：我使用大家常用的"百度搜索"和GPT来进行同样的对话搜索，内容为训练三步上篮的流程。

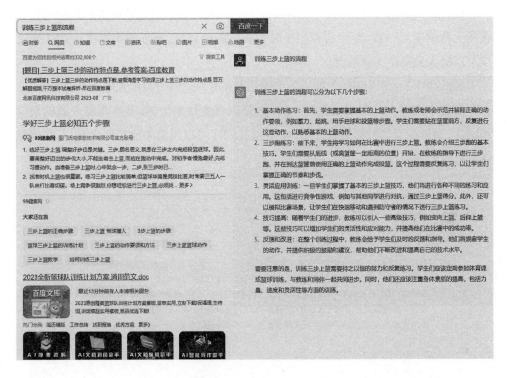

首先可以看到GPT回答的页面更为简洁，相比各种搜索网站的广告来说屏蔽了很多不需要的信息，百度的前两个条目点进去，其中一个是售卖参考答案的，而第二个则是外链网站的内容。GPT给到的答案逻辑上基本是清楚的，也有提示如何进行和基本的课程流程，最关键的是它支持直接复制粘贴，使我们在应用的过程中十分简便。通过使用GPT来搜索常规信息，可以帮助体育老师在搜索信息的时候避开各种各样的广告和付费内容。

实践操作2：我将在GPT中直接询问如何在Excel中生成函数，按照成绩要求进行等第的评定，此函数是体育老师在日常工作中经常会使用的。

> 我需要你为我在Excel中编写一个函数，进行学生成绩等第评定，要求：100以上为优秀，80-99为良好，60-79为合格，60以下为不合格

> 在Excel中，你可以使用IF函数来实现学生成绩等第评定的要求。以下是一个示例函数：
>
> =IF(A1>=100, "优秀", IF(A1>=80, "良好", IF(A1>=60, "合格", "不合格")))
>
> 假设学生的成绩存储在单元格A1中，上述函数将根据成绩大小输出相应的等第评定结果。

该公式实测是有效的，而且用时仅仅2秒钟，平时我们在遇到此类问题的时候会在网上搜索学习一番，至少要花半小时左右才能确认好，所以提出需求让GPT来完成可以极大地提高工作效率。

实践操作3：我请GPT介绍一下老虎伍兹的82冠，因为高尔夫球的小众特征，这次夺冠在中文网上的介绍是比较少的，同样以百度搜索为例，基本都是夺冠的新闻和图片，而鲜少有比较详细的介绍，但是通过GPT可以很简单地找到介绍，并且如果有需要可以快速翻译成英语。

> 为我介绍一下老虎伍兹的第八十二冠

> 我是GPT3.5，很高兴为您提供信息。老虎伍兹的第八十二冠指的是他在2019年赢得的PGA巡回赛锦标赛。这是一项非常重要的成就，因为它使老虎伍兹追平了萨姆·斯内德克尔（Sam Snead）保持的职业高尔夫球比赛胜利纪录。老虎伍兹在PGA巡回赛锦标赛上取得了出色的表现，以他独特的技术和专注力帮助他赢得了这个令人瞩目的冠军。这是他在职业生涯中最大的胜利之一，也展示了他作为一名顶级高尔夫球手的非凡实力。

> 请写一篇英文的82冠介绍。
>
> Sure! Here's an introduction to Tiger Woods' eighty-second championship:
>
> Tiger Woods' Eighty-Second Championship: A Legendary Milestone
>
> Tiger Woods, one of the greatest golfers of all time, achieved a remarkable feat in his illustrious career by winning his eighty-second championship title. This historic accomplishment took place in 2019 at the PGA Tour Championship, solidifying Woods' status as a true legend in the world of golf.
>
> This momentous victory was particularly significant because it allowed Woods to equal the long-standing record held by Sam Snead for the most professional tournament wins. Surpassing countless challenges and setbacks throughout his career, Woods displayed an unwavering determination and extraordinary skill that led him to this milestone.

以上操作全程几乎用不到2分钟,可以说大大提高了搜索信息的效率。在比较冷门的体育知识的探索中,也可以帮助我们进行更好的查找,节约时间、提高效率。

2. 设计问题与问卷提高工作效率

通过使用ChatGPT的问答特点,我们可以进行问题设计与定制,从而提高工作效率。在许多学校中,体育知识测评等工作任务很常见。然而,体育老师通常更加注重实操,对文本和问题的梳理与设计关注较少,这方面的能力相对不足。但是,借助ChatGPT,我们可以很好地解决这个问题,并大大提高设计问题的效率。

只需要给ChatGPT固定的内容、一定的要求和范围,它就可以在有限的时间内撰写符合要求的问题和选项,满足我们的需求。这样,我们可以更加便捷地完成问题设计的工作,节省时间和人力资源。

实践操作4：我发送给GPT一段教材中的文本,请它为我根据这个教材设计三个问题。

我们可以看到,它设计的问题与教材的主要功能和教学重点高度贴合。因此,通过将教材内容输入ChatGPT中,我们可以得到一些符合要求的问题设计。同样,我们还可以设计适用于学校日常工作的调查问卷,通过合理的问题设计和排版,有效提高体育教师的工作效率。

3. 为个性化教学提供便利和可能

ChatGPT的最大特点是个性化和快速响应,并且可以有上下文的联系能力。我们可以利用这一特点来制定个性化的教学内容。在体育课的教学过程中,我们越教材：30米快速跑 主要功能：培养快速起跑的能力，提高快速反应速度，为后续站立式起跑的学习打基础。教学重点：跑的自然、快速、协调、跑成直线

根据给定的教材和重点，以下是一个与30米快速跑相关的选择题：

1. 以下哪项是30米快速跑的主要功能？
   a) 提高耐力
   b) 培养快速起跑能力
   c) 提高柔韧性
   d) 增加力量
2. 根据教材的重点，何种特征是30米快速跑的教学重点之一？
   a) 弯曲跑道
   b) 跑成圆形
   c) 跑成曲线
   d) 跑成直线
3. 30米快速跑的训练目标之一是提高什么？
   a) 快速反应速度
   b) 灵活性
   c) 平衡能力
   d) 跳跃能力

请注意，这些问题是根据给定的教材和重点设计的，答案可能会因特定的教材内容而有所不同。

来越追求个性化的课堂，而开具运动处方、课后运动计划等内容都是需要按照学生实际情况来进行设计的，如果是体育老师全靠自己来完成，那一定会花费大量的时间和精力。假设一个班级有40位学生，由授课的体育老师来完成每个人的课后体育锻炼计划起码要花20小时（按每人半小时计算），而使用ChatGPT来完成只需要收集学生信息输入电脑就可以了。接下来是一个实际操作：提高五年级的有氧耐力跑锻炼计划。

实践操作5：

第一步，我们需要收集学生的相关信息。而这样的收集信息任务同样也可以使用ChatGPT来完成，毕竟对于ChatGPT来说，它是最了解自己的。

而第二步，我们需要将收集的学生信息输入，并且给到ChatGPT，提出更为详细的要求，以此可以得到一份比较详细的活动内容和方案，时间可以最大限度缩减为10分钟左右，而这10分钟大部分是在输入信息，通过不断操作后越来越熟练，并且也可以把学生信息通过数字化传递给家长完成，体育老师要做的只是把内容贴入

我是一名小学体育教师，我想要你为我设计一份个性化的学生课后体育锻炼计划，旨在提高五年级学生的有氧耐力跑动能力。现在你需要这位学生的哪些信息，可以罗列出来，方便你为他定制这份锻炼计划，请你以方便我输入后黏贴给你的格式表述。

当为学生设计个性化的课后体育锻炼计划时，以下是一些有用的信息：

1. 学生姓名：
2. 年级：
3. 性别：
4. 身高：
5. 体重：
6. 健康状况（是否有特殊疾病或受伤等）：
7. 目前的有氧耐力水平（例如，能够连续跑多长时间或跑多远）：
8. 学生的兴趣和偏好（例如，喜欢什么类型的运动或活动）：
9. 学生的日常时间表（包括上学、作业、其他承担的课外活动等）：

ChatGPT生成锻炼方案，以此来弥补课堂上锻炼的不足和个性化的体育作业及课堂的延伸，同样也可以把个性化的内容转化为教学内容，让学生针对自己个性化的内容来进行练习，从而达到因材施教的教育效果。

基于以上信息，以下是张三的个性化课后锻炼计划：

每周锻炼3次，建议安排在周一、周三和周五，并确保每次锻炼持续30-45分钟。

第1次锻炼：

* 热身：慢跑或快走5-10分钟，以准备身体。
* 间歇跑训练（10组）
  * 每组包括：快速冲刺200米 + 缓慢慢跑或行走200米
  * 注意要点：保持正确的姿势，放松呼吸，加快速度时注重蹬地力量。
* 放松拉伸：完成训练后进行全身拉伸，以促进肌肉恢复。

第2次锻炼：

* 热身：进行关节活动和身体准备操5-10分钟。
* 法特莱克跑训练（8组）
  * 每组包括：15秒全力冲刺 + 45秒缓慢慢跑或行走

* 注意要点：在全力冲刺时尽可能发挥最大速度，缓慢慢跑或行走时放松呼吸。
* 放松拉伸：完成训练后进行全身拉伸，以促进肌肉恢复。

第3次锻炼：

* 热身：进行动态伸展和身体活动5-10分钟。
* 1000米跑训练：
  * 目标是以自己的最佳速度完成1000米跑步。
  * 注意要点：保持均匀的配速，逐渐加快速度，尽力完成目标时间。
* 放松拉伸：完成训练后进行全身拉伸，以促进肌肉恢复。

为保证训练的效果，请张三在锻炼过程中注意以下要点：

* 穿着合适的运动鞋和舒适的运动服装。
* 保持充足的水分摄入，在锻炼前补充水分。
* 根据身体反应适当调整训练强度，避免过度劳累或受伤。
* 每次锻炼结束后，进行适当的拉伸运动以促进肌肉恢复和预防受伤。

　　除了可以帮助体育教师更高效地制作体育处方、锻炼计划以外，教师可以将课堂内容划分为不同的模块，让ChatGPT针对每个模块提供多种练习选择。这样一来，学生可以根据自己的兴趣和能力来选择合适的练习内容，从而提高他们的参与度和积极性。比如，在一堂篮球课中，教师可以将篮球技巧、篮球战术、篮球规则等划分为不同的模块,学生可以根据自己的需求选择感兴趣的模块进行训练,这样既满足了学生的个性化需求,又提高了他们的学习效果。

实践操作6:进行三年级足球课堂模块的撰写,要求分为五个模块,每个模块下需要有至少五个练习。

在进行了初次撰写以后,可以要求ChatGPT对里面的内容进行更深入详细的修改和撰写,比如如何进行某一项练习,具体是怎么练习的,这样可以帮助学生更好地理解活动方法,基本上构思好要求以后输入生成,仅仅3分钟就可以。而如果我们使用常规的方法,首先不是足球专业的老师则需要查阅不少足球相关的训练方案和资料,然后整理模块,将各类模块的游戏练习进行分类,然后解释如何进行该练习,整个过程没有5~6个小时是完不成的,光从书本上输入资料到电脑就需要很长时间,哪怕是在互联网下载既有的活动方法,也是需要花较多的时间来查找符合需要的内容。可见,在个性化课堂中,使用ChatGPT可以集合文本撰写、搜索资料、分类、排版和合理化设计等功能,因此大大提高了体育教师的工作效率。

4. 结合多种AI软件,快速生成演示文稿、原创图片、视频

现代的体育教师已经不仅仅是在操场上进行体育教学的教师了,除了体育课教学以外,还有很多学校工作和展示活动需要做。我们体育教师在日常的工作中,尤其是体育课堂的展示课中都要运用大量的演示文稿。可以说演示文稿是我们现在的体育课堂以及日常的学校工作中非常重要的角色之一,如何高效快速地制作演示文稿,相信让很多体育教师都很头痛。传统的做法是去某个网站上找到PPT的模板,然后进行修改。很多模板仅用于商业,不切合体育题材,而且往往还需要付费,经济性比较差。而我们将ChatGPT和其他多种网站配合起来使用的时候,就变成了

功能强大的快速制作各类所需要的演示文稿的重要工具。它的底层逻辑是这样的：使用ChatGPT来生成需要的演示文稿的大纲，然后将内容完善并使用MARKDOWN代码输出，最后把代码复制，在MINDSHOW的官网上将刚才的代码复制进去就可以生成一个PPT模板。

我以《足球基本规则》为例进行实践操作7：

我的要求是：请你为我生成一个演示文稿的大纲，内容是足球的基本规则，演示文稿需要至少8页，可以包含足球的起源和历史、足球运动的特点、基本规则、规则实例等方面。得到了下图回答，然后将其在MINDSHOW网站上生成PPT。

可以看到虽然谈不上有多精美，但是在很多场合下都可以正常使用的PPT就制作好了，最关键的是熟练掌握以后这件事并不会花太多时间，仅仅就用了5分钟，关键是效率非常高。然后再手动进行修改，以更加符合自己的需求。

 请你为我生成一个大纲，内容是足球规则的介绍，包括球场大小，赛制，常见的比赛规则等。

 以下是一个关于足球规则的大纲示例：

足球规则简介

1. 球场和比赛要素
   - 球场尺寸：标准足球场的长为100-110米，宽为64-75米。
   - 球门：由两个立柱和一个横木组成，宽为7.32米，高为2.44米。
   - 球：圆形，外层覆盖着皮革或合成材料，通常为尺寸5。
2. 赛制与比赛时间
   - 半场时间：一场足球比赛通常分为两个半场，每半场45分钟。
   - 加时赛：在平局的情况下，可进行加时赛来决定胜负。加时赛通常为两个15分钟的半场。
3. 比赛规则
   - 球队人数：每支球队由11名球员组成，包括1名守门员和10名场上球员。
   - 开球：比赛开始时，一方球队从中场中线开球。
   - 进球：当球完全越过球门线并在规定时间内进入球门，算作有效进球。
   - 触球和界外球：当球完全越过边线时，判定为界外球，由对手进行界外球开球。
   - 犯规和处罚：常见的犯规包括铲球、拉扯对手等，根据严重程度可判给对方任意球、间接或直接任意球、罚点球等。
4. 裁判与辅助裁判
   - 主裁判：负责判定比赛中的犯规、进球、界外球等，并掌管比赛进行。
   - 辅助裁判：位于场边，协助主裁判判断越位、球出界等情况。
5. 常见比赛规则和战术
   - 越位规则：当一名进攻球员ṛ Regenerate response 后一个防守球员比较近，被判越

进行差不多类似操作的,还有将ChatGPT和智能生成图的网站关联使用,可以制作符合个性的原创图片;将ChatGPT和剪映等视频制作软件结合起来,通过提需求—改进需求—制作脚本—把文案放到剪映软件(无人出镜的话)—生成图文片,就可以制作一个短视频了。通过ChatGPT和其他制作类型的AI软件联合起来,可以很高效地进行PPT、视频、语音的制作,提高我们的数字化办公效率。

四、结论与建议

当ChatGPT刚出现时,我身边的体育老师们没有丝毫想到这对于提高自己的工作效率会有怎么样的帮助,都仅仅以为ChatGPT是一个大型的聊天模型,没有人愿意积极去研究这陌生的领域。我曾尝试过让ChatGPT撰写几篇文章,但效果不尽如人意。光凭一个题目,AI很难理解你希望得到什么样的结论,而且生成的文章的真实性也存在疑虑。

而本文探讨并实践了ChatGPT作为工具能够如何提高体育教师工作效率,并为学生提供更好的学习体验。首先,利用ChatGPT的高效搜索能力和丰富的体育知识,体育教师可以快速获得所需信息,提高搜索效率。通过输入关键词或问题,ChatGPT能够迅速从海量的语料库中提取相关内容,为教师提供准确、多样的答案和知识。这使得教师可以更快地获取所需资料,节省大量时间和精力。

其次,ChatGPT的问答功能对于问题设计与定制非常有帮助,进一步提高了教师的工作效率。体育教师在工作中经常需要进行测评和调查的支持,而设计问题和问卷正是其中重要的环节。借助ChatGPT的问答功能,教师可以根据具体需求,轻松设计出符合要求的问题和选项,无需烦琐的手动操作。这不仅提高了问题设计的效率,也增加了问卷调研的准确性和便利性。

再次,ChatGPT支持个性化教学的功能正被普遍重视,这无疑为学生提供了更灵活的学习选择。通过将体育课堂内容划分为不同的模块,教师可以利用ChatGPT提供多样化的练习内容,学生则可以根据自己的兴趣和能力选择适合自己的模块,提高他们的参与度和积极性。这种个性化的学习方式有助于激发学生的学习兴趣,提高他们的学习动力和成绩。深度研究以后,ChatGPT还可以进行基于个体的跟踪和运动反馈,极大减少了我们进行实践研究的时间和精力成本。

最后,结合多种AI软件,如演示文稿生成等,ChatGPT还可以帮助体育教师快速制作各类所需的文稿。传统的制作过程需要寻找适合的模板和手动修改,非常耗时。而借助ChatGPT,教师只需输入相关信息和要求,便可快速生成符合要求的演示文稿,大大提高了工作效率。

我们也可以对未来的发展做一些展望和设想。随着人工智能技术和数字化的迅猛发展,我们可以期待ChatGPT和各种智能AI在体育教育中发挥更大的作用。随着深度学习和自然语言处理等技术的发展,ChatGPT将具备更高级的功能,如理解上下文、推理能力和情感分析。这将使ChatGPT能够更好地满足教师和学生的需求,并提供更个性化、定制化的教学辅助。例如,ChatGPT可以根据学生的学习风格和偏好,为他们量身定制学习计划和内容,提供个性化的学习建议和反馈。

此外,我们可以预见ChatGPT在虚拟现实(VR)和增强现实(AR)等领域的应用。通过与VR和AR技术的结合,ChatGPT可以为学生提供更加身临其境的学习体验,如虚拟运动场地、实时模拟训练等。这将使学生更好地理解和应用所学的体育知识和技能,并提高他们的参与度和兴趣。从终身学习和锻炼的理念审视,能帮助学生更有效地培养终身的体育行为习惯和良好的体育运动观念。

总之,ChatGPT可以帮助体育教师更有效地进行各类工作,并展示出方兴未艾的发展愿景和潜能。这是令人欢欣鼓舞的喜讯,也是充满发展机遇的挑战。作为新时代的体育教师,应当加强专业锻炼,为深化体育教学改革做出自己应有的贡献。

参考文献：

［1］童世骏,汪民安,任剑涛,等.ChatGPT将如何影响人类未来？［J］.广州大学学报（社会科学版）,2023.

［2］袁义,王志标.人工智能时代工业文化的反思及价值提升［J］.长江师范学院学报,2023.

［3］王皓,潘昱杉,潘毅.生成式人工智能大模型赋能的元宇宙生命体：前瞻和挑战［J］.大数据,2023.

［4］丁晓东.人机交互决策下的智慧司法［J］.法律科学（西北政法大学学报）,2023（04）.

［5］沈鹏熠,李金雄,万德敏."以情动人"还是"以理服人"？人工智能聊天机器人角色对顾客情感依恋的影响研究［J］.南开管理评论,2023.

指向核心素养的小学语文教学与
数字化融合的应用初探

上海市浦东新区海桐小学　陆　慧

【摘　要】 在"互联网＋教育"的大背景下,数字化教育资源是教学媒体数字化的产物,充分利用数字教育资源组织教学,能够创设一种积极向上的教学氛围,为课堂教学带来无限生机,可以激发小学生语文学习的热情,为核心素养的培养创造良好契机。"双新"背景下,如何实现语文教学与数字化相融合? 本文介绍了运用数字教育资源组织教学的意义,针对数字化教育过程中存在的困难,展开了思考和探索,利用信息化技术,从课前、课中、课后三方面设计教学活动,提高语文教学的实效性,提升学生的语文知识学习能力和综合素养。

【关键词】 小学语文　数字化技术　实施策略

《义务教育语文课程标准(2022年版)》明确提出:"充分发挥现代信息技术的支持作用,拓展语文学习空间,提高语文学习能力。""发挥信息技术在语文教学变革中的价值和功能。"这要求我们以学科育人为导向,以生为本,巧用数字化资源,合理建构"新"课堂,让数字化教育教学也向实践转向,为学生多搭建交流展示、表达分享、自主实践的舞台,提升学生的核心素养。

一、语文教学与数字化技术融合的意义、困境

"双新"背景下,先进的数字化技术与课堂教学深度融合,能够将抽象、枯燥的书本文字转变为形象化的图片、音频、视频,甚至在课堂中嵌入动态小游戏,或进行班级线上互动等活动,调动学生学习的积极性,激励他们的"我要学",满足学生对未知事物的好奇心,以此激发他们对学习的浓厚兴趣。

但是,富矿似的互联网中,只是直接的"拿来主义",没有去粗取精,并不能真

正为学生所用，而且在教师教学、学生学习中，通常只有教师一人利用数字化平台和技术进行多方的收集整理、归纳、选用、展示，而课前、课后学生互动、参与度往往不多。

因此，要综合数字信息技术的优缺点，有效进行课堂教学。

二、语文教学与数字化融合的实施策略

基于以上原因，指向核心素养，通过小学语文教学与数字化资源技术的深度融合，可以重构教师的教学活动过程，凸显学生的主体地位，变学生主动"先学"，老师"后教"，师生互动交流始终贯穿课前、课中、课后三大环节。

（一）课前：巧借数字化平台，教师反馈学情

课前是文本预习，巧借数字化平台，完成自主学习反馈，主要分为三个阶段：

第一阶段，利用网络交流软件，让学生在课外上传课文语音朗读，检测课文初读成果。二年级以上的学生已有一定的识字量，通过借助注音和工具书等手段，能帮助他们读准字音，读通、读顺新授课文，这个阶段目的是扫除学生读文时的生字障碍，教师借助网络平台用点赞、奖励小红花、文字点评、语音点评、发奖状等多种评价方式，和学生及时交流互动，更能激发学生的学习兴趣。

还可以通过展示学生的初读成果，同学之间互相聆听欣赏，生生互评，学生不仅在自己的朗读中习得新知，还在互动交流点评中，进一步加深生字的习得，看了老师的评价和同学的赞扬，学生朗读和学习课文的积极性也明显提升。

第二阶段，立足课标，研读教材，借鉴"空中课堂"等优质的网络资源，教师设计"自主学习单"，通过平台发布，学生以学习任务清单为导向，自主预习课文，从而培养学生自主思考和解决问题的能力；课内学习后，再对学习单进行纠订。基于新课标中"基础型任务群"的要求，"自主学习单"应契合课文教学目标，以夯实知识基础为主，重在引导学生对基础知识进行梳理，整理并积累核心知识点，建立课文重点的思维能力等。例如，《铺满金色巴掌的小路》的"自主学习单"如下：

《铺满金色巴掌的小路》自主学习单

1. 拼拼写写

ní tǔ（　　　　） 　　 shuǐ jīng（　　　　） 　　 jǐn zhāng（　　　　）

jiǎo yìn（　　　　） 　　 pái liè（　　　　） 　　 guī zé（　　　　）

2. 读读连连

yìn　　líng　　wā　　zēng　　xuē　　zōng

洼　　印　　凌　　增　　棕　　靴

3. 理解下列词语,并说说用了什么方法

明朗:＿＿＿＿＿＿＿＿＿＿＿＿＿＿＿＿＿＿＿＿＿＿

凌乱:＿＿＿＿＿＿＿＿＿＿＿＿＿＿＿＿＿＿＿＿＿＿

熨帖:＿＿＿＿＿＿＿＿＿＿＿＿＿＿＿＿＿＿＿＿＿＿

4. 根据课文内容填空

本文主要描写了"我"在上学路上看到的风景:一场＿＿＿后,"我"背着书包去上学,道路两旁的＿＿＿＿飘落下来,紧紧地＿＿＿在＿＿＿＿的水泥道上,金黄的＿＿＿＿像＿＿＿＿一样铺满了水泥道,就像铺上了一块＿＿＿＿＿＿＿。"我"第一回觉得门前的水泥道＿＿＿＿＿。

全文展现了孩子们丰富的想象力和大自然给孩子们带来的＿＿＿＿,抒发了作者对大自然的＿＿＿＿之情。

5. 我的疑问:＿＿＿＿＿＿＿＿＿＿＿＿＿＿＿＿＿＿＿＿＿＿

第三阶段,教师通过学生的自主学习单的完成情况,了解学情。根据质量差异,因材施教,对学生进行个性化、有针对性的指导,并梳理学生的共性问题和存在的疑惑,如"用了什么方法正确理解有新鲜感的词语"等,设计重点突出、有针对性的课堂教学活动。

(二)课中:整合数字化资源,落实核心素养

1. 情境导入,增强审美鉴赏力

核心素养导向下,教师要善于探寻教学活动与数字化技术之间的契合点,将教学内容变为动态的语文教学画面,利用多媒体技术呈现与语文知识相关的背景内容,搭配相适应的背景音乐和生动的图片,将学生引入真实情境中,激活他们的想象力和表达的欲望。

例如,在教学部编版语文三年级下册《海底世界》一文时,教师可以展示一些关于海洋的图片或视频。让学生结合自己生活经验和感受进行表述,这样既调动了学生学习的主动性,也让学生的口语表达能力得到锻炼,更为后面体验文字之美、领略语文知识的魅力打下基础。在教学《慈母情深》这篇课文时，教师更可以根据教学主题，为学生播放梁晓声先生谈及母亲的一段采访视频，在数字化资源辅助下创设视听盛宴，激发学生继续阅读的兴趣，也助力他们鉴赏知识中蕴含的情感与美，增强其审美鉴赏技能。

2. 圈圈画画，提升思维品质

"不动笔墨不读书。"课堂上，教师可借助希沃白板，引导学生对课文中的关键字词，以及拓展资料中的关键信息进行圈画、批注，甚至和学生一起为课文创作思维导图，开展语文学科实践活动，使知识更系统、更清晰、更形象地呈现给学生。这样的课堂活动，直击教学重难点，关键点直观可见，还通过现身说法，培养学生梳理信息、提取信息的能力，发展学生的思维能力，提升思维品质，切实培养了学生的核心素养。

又如在汉字教学时，教师也可借助多媒体设备的先进功能，示范生字的关键笔画、笔顺等。

3. 信息助解，丰厚文化底蕴

数字化教育资源让课堂教学不再受时间、空间的束缚，教师可以以趣味性且多样的教学方式帮助学生理解文本，对课堂知识适时补充与延伸，把文化知识与学生"已知"相联系，使文化积累学习变成发展思维的过程，提高学生的文化阅读能力。

例如，教堂《观潮》一课时，学生仅靠文字往往很难想象大潮的声音和画面，这时教师可以借助网络搜索具有针对性、切合教材内容的视频片段，如振聋发聩的声响、高墙似的浪头、万马奔腾的画面等，通过挑选、剪辑、加工，汇成一段独特视频资源，学生观看时自然而然沉醉其中，加深对文本的理解。运用这样的教学方式，不仅教师可以教得轻松，学生也乐在其中，更易理解。

又如，五年级上册第六单元选用了多篇文学作品，文章中出现的"皲裂、颓败、怂恿"等平时不常见的词，以及"粜稻、摇橹、落榜"等具有年代感的词，晦涩难懂的文字会使学生产生畏难的学习情绪。这时，通过直观的图片、音频，联系写作的背景，问题就迎刃而解了。像这样，通过整合数字化教育资源，引导学生积累文化知识，深度理解中华优秀传统文化，切实提高文化阅读能力。

4. 技术夯实，并重知识与素养

学生在识字中常常会遇到困难，如何记忆庞大的汉字家族？这就需要语文教师借助多媒体技术优化教学内容。

如展示汉字的结构时，可以选取"空中课堂"中的优秀片段，用摄影技术中的

"快镜头"或"慢动作"等功能,将重点的部分放大或缩小,让学生更加全面地理解汉字的书写结构。

又如,在区分"青、请、清、情"等形声字、形近字的教学中,可以利用多媒体,编排动画,创设一个故事情节,让这几个字依次呈现。如,有一只肚子上写着"青"的大青蛙,"扑通"一声跳进水中,溅起了"三点水",变成了"清"。而倒映在水中的红日,与水中的"青"字正好又结合成"晴"字……以此类推,有趣的动画视频,配上了形象的故事,学生对音、形、义的理解能更深入,并在习得过程中,通过观察、分析、整理,发现汉字的构字特点,渐渐掌握语言文字的运用规范,感受汉字的文化内涵,奠定语文基础。

(三)课后:妙用数字化技术,多元互动促提升

每个学生都是一个个体,存在差异性,新课标中也提出表达与交流是语文素养的重要组成部分。因此,通过布置分层作业,延伸课堂,进行拓展,并在云端的分享中为学生提供交流互动的平台,实现语文表达与交流的核心素养要求。

如布置《祖先的摇篮》课后分层作业:1. 模仿课文第2或3小节,写一段小诗。2. 仿照诗歌,写诗并为自己的小诗画上美丽的图片。3. 模仿课文,对生活中其他场景想象作诗并配画。然后,借助"钉钉"平台的班级圈,通过展示与欣赏同学的作品,利用平台点赞、送小红花、文字点评、语音点评进行生生之间、师生之间、学生和家长之间的多元评价,更有利于学生取长补短,激发他们的学习动力,让学生的核心素养落地落实。

随着时代和信息技术的不断发展,数字化将继续赋能教学创新,通过课前、课中、课后教学环节的精心设计,让数字化与课堂教学深度融合,激发学生的自主学习意识和探究意识,提升学生核心素养。然而,教无定法,对于这个多元的、灵活的教学模式,值得我们进一步去探究。

参考文献:
[1]高朝霞.中数字化背景下小学语文课程资源的挖掘与应用[J].益智,2022(20).
[2]中华人民共和国教育部.义务教育语文课程标准(2022年版)[S].北京:北京师范大学出版社,2022.
[3]陆慧.小学低年级语文混合式教学的应用初探[J].现代教学,2021(Z1).
[4]王小玲.运用信息技术培养小学生语文核心素养的方法[J].学周刊,2022(19).
[5]史转芳.信息技术深度融合下的小学语文识字与阅读教学[J].读写算,2022(33).
[6]王惠玲.信息技术深度融合下的小学语文识字与阅读教学[J].教育纵横,2021(27).

浅谈小学生的社会主义核心价值观教育

——以我校的育人实践为例

上海市浦东新区进才实验小学　王振华

【摘　要】社会主义核心价值观是中华优秀传统文化之思想精华和道德精髓的时代体现。习近平总书记对全国少年儿童提出的社会主义核心价值观教育的目标要求和殷切寄语,是小学生社会主义核心价值观教育的根本遵循。

本文以我校的社会主义核心价值观教育为例,从入眼、融脑、润心、协力等维度,阐述了我校持续开展的社会主义核心价值观教育的基本做法和主要成效。为更好地推进我校的社会主义核心价值观教育,在总结、反思中提出了若干注意点。

小学生的社会主义核心价值观教育是一个复杂、艰辛的系统工程。唯协力育人、持之以恒,做好"全面、全员、全程、全方位"育人工程,才能使学生在内化于心、外显于行的自觉修炼中,成为有理想、敢担当、能吃苦、肯奋斗的一代新人。

【关键词】小学生　社会主义核心价值观

一、引言

24字的社会主义核心价值观是中华优秀传统文化之思想精华和道德精髓的时代体现,是社会主义核心价值观体系的高度凝练和集中表达。持之以恒、笃真求实地推进社会主义核心价值观教育,对于实现中华民族伟大复兴的目标具有重大而深远的意义。

"国无德不兴,人无德不立。"以习近平同志为核心的党中央高度重视全民、全程、全方位的社会主义核心价值观教育,在党的十八大、十九大、二十大报告中均做了专题论述。如在党的二十大报告中,习近平总书记指出,"社会主义核心价值观是凝聚人心、汇聚民力的强大力量",这一重要论断,再次强调了社会主义核心价值观教育在新时代、新征程中的精神支柱作用。

欲成坚挺大树，肇于培土育苗。习近平总书记始终关心少年儿童的健康成长，在一系列走访小学的慰问座谈和回信批示的祝愿寄语中，他提出了"社会主义核心价值观要从娃娃抓起，从学校抓起"，要适应小学生的特点，引导他们"扣好人生第一粒扣子"，"让社会主义核心价值观的种子在他们心中生根发芽"，"千里之行，始于足下，每个人的生活都是由一件件小事组成的，养小德才能成大德"等具体目标和要求，可谓殷切期望，情深意长。

现以我校的社会主义价值观为例，就我校如何引导小学生培养和践行社会主义核心价值观，谈点基本做法和思考（注意点）。为表述方便，社会主义核心价值观简称"核心价值观"。

二、"核心价值观"教育的基本做法

培育和践行"核心价值观"，必须融入学校文化建设的全领域，贯穿"三结合"协力育人的全过程，在求真、务实、落细上下功夫，使小学生在一以贯之的入眼、融脑、润心、协力的正能教育中立志树德、培根铸魂，切实"扣好人生的第一粒扣子"。

（一）入眼：映入眼帘的正能教育

1. 外显于学校的环境文化

24字的"核心价值观"有机地融入学校的环境文化，使校园的每一面墙体、每一处景观都产生直观教育的濡染。如我校的环境布置以"核心价值观"教育为主题，散见于每层楼的特色布置中。一楼的《三字经》文化主题——"经"启心智，知善明理；二楼的《弟子规》——"规"守礼法，正心养德；三楼的"博物馆"——博古通今，人文丰沛；四楼的"世界文化"——各美其美，天下大同；五楼的"航海航天"——海天遨游，放飞梦想。不同楼层的德育主题既贴切学生的身心特点，吸引学生的眼球，又直接彰显或间接传递着"核心价值观"的育德内容。学校的小花园则以五育并举、全面育人为旨要，"德、智、体、美、劳"五个优宝的卡通人物栩栩如生，深受孩子们喜欢。而校门口的"核心价值观"雕塑及其宣传栏、教室内的24字"核心价值观"宣传展板等，既营造了"核心价值观"主题教育的浓郁氛围，更持续见证了学生们思品进步、生命成长的印迹。

2. 透示于学校的精神文化

学校的精神文化集中体现在校训、办学理念、育人目标上。学校精神文化是以党的教育方针和"核心价值观"为共性要素,结合校情特点提炼而成的。走进我校,学校的主体墙上凸现的几行金色大字格外醒目。那是校训:乐、健、和、实;办学理念:为每位学生的卓越发展服务;培养目标:培养"自信、负责、文明、快乐、成功"的学生。而班级的温馨教室建设,则在学校精神文化的主导下体现了班级"各美其美"的创意:丰富多彩的中队名、中队口号和班主任寄语,异曲同工地扬显了文明进取、健康向上的班级精神风貌,成为学校精神文化主旋律的生动诠释和有机组成部分。

3. 感知于网络教育的数字文化

随着互联网的高速发展,网络成为培育小学生"核心价值观"的新途径、新载体。利用互联网开展宣传教育,具有便捷、普及的优势。如我校将学校公众微信号、班级微信群、钉钉群、腾讯会议等多种网络教育手段方式结合起来,采用动漫、视频、音频、图片、文字等方式及时推送各类"核心价值观"教育的学习和活动内容,还特设"诚实守信之我见"等讨论互动专栏等。通过创新网络媒介,激发学生以主人翁姿态自觉参与、积极践行"核心价值观"的志趣和热情,也为家校协力、互动提供便利。

上述映入眼帘的正能教育,旨在让学生在常态的可视性感知、体悟中受到"核心价值观"的熏染、陶冶。

(二)融脑:汲取课程育德的滋养

1. 彰显育德课堂的主导作用

培育、践行"核心价值观",除重视物质环境文化建设外,须在增强理性认知和价值认同上落细抓实。我校充分利用班会、晨会、午会、十分钟队会、雏鹰广播等专题德育课堂开展"核心价值观"教育。如利用班会课组织学生学习、讨论《中小学生守则》,这是"核心价值观"教育的细化准则和具体抓手。据此,要求每位学生在班主任的引导下,对照日常学习生活,检测《守则》的执行情况(每天小检,一周中检,一月大检)。在评比激励、表彰助推的同时,及时发现问题,提出改进措施,使学生树立"从小事做起、从自我做起、从现在做起"的成长理念和《守则》意识。又如,为弘扬正能,我校的雏鹰广播发挥了舆论宣传的导向功能,围绕中华传统节日、各类纪念日、表扬与警示、校园热点等主题,开展多栏目的宣传教育,而爱国、诚信、文明、和谐、友善等核心价值观内涵有机渗透其中,在感知听闻中增强学生的进取热情,拓展学生的认知视野,引发学生的理性思考。

2. 用好学科育德的因素

在深化教育改革的新时代,各科的新课程标准都提出了具有共性意义和学科特点的核心素养。其中,立德树人便是共性意义的集中体现。我校要求各科教师须在备课时,尽力利用或挖掘教材中的育德因素,作为实现"情感态度价值观"目标的资源支撑和着力点。而在执教时,则应根据课堂的动态生成,有理有节地实施德育渗透,有意识地播耕"核心价值观"的种子。如小学阶段的品德和社会课是与培育"核心价值观"关系最紧密的学科,在"大思政课"理念的统驭下,紧密结合现实生活和学生思品表现,用好、用活教材,对于学生的培根铸魂至关重要;又如,课时占比最多的语文学科,无论是古诗词,还是现代文,都蕴含着中华优秀文化的育德种子,闪烁着"文以载道"的人文光辉,为语文教师开展无痕的"核心价值观"教育提供了云卷云舒的自在空间;再如,英语学习既要加深中华优秀文化的理解,又要拓展学生的全球视野,增强国际文化的认同感,在多元文化的交流互鉴中逐步树立学生正确的世界观、人生观和价值观。当然,数学、自然常识的科学教育,艺术学科的审美教育,体育学科的生命健康教育,劳动学科的勤劳节俭教育等,则从侧面映射了"核心价值观"培育的要义和亮点。

总之,课程教学是师生双边活动的主阵地,也是立德树人的主渠道。我校对于品德与社会课程的"大思政"教育和其他课程育德渗透的种种要求,旨在增强教师的育德观念和行为自觉,使学生在学习基础知识、基本技能的同时,随风潜入夜地汲取"核心价值观"的正能滋养。

(三)润心:增强育德实践的体验

1.弘扬中华优秀传统文化

习近平总书记强调:"中华优秀传统文化是中华民族的精神命脉,是涵养社会主义核心价值观的重要源泉,也是我们在世界文化激荡中站稳脚跟的坚实根基。"这就为中华优秀传统文化融入"核心价值观"教育提供了适切小学生身心特点的实践路径。**一是传统文化实践活动。**每年我校都要举行一年级学生身着汉服的"入泮礼"仪式,正衣冠、拜孔子、朱砂启智、拜师献礼、净手等礼仪,开启明理守法、崇善向上的国学文化教育。三年级学生参加的"成童礼"国学仪式,加深了学生的尊师之情,并在齐声诵读《弟子规》中的"入则孝"篇后,执孝礼、谢亲恩,亲手为父母奉上暖心茶。**二是传统节日实践活动。**如2023年元宵节,结合兔年元素,我校开展"集兔"活动("爱国兔""正义兔""志愿兔""诚信兔""友善兔""勤劳兔""健康兔"),旨在培养学生爱国、正义、奉献、守信、向善和爱劳动、爱运动的博雅情怀。又如,每逢重阳节,我校都会开展尊老活动,在认知重阳节文化传统的同时,还制作成精美手抄报和视频，去敬老院慰问老人，或以各自的方式陪伴家中的老者，建树"百善孝为先"的敬老理念，传承中华优秀敬老传统文化。

2. 发挥榜样示范与引领作用

毛泽东主席曾经说过："典型本身就是一种政治力量。"对小学生而言，枯燥的讲授、理性的说教，较难维系他们学习、践行"核心价值观"的兴趣，而榜样教育则能以鲜活的事例、砥心的力量唤起他们学习、效仿的内驱力，产生积极向上、比学赶帮的教育效应。于是，爱国、敬业、诚信、友善、忠孝等优秀人物的典型事例成了学生们耳熟能详的榜样，如抗战小英雄王二小、航天英雄杨利伟、隐姓埋名的"两弹一星"功臣、杂交水稻专家袁隆平爷爷、身残志坚的残奥会冠军、岗位能手等，常使学生们心悦诚服，深受教育。而我校每年开展的"星光少年"评比活动，由于表彰的是班级、年级、校级的十大"星光少年"：守诺星、友谊星、孝顺星、绿色星、体育星、艺术星、科技星、博览星等等，均是学生身边的"星光"，确实起到了以点带面、整体促进的效应。

3. 抓实做细行规教育

加强小学生的行规习惯养成教育，是"核心价值观"教育生活化、具体化的载体，也是可操作、可检测的有效抓手。据此，我校狠抓行规落实，在"反复抓，抓反复"上下功力。如我校坚持开展"我的岗位我做主"活动，设有值日班长、晨间管理员、卫生员、图书管理员、护绿员、信息管理员、午餐管理员、安全员、节能员、推普员等十个学生自主管理岗位，实行轮岗制、评议制，以充分体现学生的主体地位，培养学生的自我教育、自主管理能力。又如，开展行为规范创新教育活动，让学生在合作探究中设计行为规范棋，创编行为规范童谣，绘制行为规范四格动漫，等等。这种寓教于乐，洋溢想象力、创造力的探究活动使学生兴趣盎然、倾情投入，预期的育德意旨悄然润泽着学生的心田。再如，小学生的入队仪式，虽是常规教育，我校却精心设计，尽力体现内容与形式的完美统一。仪式前的教育课用小学生乐于接受的方式介绍党的历史和宗旨，入队仪式呈现庄重感、少儿味，展示红色文化自身的叙事功能，让学生深切感悟红色火炬的象征意义，立志传承党的红色文化基因，争做党所期望的新时代好少年。

4. 创设综合素养培育的平台

为践行办学理念和育人目标，渗透"核心价值观"教育，我校构建了三类课程有机整合的校本课程体系。其中，隶属拓展型、探究型课程的优质社团活动，为学生的综合素养培育和个性扬显、特长发展提供了良好平台。如借助建构大师、英皇芭蕾、跆拳道、体育舞蹈、主持与口才等社团活动,学生们不仅习得了基础性专项技能,而且在重文明、乐学习、爱读书、能运动、会艺术、善交流等方面均有出彩表现。此外,每年的"四节"活动,深受学生喜爱,艺术节上为学生搭建施展才华的舞台,童趣洋溢,美育生辉;体育节上,既有赛场竞技、力争上游的比拼,更有发扬风格、友谊第一的温馨;科技节上,学生畅游科普的天空,手脑并用,点亮梦想;世界文化节上,在感知多元文化的探究中,学生们胸怀祖国,放眼世界。一道道学生健康成长、和谐发展的可观风景,映照了我校先进的办学理念和育人目标,折射着"核心价值观"教育的多彩风姿。

5. 注重社会实践的育德体验

精心设计社会实践活动,让学生在开阔眼界、增强体验的同时,培养他们爱党爱国、正义担当、乐群礼让、敬业进取、守信向善等优良品行,是我校的一贯要求和做法。如我校的项目化学习课题"博物馆之旅"已开展多年,取得了丰硕成果。根据学生的身心特点每学期参观特定的博物馆。一年级:参观孙桥现代农业园区、清美豆制品生产基地;二年级:参观昆虫博物馆、上海植物园;三年级:参观纺织博物馆、污水处理厂;四年级:参观消防博物馆、电影博物馆;五年级:参观银行博物馆、城市规划馆。通过系列"博物馆之旅"活动,学生们以预定的问题为驱动,通过小组合作学习的方式,完成了"小小课题"的探究,在交流汇报中增强实践体验,共享参观成果。又如,我校每年都要开展散见于学校、家庭、社区的"学雷锋,争先进"活动,活动后及时表彰小结,让学生切实认识到雷锋是践行"核心价值观"的标兵,"学雷锋,争先进"是新时代好少年的必修课。

(四)协力:优化"三结合"育人机制

1. 提高家校联动效能

家是爱的温室,是心的港湾。家庭教育是小学生"核心价值观"教育的基点,家长是孩子的第一任乃至终生教师,家训家风是孩子成长的活教材,小学生"核心价值观"的建树离不开家庭教育的呼应、联动。为此,我校除通过常规的家校共育活动和数字化平台,加强家校信息的沟通外,还组织开展一系列顺应时代发展的共育活动。如"优秀家风家训"征集活动、"最美家庭"评选活动,参与率高、覆盖面广,对于树立现代家教观念,重视优秀家训家风建设起到了积极助推作用。又如,在我校的家庭教育周活动中,组织家长学习《家庭教育促进法》,进行"科学带娃、正能育孩"的专题讲座,使家长们深受教益;与孩子共劳动、共锻炼、共阅读、共游艺的优良家风不断扩展,焦虑于"输在起跑线上"的内卷比拼逐渐淡化。同时,我校的"麦田家校工作坊"每月推送家庭教育文章,就如何培养孩子的良好习惯,如何发现、培育孩子的长处、优势,如何管理孩子的情绪,如何教会孩子处理人际关系,如何陪伴孩子阅读,如何增进亲子情感,如何防范网络陷阱,让孩子远离负面信息惑扰等常见难题,提供及时、管用的专家意见和成功家庭教育的范例。总之,优化家校联动、聚力共育是学校立德树人的重要组成部分,也是小学生"核心价值观"教育的重要基石。

2. 密切校社合作共建

社区有着丰富的教育资源,是贴近学生的实践基地。做好校社合作共建工作对于培育小学生的"核心价值观"同样有着重要作用。据此,我校与学校所在社区紧密联系,如学校积极参与街道组织的以"核心价值观"教育为主题的诗歌朗诵、主题演讲、书法比赛等文艺活动,使学生在主题鲜明、正能洋溢的艺术天地中增长见识、滋育品德。又如,我校学生每年参与街道的"心手相连"活动,我们的小小志愿者以"奉献、友爱、互助、进步"的志愿服务精神,吹响了公益集结号。利用寒暑假开展的"一个礼物的旅行"环保制作活动、参观自来水厂活动和红色纪念馆活动、家乡新貌演讲活动等,学生踊跃参与,收获颇丰。

三、"核心价值观"教育的思考

上文以我校为例,阐述了小学生"核心价值观"教育的基本做法。为阐析方便,将校内的"核心价值观"教育分为入眼、融脑、润心三个层面。其实,三者是有机联系的统一体,只是有所侧重而已。同样,校内外的教育也是相互关联的。"核心价值观"教育的综合效应,已或明或隐地散见于我校的常态育人活动之中,并在我校获得的国家、市、区级诸多立德树人荣誉中显示。从对学生思品言行的自然观察和家长、社区人士的普遍反映看,我校学生的日常行为规范优良,学生质朴诚实、阳光向上,呈现了当代少年的道德品格和精神风貌,在较大程度上体现了我校持续开展"核心价值观"教育的成效。

为更好地推进"核心价值观"教育,特提出若干注意点。

(一)区分层次,分类指导

遵循中共中央《关于培育和践行社会主义核心价值观的意见》所强调的"区分层次和对象,加强分类指导"原则。不仅不同职业、不同群体的实施策略和要求应有所不同,即便是教育系统的不同学段,同一学段不同年龄段的实施策略也应有所不同。这样才能凸现针对性，增强有效性。就小学生而言，一到五年级的学生，由于身心特点、社会阅历等方面存在差异，"核心价值观"的培育和践行也应区分层次、分类指导。一般拟确立适切的主题，选择适切的举措，由浅入深、由低到高，循序渐进地开展"核心价值观"教育。而形象的、富有童趣的"寓教于乐"的教育活动和润物无声的课程教学等常能收到良好实效。

（二）形成体系，务实创新

小学生的"核心价值观"教育要形成一套适合本校学生思品行规实际的育人体系。在操作上可紧扣"核心价值观"的内容和学校办学理念、育人目标，以行规教育为主抓手，以学校文化建设为依托，以"三结合"合力育人为架构，充实教育资源，丰富教育内容，优化教育手段，灵动教育方法，构建可操作、可检测的育人机制，体现共性要求和个性发展有机统一的育人特色，注重针对性、实效性，并在与时俱进的改革创新中，不断完善育人体系，使每位小学生逐渐建树"核心价值观"主导下的正确"三观"（世界观、人生观、价值观）。

（三）有机整合，激励纠偏

开展"核心价值观"教育应力戒形式主义、各自为政的偏弊，这就需要把学校的教育教学活动有机整合，在去粗取精、去伪存真中优化育人效应。还应从不同维度、不同层面健全评价激励机制，以持续、有效地激发小学生参与"核心价值观"教育的主动性、积极性，激发内驱力，增强行动力。如根据小学生的身心特点可设计相应的"积分银行"，再根据积分和实际表现的稳定性，每月评选先进者和进步明显者，分别授予象征性的奖章，从中评选和表彰"核心价值观"示范员、进步者等。

当然，在以激励性评价为主的检测反馈中，还应根据需要，适时插入相关的警示教育。如当具有一定典型性的思想、行规出现偏差苗头时，当社会上的负面影响侵袭校园时（特别是网络内容），应及时开展有针对性的警示教育，让学生明是非、识真假、辨美丑，这无疑是"核心价值观"教育不可或缺的组成部分。

四、结语

综上所述，基于小学生的"核心价值观"教育是一项复杂、艰辛的系统工程。以习近平同志为核心的党中央已为我们制定了实施蓝图，指明了立德树人的策略、路径。作为专事教育职能的小学，理应发挥"核心价值观"教育的主体地位作用和主导教育功能。唯有学校、家庭、社会紧密配合、持续联动，做好"全面、全员、全程、全方位"育人工程，才能将"核心价值观"的种子播入学生的心田，转化为他们的思想共识、情感认同、心灵需求、行为自觉，切实呈现"内化于心、外显于行"的育人胜景，为培养"有理想、敢担当、能吃苦、肯奋斗"的一代新人夯实培根铸魂之基础。

以班集体建设促进学生个性化发展

上海市浦东新区进才实验小学西校　黄赵沁

【摘　要】良好的班集体建设是班级管理的主要抓手,也是立德树人的重要基础。良好的班集体不仅能催生良好的班风、学风,增强班级的凝聚力、进取力,而且能使班级成员获得良好的个性化发展。本文在阐述"个性化发展"概念、意义的基础上,结合本人力抓班集体建设的实践研究,撷谈了班集体建设对于学生个性化发展的促进作用,也在一定程度上总结了班级管理的若干经验。

【关键词】班集体建设　个性化发展

班集体建设在学生个性发展中扮演着重要的作用。一个健康进取的班集体不仅是学生习得知识的场所,更是培养学生综合素质、促进学生个性的摇篮。积极的集体活动、有意义的合作与交流,能培养学生团结、合作、沟通的能力,这些都是学生个性发展不可或缺的要素。良好的班集体建设也为学生提供了展示自我的平台,在民主和谐的氛围中,他们勇于表达意见、展示才华,从而培养自信心和独立思考能力。此外,良好的班集体也能使学生获得认同感和归属感,从而在班级进步中获得自主发展和个性扬显。

一、关于小学生个性化发展

(一) 什么是小学生个性化发展

小学生个性化发展是指:充分尊重学生的兴趣、爱好、思想品格、个性特点和智能发展水平,为他们提供个性化的教育和发展环境。这种教育理念和育人策略强调以学生为中心,关注他们的多元智能和个性特点,以满足不同个体的发展需求和特长彰显。

首先，小学生的个性化发展应该遵循因材施教的原则。教育者应通过认真观察和民主交流，了解每个学生的思想品行、学习风格、兴趣爱好和学习水平等，从而量身定制教育计划，确保每个学生在适合自己的环境、节奏和方式下得到自主发展。其次，个性化发展应注重学生个体的综合素质的培养。除了传授学科知识外，还注重培养学生的创造力、批判性思维、沟通能力等跨学科学习技能，以应对未来多变的社会需求。再次，小学生个性化发展应鼓励其积极参与和自主发展。学生在自主选择课程、项目和兴趣活动等方面有充分的决定权，从而培养他们的自我决策、自我管理能力，发掘领导潜能。最后，个性化发展关注学生的情感健康、人际关系、合作能力和公民责任感，使他们成为全面发展的个性化的有用之才。

（二）小学生个性化发展的意义

小学生个性化发展在现代教育中具有重要的意义。每个孩子都是独特的个体，个性化发展能够更好地满足他们的学习需求和成长要求。

个性化发展有助于激发学生的学习兴趣和积极性。通过针对学生的兴趣和爱好设计教学内容，能够使学习具有吸引力和针对性，从而提高他们的学习投入度和学习效能。个性化发展有利于挖掘学生的潜能、彰显学生的优势。每个学生都具有各自的潜能和优势，在不同领域都可能有出色的表现，个性化的教育可以发现并提供适切的机会，帮助他们充分发挥自己的优势，实现全面发展。个性化发展有助于培养学生的自主学习能力和问题解决能力。根据学生的学习特点和需求，给予他们更多的自主选择权，培养他们独立思考和自我管理的能力，为未来面对各种挑战做好准备。最重要的是，个性化发展能够提升学生的自信心和自尊心。当学生在自己感兴趣或擅长的领域取得成就时，他们会更加自信，更有动力去面对学习中的困难和挑战。

综上所述，小学生个性化发展不仅有助于提高学习效果，更能培养学生的综合素质和自主能力，为他们未来的成长和发展打下坚实基础。这种教育理念将为孩子们创造更有意义和丰富的学习经验，帮助他们成为有正确"三观"、有创造力的社会主义建设者和接班人。

二、关于班集体建设与学生个性化发展的关系

（一）班集体建设的概念

班集体建设是指在班级内，通过组织各种活动，营造积极进取、民主和谐的氛围，

增强班级成员的凝聚力和价值认同的过程。班集体建设是立德树人的基础。

（二）良好的班集体建设是促进学生个性发展的重要途径

良好的班集体建设是促进学生个性发展的重要途径，主要体现在：通过良好的班集体建设，学生能够融入一个有归属感、安全感的组织，能与不同背景的同学友好相处。积极进取的班级氛围能让学生更主动地投入班级活动、更自信地表达观点，进而培养独立思考和解决问题的能力。

良好的班集体建设也强调团队合作，学生在合作中学会倾听他人、尊重差异，从而培养社交技能和情商。通过组织活动、参与项目，他们能够发现自己的兴趣和优势，从而激发个性潜能。在班集体活动中，通过担任角色、组织活动等方式，提升自己的领导和组织能力。

可见，良好的班集体建设通过创造支持性的班级环境，培养了学生的社交能力、自我认知和领导潜力，为他们的个性发展提供了各种机会。在这个共同成长的过程中，学生能够更好地认识自己、规划自己，为未来的发展做好准备。

三、关于班集体建设与学生个性化发展的实证研究

（一）分析班级情况，明确个性化发展的主导方向

与学生们朝夕相处的四年，让我对他们的性格和习惯都有了比较深刻的了解。我们班的孩子性格阳光乐观，思维活跃敏捷，运动细胞较强，团队精神和班级集体感非常强！但是也由于他们过于好动，很多时候静不下、坐不住，不分场合不分时宜的"活跃"，让许多老师都有点头痛。在这种情况下，以体育运动为切入点的班集体建设是一种行之有效的方法，在促进学生个性化发展的同时也能收到安稳课堂秩序的效果。恰逢五年级开学，学校德育室组织了一项名为"创建动感中队"的活动，结合班级的实际情况和学生特点，我选择了"小健将"这个主题来创建属于我们班的独一无二的"动感中队"！

（二）体育运动在良好班集体建设中的作用

体育运动在良好班集体建设中扮演着重要角色，尤其是在促进学生个性发展方面具有独创作用。首先，体育运动为学生提供了锻炼身体、释放能量的途径，有助于改善学生的身体素质和健康状况。通过体育活动，培养了学生坚持锻炼的习惯和自律、毅力。其次，体育运动能激发学生的团队合作精神和领导能力。在体育竞技中，

学生需要与队友密切合作、协调配合，在良性竞争中共同追求胜利。显然有利于培养他们的团队合作意识和能力，同时也为个体的领导潜质的彰显提供了展示平台。体育活动还为学生在不同项目中发展自己的兴趣和特长提供了可能性。学生可以根据自己的喜好选择参与项目，从而满足个性需求，激发个性潜能。另外，胜负经验也有助于学生面对挫折时保持积极态度，培养坚韧精神。当然，体育竞技强调公平竞争和规则遵守，有助于培养学生的遵纪、守序、诚实和公正等品质。这些涉及价值观的内容不仅应在体育场上体现，更须延伸到学生的日常生活和学习中，无疑对提升学生的行为规范和道德素养很有裨益。

我班学生在共享"动感中队"体育健身、竞赛比拼之快乐时，也在我和体育教师的引导下，深刻体验到纪律和秩序的重要性。正是在准时到场、服从指令、遵守比赛规则的日常要求中，促使他们增强自觉遵守秩序的意识和行为；也正是在鼓励公平竞争、尊重他人、遵循规则和亲身体验中，培养了学生的公正和诚实品质；也正是在因势利导的知识迁移中，大多数学生将体育活动中的遵纪守序认知、团队合作精神等应用于课堂和日常生活中，提升自身的秩序感和自律能力。良好班集体建设也就走上了规范、健全的轨道。

（三）案例分享

1. 启动仪式，激发兴趣

为了让学生更好地参与到班集体的建设中来，我利用班会课的时间正式向学生们宣讲了这次"动感中队"建设活动的目的和意义，并且把为期一学年的计划和任务都做了"安民告示"，使他们能对整个过程有一个大致的了解，因为他们才是主体者和责任人，只有他们主动、积极地参与，才能体现这个活动的意义和价值！随着"小健将中队"的成立，我们的新口号也随之诞生："阳光下锻炼身体，运动中快乐成长！"有了新的队名和新的口号，学生们都信心满满、干劲十足！

2. 计划详尽

（1）第一阶段：宣传与筹备，营造良好的班集体氛围。选定了"小健将"主题，我便在班中开展了第一个征集绘画作品的动员大会。请学生们绘制一幅和运动有关的画作，并且挑选出一些优秀的作品张贴在每月的黑板报上。目的是让每个学生都有创建动感中队的意识和行动，朝着"小健将"主题目标奋发努力。接着，利用晨会课的时间，让学生们以投票的方式选出了每学期重点开展的运动项目。第一学期结合阳光体育活动和端午节活动，重点开展足球、摸高、长绳和海绵球四项运动；第二学期以篮球、棒球、曲棍球和腰旗橄榄球四个专业要求较高的项目为主,并且为每个项目都设立了组长和副组长,以便管理与督促学生。

（2）第二阶段:海选与竞技,培养良好的规则意识。利用每周阳光体育活动的时间,同学们踊跃投入、切磋比赛,不仅激发了大家的竞争意识,也让大家明白了身为"小健将",还需要遵守竞赛规则,发扬体育风格。在这个阶段,学生们的课堂纪律有了明显的改观,尤其是班级中比较活跃的几个男孩子,平时喜欢上课插嘴,在老师稍做提醒后便能有意识地自控。这也让我对这次活动平添了信心和动力。海选的部分我设置了淘汰赛的机制,全员参与竞技让每一个学生都有登场亮相、展示自我的机会。初赛结束后,各个项目的前三名再进行挑战赛,这给之前"失败"的学生有益的启示:只要不断努力就有机会成功! 结合之前的绘画作品,宣传委员在布置黑板报的时候也会每周更新各个项目的前三名,激励同学们积极参与"打擂台"的比赛。

（3）第三阶段:拓展与收获,提升班集体凝聚力获取成就感。为了让学生更深入地了解体育运动和体育精神,我鼓励他们参加我校的"SPARK课后兴趣小组",分别有棒球、曲棍球和腰旗橄榄球。在专业教练的指导下,他们参与的热情提高了,完成度也提高了,更感受到了团结一致、坚持不懈、永不言弃的体育精神。难能可贵的是,学生们也能将这种精神迁移到日常学习之中,积极主动地面对学习中遇到的困难。在这个过程中,我班学生收获了许多荣誉,连校长都亲自为他们颁奖,我为他们感到由衷的高兴和自豪!

（4）第四阶段:汇报与演出,收获喜悦和成功。为期一学年的"动感中队"建设在一项又一项的活动中慢慢接近尾声,孩子们的成长也都历历在目。毕业在即,我想何不把我们努力创建的"动感中队"的故事搬到毕业典礼的舞台上,让老师们、同学们和家长们看一看我们这一年成长的点点滴滴? 孩子们也很赞同我的提议,选择了让他们印象最为深刻的四个项目:曲棍球、足球、棒球和篮球,编排了舞蹈和走秀的环节,向大家展示了只属于我们"小健将"中队的风采!

良好班集体建设离不开老师的组织引导,更离不开班级里的每一个学生的积极投入。班集体的建设是为了班级的优质发展,更是为了每一个学生的个性化发展。尊重学生个性意味着关注和理解他们的差异,鼓励他们在自己擅长的领域发光发热。尊重学生个性也需要学校提供民主开放的沟通渠道,鼓励学生大胆表达自己的想法和意见。只有了解学生的需求和反馈,才能改进、调整班集体的建设策略,更好地满足学生的身心成长、个性发展需求。尊重孩子们的个性,理解孩子们的需求,顺从孩子们身心发展的过程,是每一个班主任都要坚持的原则。

科学素养提升境遇中实验教学有效实施的研究

上海市浦东新区进才实验小学　沈卓俊

【摘　要】小学自然课程以培养学生的科学素养为宗旨，是对学生进行科学启蒙教育的综合性的基础型课程。实验教学则是促进学生科学素养提升的重要途径之一。在自然教学中，应体现与融合科学知识、科学方法和科学态度全面均衡得到发展。关注学生动手实践能力的培养，切实提高科学素养。借助自然实验教学引导学生经历科学探究的过程，鼓励学生进行创新研究，用实验教学的有效性，促进科学素养的提升。

【关键词】科学素养　多维聚焦　活力实践　赋能提升

一、问题的提出

（一）问题的聚焦

提升"科学素养"，现已然成为一个热敏词，在小学阶段各个学科的课程标准中，都将提升科学素养列入其中，并且有针对不同学科的诠释。那么，自然学科中的科学素养究竟是什么？怎样提升？这是我们必须思考的。现实生活中，人们将学生有了一个创造小发明，或者了解的世界之最较多等，归结为科学素养高。而回答不出一些问题，对相关科学知识了解较少，则是科学素养低，果真如此吗？

（二）概念的界定

科学素养包含科学兴趣、科学方法、科学知识以及科学精神等多个方面，提高科学素养有助于促进学生的全面发展，理解科学观念，了解科学研究过程和方法，能用科学来解释身边的事情。

实验教学是指实践性教学的一种组织形式。学生利用仪器设备,以及身边的相关器材和事物,在人为控制条件下,验证实验对象的变化,通过观察、测量和分析,获得知识与发展能力。

（三）课标的解读

《上海市小学自然课程标准》指出:以全面培养学生的科学素养为宗旨,承担对小学生进行科学启蒙教育的任务。引领他们亲近自然,感受科学,通过主动的学习活动,在科学态度、科学知识、科学探究方面都获得提高。小学自然以科学探究为核心,让学生经历探究活动和解决问题的过程,体验科学的过程和本质,培养探究精神,发展"学会学习"的能力,为将来的生活和终身学习做准备。教育部《义务教育小学科学标准》中提到,开展观察、实验活动,是小学生学习科学的主要学习方式,是掌握科学技能的重要途径。

（四）实践的意义

实验教学是小学自然学科实施的重要抓手,可以显著地激发学生对自然科学学习的兴趣。教师通过提供实验的环境,创设真实的研究情境,让学生提出问题、做出假设、设计与实施,以及分享获得性的成果,从而达到构建科学知识概念,形成科学价值观念的学习目标。

将科学素养的提升和实验教学有效结合起来,能提高学生的动手能力,培养学生的创新思维和责任意识。通过实验探究与科学概念学习的有机整合,使学生在"五个学会"(即学会观察、学会质疑、学会实验、学会发现、学会交流)上有所收获,从而逐步实现"学会"到"会学"的转变。这正是科学素养培育的千古真谛。

二、科学素养提升与实验教学赋能

（一）这是为什么:关注问题的提出——重视主体性

充满疑问是小学生的重要天性之一,也是他们渴望了解世界,想通过"刨根问底"来知晓事物真相的心理需求。在自然学科的教学中,怎样让会提问、敢提问,以及部分"自问自答"的学生站立在课堂的中央,这需要老师们的真情呵护。

1. 寻疑与质疑相交

以科教版《自然》二年级上册《白天与黑夜》为例,学生从幼儿园开始,就间接对此内容有一些肤浅的了解,而对宏观世界的这些变化又处于一种说不清道不明状态。显然，如果教师用直接灌输的方法则是行不通的。怎样让问题的提出与实验赋能结合起来，才是老师的重点关注之道。有的学生提出白天与黑夜的变化是"太阳东升西落引起的"；有人提出是"地球转动引起的"；有人则说："如果地球与太阳都转动，那不是要乱套了吗？"

如此种种，老师要给学生充足的时间和空间，尽可能让他们参与到"寻疑与质疑"的过程中来，然后通过实验来验证彼此说法的正确与否。因为，说，不是硬道理；实验，才是正确认知的首选项。然后，让学生来模拟地球，进行逆时针转动，亲身感受昼夜的交替变化。亲自感受用模拟实验的方法，来提升科学素养带来的快乐。

2. 敢说与敢问相合

在科教版《自然》一年级第二学期《各种各样的石头》的教学中，就是要让学生敢于说出石头之间有什么不一样，启发学生提出问题，石头从哪里来？《自然》三年级第二学期《感受空气的压力》教学中，学生对看不见的大气提出了疑问："为什么人不会被大气压扁呢？""空气的压力真的来自四面八方吗？"

只有在课堂中到每一个同学关注，将"敢问"与"敢说"也作为一种能力来培养，让"这是为什么"成为学生的口头语，课堂上不仅仅是个别同学亮相，而是提问的声音此起彼伏，那么重视"主体性"也就真正落到了实处。

（二）可能是这样：启发前概念表述——激发能动性

美国教育家奥苏伯尔说："假如让我把全部教育心理学仅仅归结为一条原理的话，那么，将一言以蔽之：影响学习的唯一最重要因素，就是学生已经知道了什么，要探明这一点，并应据此教学。"

1. 这样与那样相碰

如科教版《自然》一年级《空气在哪里》一课，要求学生观察一些物品放入水中后是否有气泡冒出来，进而判断它们里面有没有空气。学生一般会认为物体中间是空心的，里面存有空气，如辣椒、气球等，并断定实心的物体里面没有空气，如粉笔、砖块等。通过"可能是这样"的实验预测，提高了学生学习的积极性。然后再进行比较实验，大家都期盼着"心想事成"。实验中，有的气泡大、有的气泡小；有的是一个一个单独冒泡，有的是密密麻麻的"集体式"冒泡，这又是什么原因造成的呢？在游泳时口中吐出来的泡泡又是什么呢？思维在不断碰撞。

我们认为，这样的可能与那样的可能，都是一种科学探究的动能。给"这样"一份鼓励，给"那样"一种扶携。让学生的想法如雨后春笋，恣意生长。在了解前概念的基础上,学生的能动性才能得到最大化的激发。

2. 表达与表述相融

教学科教版《自然》三年级第一学期《大自然"老师"》时,学生对于仿生学超感兴趣,每个人都有自己的独特见解,从蜻蜓到蝙蝠,从枯叶蝶到青蛙,从长颈鹿的长脖子到爬山虎的"吸盘"。教学科教版《自然》四年级第一学期《地震》时,有许多对地震感兴趣的小达人,对地震产生的原因,以及自然界中出现了哪些现象有可能是地震的前兆,有着自己的独特的想法。

这一种积极主动的参与,是难能可贵的,很可能成为学习的原动力。将"事不关己高高挂起"扔到一边去,将表达与交流看作是一件愉快的事。让智慧在教室里飘荡,让不足从得到的感悟中消失,会思考就是会学习。

(三)大家来设计:展现独特的智慧——引领积极性

我的自然课我做主,我的想法我表达,让学生对设计情有独钟。将埋在心底的想法,在设计单上展现出来。学生的想法可能会有点幼稚,或许考虑不够周全,甚至部分环节自相矛盾等。但这并不重要,为学生提供设计的机会,就是在与科学素养拥抱。

1. 思想与思路相长

在科教版《自然》二年级第二学期《小帆船》的教学中,有"物体在水中的浮力大小与什么有关?"的教学环节,让学生进行验证方案的设计。他们将水的多少、水的深浅、物体的大小等,进行了充分的预设,有了如下的实验设计:

A. 测量橡皮泥在空气中的"重力"。B. 测量橡皮泥部分浸入水中的"重力"。C. 测量橡皮泥全部浸入水中的"重力"。以上设计都在后面的实验中顺利完成。同学们用橡皮泥在空气的重力减去它在水中的"重力",得出了物体浸没在水中的部分越多,受到的浮力越大的结论。

本课中,科学素养的体现,就是学生能够对方方面面充分考虑,能用实验来验证,用真实的数据来说话,特别是学生在交流中强调:"橡皮泥部分浸入水中和全部浸入水中,不能碰到底部。"科学的严密性在此处得到充分彰显,从设计到架构,促进了科学素养的提升。

2. 创造与创新相随

在科教版《自然》五年级第二学期《自动化控制》的教学中,同学们对身边的"自动化",到可以改进的"自动化",再到未来时的"自动化",充满了学习力和想象力。一系列新点子展现的是同学们对未来科技的盼望。学习《自然》四年级第二学期《能的转化》时，同学们将心中的无数想法展现得淋漓尽致。太阳能、电能、水能、地热能、生物能得到了新诠释、新设计，期盼的是造福人类的一种新可能。

我们提倡在自然教学中"让大家来设计"的意义是什么呢？其实，"设"就是将自己的想法进行设置，"计"就是将自己的谋划进行计算。让学生的想法成为现实中的可能，或者是未来能够实现的可能。今天，课堂中稚嫩的设计者，或许就是明天祖国建设的发明家、设计师呢，这难道不令人期待吗？

（四）我们来实验：探究学习中赋能——凸显实践性

做中学、学中做，"做""学"相长，在实验中提升能力，这可是我们自然教学必须遵循的一条主旨。眼睛看到终觉浅，自己动手感悟深。用"探"去发现，用"究"去钻研。用实验探究的赋能，夯实"科学素养"的根基。

1. 动脑与动手相应

在实验的探究实践活动中，应引领学生从观察表面现象进入挖掘深层次的原因。通过实验来寻求事物发生的原因和走向，得出科学结论，值得重点关注。

如科教版《自然》第八册《电磁铁》的教学中，教师往往使用"开门见山"法，直接提出问题"电磁铁的磁力大小与哪些因素有关"，并且提示学生关注电磁铁的磁力大小与串联电池的节数之间的关系、线圈的圈数多少的关系等。跳过了发现与思考，直接进入验证环节。

而从培养学生科学素养的角度考虑，我们做了如下改进，每个实验小组进行选择，A组：电磁铁线圈圈数多；B组：电磁铁线圈圈数少。比一比哪种电磁铁吸引的回形针的数量多。最后的结果是显而易见的。通过思考与实验，得出电磁铁的磁力大小可能与线圈的圈数有关。也为后续探究电池的数量与电磁铁磁性强弱的关系，打下了基础。

2. 操作与合作相悦

教学科教版《自然》四年级第一学期《彩虹的由来》时，在了解彩虹产生的原因之后，我们也来做"彩虹"，打开了合作之中有创新的神奇魔盒，同学们用不同的方法来展现绚丽的彩虹。《自然》三年级第二学期《小电珠的串联和并联》，俨然成了小小电工，怎样使两个小电珠同时发光？怎样使小电珠的亮度更大？小电珠的开关装在哪里比较合适？这样设计使得实验操作更有挑战性。

实验的魅力，就是能够将想法变为事实，同学们通过自己的努力，来验证和重现科学的道理。合作之中，实现了智慧的碰撞，弥补了不足。实验能力不是"说"出来的，而是"做"出来的，是"研"出来的。赋能的背后，就是自然"家常课"中研究的积累，就是操作促进熟练，就是发现形成经验。

（五）原来是这样：实践中我的发现——培养发展性

所有不经意间的发现，都有着一次次前期的实践研究与积累；所有不可能变成可能，都有着一步步向上的努力攀登与坚守。因为有了无数的发现，才促进了世界的进步；因为"我"的一个个发现，才不断提升了"我"科学的素养。

1. 发现与发展相随

科教版自然第六册《家蚕的一生》，是孩子们喜闻乐见的内容。有的孩子可能是蚕宝宝的"老饲养员"了。怎样在常规的养殖活动中，将发现与发展融合起来，让学生真正学有所获，是我们必须在教学中关注的。

于是，我们课前在学生中开展了"蚕宝宝之问"与"蚕宝宝之答"的活动。如蚕宝宝晚上睡觉吗？白天蚕宝宝在活动时，会相撞吗？"春蚕到死丝方尽"，夏天和秋天能不能养蚕呢？听说蚕蛹是一道美食，我们该不该吃呢？彩色的蚕茧与蚕宝宝吃的食物有关系吗？潮湿和干燥的环境蚕宝宝更喜欢哪一种？在给予学生充分的疑问与回答之后，剩下的问题就交给他们在活动中进行"研"了，让同学们到实践中去寻找答案。

在学生的养蚕活动中，我们尽力体现"四个结合"：家校双通道饲养结合、班级小组合作结合、自然课教师引领结合、学科跨界学习结合。这给多元化的成果打下了良好的基础。既有"蚕宝宝的一生"自然笔记，还有"我爱蚕宝宝"电子小报；既有"蚕茧拉成丝"实验活动，还有"彩色蚕茧"标本制作；既有"蚕宝宝除桑叶外还喜欢吃什么？"研究报告，还有"怎样保存蚕卵"的科学建议。《家蚕的一生》打开了一扇多元化的科学探究之门。

2. 成果与成长相握

在《自然》教材每一册的篇末，都安排了"自由探究"环节，这是对学生通过一个学期的学习之后，一种综合能力的考量，一种科学素养的提升。如一年级《寻找季节的变化》、二年级《种植植物》、三年级《做个"小水钟"》、四年级《生态瓶研究》、五年级《发射"小火箭"》等内容，其内涵发展意义远远大于事情的完成意义。这既是学生学习一学期科学方法之后的综合运用，也是衡量一个学生、一个小组学习力的展现、研究力的突现，以及科学素养的表现。

学生每一次恍然大悟的背后，肯定有若干个细小的发现；每一次自信满满的汇报，肯定有无数次改进。在学习成果的园地里，一定能找到一些失败的枯枝烂叶。实践中得到的每一个细微成果，都是促进学生成长的营养液，我们看到的成果与成长，原来是如此密不可分。

三、结语

如果学生的科学素养是一条江河，那么自然学科中的实验教学，无疑是汇入江河的一条条小溪。如果光高喊提升科学素养的口号，而对自然课实验教学的有效实施缺乏实际举措，那么科学素养的提升就是一条无源之河了。

我们关注提升学生的科学素养，不仅仅关注科学素养——

还要关注：敢于提出问题，抓住研究的"牛鼻子"——让问题成为课题；

还要关注：前概念的表达，了解基础的"细小实"——让表达提升自信；

还要关注：我心中的设计，按下创新的"快进键"——让设计展现智慧；

还要关注：研究实验操作，启动深研的"钻探机"——让研究变为习惯；

还要关注：来自我的发现，打好学习的"组合拳"——让发现成事成人。

自然学科实验教学促进科学素养的提升，其实就体现在"问题、表达、设计、研究、发现"这些方面，其实就是关注学生的主体性、能动性、积极性、实践性和发展性。科学素养不仅仅是"高大上"的光环，更应是"细小实"的习惯养成。当这些不显眼的元素在课堂中得到彰显，科学素养的提升也就水到渠成了。

在自然课教学中，我们要将提升科学素养与日常的自然课教学紧密结合，在磨炼与锤炼中夯实基础，在细节与关节处打造亮彩。让每一节自然课，都成为提升学生科学素养的"催化酶"，在循序渐进中跑出实践赋能的"加速度"。如果我们将科学素养比作一座大厦，那么，自然课教学中的点点滴滴就是那一砖一瓦，我们每一位自然教师都是当仁不让的建筑师。从小处入手，从大处着眼，从长处考量，从实处践行。进行"科学素养提升境遇中实验教学有效实施的研究"，我们任重道远呢。

浅谈优化小学低年级语文识字教学的途径与方法

上海市浦东新区东方小学　苏逸洁

【摘　要】在小学低年级阶段,识字教学是一项不可缺少的内容,其目的在于对学生产生有效的吸引力,使其在汉字的学习中得到最大限度的优化,从而激发并维持其对汉字的兴趣。根据教材编排的特点,低年级的识字教学重点在于利用学生自己的生活经验进行识字,或者是创造出一个让他们感兴趣的情境,从而激发他们对识字的热情。在识字教学过程中,教师更要充分利用好教材中的情境,让生字融入情境之中,使识字学习变得真实可感。

【关键词】小学　低年级　识字教学　教学方法

引言

语文是小学非常重要的基础课程,也是学习其他课程的基础和前提,而低年级的识字教学则是这一切的基础。因此,在进行识字教学时,应该依据汉字的特点和构字的规律选择行之有效的识字教学方法,引导学生读准字音,理解字义。本文探讨了小学语文智趣化和生活化的识字教学方法,以期为优化小学语文识字教学提供一定的参考。

一、小学识字教学的现状

（一）重视识字的数量,忽视质量

对付应试教育,过度增加学生的识字数量和难度,强调识记汉字的音序、笔顺和结构,从表面上看,学生似乎学习了很多汉字,考出了理想的成绩,而实际上学生对汉字的理解和掌握只是短暂记忆。随着时间的流逝,学生的识记便会遗忘,这样只会给学生增加识字的压力。这样,学生的语文基础未能打牢固,那么今后的语文学习也就举步维艰。对于这样的问题,教师应该明确识字教学的任务不是学生认识的字越多越好,而是学生是否有独立识字的能力。

(二)教学方法单一,无创新

语文识字教学中,方法繁多,例如集中识字、随文识字、注音识字等,每种方法都各有利弊,但是在实际的教学中,部分教师为了备课方便,还是以死记硬背为主,教学方法单一,导致常常会出现教师在课堂上讲得浑身大汗,而学生坐在下面头昏脑涨的场面,甚至课堂纪律混乱。其实,不管是哪种方法,都需要教师结合课本内容对识字方法进行加工创造,做到识字与课文衔接,课堂与课外结合。

(三)学生的识字愿望不强,缺乏自主性

语文教学中,识字教学是最考验教师的试金石,若语文教师能把识字教学工作做好,那阅读和写作也必将水到渠成。而实际的教学工作中,许多学生对学习汉字缺乏主动性,需要教师的督促。此外,一些教师在识字教学中未能给予有效的指导,导致课堂氛围枯燥乏味。并且多数教师在辅导学生时,会发现讲了几遍,学生反复识记,但是总是记不牢固,甚至有的学生产生了反感情绪。识字教学的有效方法缺失,也必然给阅读和写作带来不良影响,进而导致部分学生需要教师在后面赶着才能前进。教学方法单调枯燥,学生的识字兴趣便也消失殆尽。

二、识字教学方法的优化

(一)看图识字,让识字有情有趣

建立图和字之间的联系,能够帮助学生更好地理解记忆,引导学生把所学的汉字与自己的所见、所闻、所感联系起来,融合起来,生动活泼地识记汉字。小学识字训练和阅读是相辅相成的,强化小学低年级识字教学,是为小学生日后更好地进行阅读、写作奠定基础。

【案例1】如一年级下册第一单元《春夏秋冬》是看图识字。在学习第一部分时,如果我们只是简单地借助四幅图进行观察识字学词,显然是不够的,也会让学生感到枯燥乏味。在教学"春风吹"这一词语时,笔者设计了两个层次的教学活动:一是识记"吹"并感受"春风"和其他季节风的不同。二是拓展延伸:"春风吹,吹来了_____;春风吹,吹走了_____",由这样的句式切入,既让学生能运用句式

进行练说,又帮助学生巩固了"春天"与"冬天"交替时景物的变化。

(二)接龙式识字,让识字有滋有味

让学生参与,用心体验,在活动和实践中提高识字能力。接龙式识字教学具有十分强的参与性、团队合作性、竞争性,能够让学生融入轻松快乐的群体之中,丰富识字数量,有效完成识字教学的预定教学目标,同时丰富词汇量,并且提高学生的语言表达能力、团队合作能力和快速应对的能力。接龙式识字教学活动充满了童趣,符合低段学生的心理特点和行为特征,激发了学生的兴趣,适用于不同的识字阶段。

1. 接龙式识字的开展方法

新课程标准明确提出,小学低段学生必须认识常用汉字1600个,并且提出培养学生学习独立识字的能力。新部编版语文课本的编排,更加重视识字教学,提出学生要多认少写的观点。因此,笔者把"接龙式识字教学"的重点教学内容放在每篇教材后要求会认的字中,并且给这个部分命名"生字走廊"。

为了更好地在课堂教学过程中开展接龙式识字教学,笔者事先将班级里的孩子进行分组。由于对识字教学有不同的要求,因此分组形式不能单一,适合不同识字要求的接龙游戏的分组形式也要不同。为了巩固识字教学,引导孩子利用所学生字进行字词训练的接龙游戏,以学生人人参与,都有所提高为原则,因此将班级里的孩子进行分组时,考虑学生间的差异,每组由两名优秀生、两名中等生和两名学困生组成。利用优秀生的力量,在巩固知识的同时帮助学困生积累基础知识。

2. 新授课型识字教学中接龙式游戏的开展

在新授课型中的识字教学,主要教学目标是使学生认识字形,记住字音,简单来说就是会认会读生字。因此,笔者一般设计注重让学生掌握字形字音的接龙游戏,通过简单的开火车式接龙读生字、接龙式组词等游戏来开展教学活动。以部编版二年级下册第八单元《祖先的摇篮》识字教学为例——认识生字"掏"。

【案例2】教师事先做好了一个道具——鸟窝,请学生上来演示什么是"掏鸟蛋",初步理解"掏"。"掏"原来是一个用手完成的动作,所以是"提手旁"。然后拿出一个魔术箱,这里面有很多的小零食小奖品,请2～3组学生来玩游戏,把手伸进去,摸到什么就拿出来说"我掏到了(　　　)",以此来记住"掏"。

师:小朋友们,老师还给大家带来了一个百宝箱,里面的宝物可多了,你想来掏一掏吗?(让学生一个接一个掏,一个接一个说)

生:想!我来掏!我来掏!

师：想拿到百宝箱里的宝藏可不简单，你得说一说"我掏到了（　　）"。

生1：我掏到了果冻。

生2：我掏到了橡皮。

生3：我掏到了QQ糖。

接龙式"掏"百宝箱里的小礼物，然后按照句式说一说，在这个抽奖接龙游戏中，孩子们一个接一个地抽奖，一个接一个地说"我掏到了（　　）"。在这个过程中，不断重复出现"掏"这个字，加上孩子们不断重复的动作，"掏"的字形和字义自然而然深深地印在了他们的脑海中。这样简单的接龙式游戏教学，既调动了学生的学习积极性，又使他们在轻松欢乐的氛围里完成了学习任务，实现了学习目标。

3. 巩固课型识字教学中接龙式游戏的开展

在第一课时已经完成了对生字的会认会读后，在第二课时中，需要对生字进行巩固，进一步掌握生字的字义，学会更好地运用生字。笔者在这一类型的课中设计的接龙游戏与生字的运用有关，旨在帮助学生更进一步理解字义，在合适的语境中运用生字。以部编版一年级下册第一单元《猜字谜》——巩固生字"相"为例。

【案例3】师：孩子们，今天我们来对生字"相"进行生字开花，用这个字组词造个句子，还能结果呢！

生1：相互。

生2：相信。妈妈说，我们只要相信自己，就有机会获得成功。

生3：相安无事。

生4：拔刀相助。我们要做一个路见不平拔刀相助的人。

生5：互相。好朋友之间就是互相没有秘密。

生6：相认。

生7：相比、相交、相对……

接龙式的生字开花游戏，是一场在学生间的头脑风暴，要求学生在充分掌握字形字音字义的情况下，给生字找好朋友组词，将生字进行巩固，同时帮助学生在脑海中存储大量的词汇，有利于词汇量的增加。在此之上，对于学有余力的学生又进行了句的训练，进一步理解词语的意思。小小一个接龙游戏，却给学生带来了从字到词到句的知识升级。

4. 复习课型识字教学中的接龙式游戏的开展

期末复习阶段，相对于其他知识点的复习，字词复习总是显得那么枯燥无趣，更多的老师采用的是反复抄写、反复做习题来进行复习,但是这样刷题式的复习和机械式的重复抄写收效甚微,反而使学生产生倦怠情绪,效率低下。笔者经过研究,发现在复习阶段采用游戏化教学更加有利于课堂效率的提高,也会帮助学生在枯燥乏味的期末复习阶段找到一点乐趣。以"提手旁"的字的复习教学为例。

【案例4】教学目标:复习"提手旁"的生字,了解"提手旁"的字都和手部动作有关。

师:今天我们要走进一个庞大的家族,这个家族的成员都有一个相同的特点就是都有"提手旁"。那么你能来说说你认识这个家族里的哪些成员吗? 今天我们就来一场接龙竞赛,看看哪个组认识的朋友多。

(学生开始分组活动)

第一组:生1:捉。

　　　　生2:抓。

　　　　生3:捡。

　　　　……

师:我们已经找出了25个字了,大家看看提手旁的字都有什么特点呀!(学生讨论)

结论:"提手旁"的字都和手有关,是手做的动作。

(三) 字理识字,让识字有理有据

象形字、会意字、形声字,字理不同,在教学这几类字时可以选择恰当的时机渗透字理识字。字理识字是从语文思维的角度开展的识字教学,是看图识字和接龙识字等方法的进阶。

1. 展开想象,分解组合,理解会意字

象形文字是基于一个事物的形状,描绘它的轮廓和特征。"日、月、木、水、火"字就是非常明显的例子。低年级的学生对于理解象形字是比较容易的。会意字的学习,将会把学生带入一个更加神奇的汉字王国,其基本的教学要则就是要把握好"分解"与"组合"的方式。

【案例5】如一年级上册第四单元《小小的船》一课中,需要学生认识"看"这个字,于是上课时,我将"看"这个字分成了上下两个部分。

师:小朋友们,"看"这个字老师来给它变个魔术,瞧,这个字变成了两个部分。谁来说说,上半部分这个字,像我们学过的哪个字啊?

生：上半部分像个"手"字。

师：真会观察！下面这个字小朋友们一起说，它的名字叫？

生："目"。

师：通过之前《口耳目》一课的学习，我们知道"目"就表示我们的？

生：眼睛。

师：那现在请你做做动作，把手放在眼睛上，这个动作就是？

生：看！

师：没错，这个动作就是"看"，中国的汉字可真是有趣，拆一拆，合起来就是这个字的意思。

通过这一课对"看"字的学习，其实就是为孩子种下了一颗种子，到了识字单元《日月明》一课，学生就能运用拆解、组合的方法理解课文中的会意字。如"木"表示一棵树，"林"中有两个"木"，说明比一棵树要多，而"森"中有三个"木"，可见要比"林"中的树还要多，学生马上就能进行比较与理解。

2. 转盘识字辨声形，触类旁通带一串

形声字在汉字中占到80%以上，学生学习形声字的构字规律对于他们识字能力的培养是很有帮助的。

【案例6】在形声字的教学备课时，制作了字盘，"青"声旁不动，贴有竖心旁、日字旁、月字旁、言字旁、三点水、虫字旁这六个偏旁，"青"与不同的偏旁结合组成不同的生字，依次出示组成的新字，这些汉字长得这么像，如何区分就成了难点，出示以下词语填空：眼（　）、（　）天、（　）洁、心（　）、（　）蜓、（　）求。引导学生探求"为什么"，学生逐渐悟出形声字表音表意的特点，区别形近字的"秘诀"就是"看偏旁"，初次与形声字打照面，能有所思、有所判、有所得就算是成功了。

3. 韵语识字促连缀，引发想象，激起共鸣

低年级小学生喜欢生动有趣的事物，对连韵和押韵的字词更加敏感。教师在开展识字教学时，可以巧妙地运用韵语连缀法，激发小学生的识字兴趣。

【案例7】比如在一年级下册《语文园地六》"识字加油站"板块中，给了学生"夜晚、繁星、亮晶晶、爷爷、奶奶、小丁丁、蒲扇、竹椅、萤火虫、牵牛、织女、北斗星"这12个看似无关的词语，但其实存在紧密的联系。它们都是夏季夜晚典型的事物，其间是留有空白的，而它需要师生发挥自己的想象去补充、去生成。教学时，引导学生一组组地读词，发现每组词间的联系（夜景、家人、院景）。师生乘着回忆的翅膀回想自己在夏夜里最有趣的事情，挖掘出孩子心中最美好、最温情的记忆，共同去交流聆

听发现生活的简单与美好,这就不是简单意义上的识字写字课了。

识字在小学语文教学中举足轻重,就像建造汽车需要有牢固的车轮一样至关重要。"路漫漫其修远兮,吾将上下而求索。"小学语文教师要以新课标为方向,积极探索实用有效的识字教学方法,创新教学模式,调动学生的学习兴趣,重视学生识字教学的质量,力求为学生打下坚实的语文学习基础。

参考文献:

[1] 褚文霞.小学低年级语文识字教学策略探讨[J].科教文汇(下旬刊),2019(08):129-130.

[2] 唐敬萍.巧用识字策略提高小学低年级段语文识字教学研究[J].才智,2019(18):161.

[3] 孙丽芳.浅谈传统文化在小学语文低年级识字教学中的渗透[J].课程教育研究,2019(26):166-167.

[4] 李金香.浅议新课程理念下小学语文低年级识字教学[J].课程教育研究,2019(27):29-30.

[5] 刘存青.探究小学低年级识字高效教学[J].亚太教育,2019(07):89-90.

[6] 何海华.浅析小学语文教学中趣味识字教学的应用[J].课程教育研究,2019(32):157-158.

基于学习任务的单元整体设计

——以统编版小学语文五年级上册第二单元为例

上海市浦东新区晨阳小学　凌彩瑛

【摘　要】单元整体教学是新课程标准理念下提出的一种教学方式。小学语文单元整体设计需要教师深度理解教材的编写意图，紧密围绕课程目标，全面把握教材内容，以学生为本，以学习任务为基础，全面规划单元教学。

【关键字】小学语文　课程标准　学习任务　单元整体

在小学语文统编教材中，五年级上册第二单元是阅读策略单元，旨在引导学生学习提高阅读速度的方法，以此优化阅读、提升阅读理解能力，这对学生未来的学习和发展有着重要的影响。依据《义务教育语文课程标准（2022年版）》（以下简称"新课标"）的要求，教师需要"综合考虑教材内容和学生情况，设计不同类型的学习任务，依托学习任务整合学习情境、学习内容、学习方法和学习资源，安排连贯的语文实践活动"。结合统编教材"以人为本"的编写理念，教师可从单元整体入手设计教学，有序组织学生开展基于单元的学习活动。

一、以课标为纲，把握教材编写意图

在知识爆炸式增长的时代，人们必须具备优秀的阅读技巧和快速阅读的能力以获取所需的信息。配合新课标中的"每分钟至少达到300字"及"根据需要收集信息"等关于默读的要求，本册教材第二单元精选了四篇主题鲜明、体裁不同、表现手法各异、易读易懂的文章来学习，以实践"学习提高阅读速度的方法"这一语文要素，并在后续的阅读实践过程中主动应用这些方法，逐步养成良好的阅读习惯。

本单元四篇课文是这样安排的：开篇《搭石》是体现淳朴乡情的记叙文，引导学生养成集中注意力的阅读习惯，学习不回读的阅读方法，这是提高阅读速度的基础；

讴歌廉颇、蔺相如以国家利益为重的中华传统经典作品《将相和》篇幅较长,训练学生连词成句地读文章;《什么比猎豹的速度更快》是介绍事物运动速度的说明文,段落结构雷同,可训练学生结合段落特点,借助关键词句迅速把握课文内容;描述冀中人民如何运用地道战抗击敌人的革命故事《冀中的地道战》则要求学生带着问题,用较快速度默读。围绕单元要素,教材系统地安排课文,以便学生在循序渐进的快速阅读训练中理解内容、实践体验、掌握方法。

二、以学情为本,确定单元学习目标

步入五年级,学生的抽象思维得到了进一步的发展,能够从多个角度去理解一个问题。阅读方面,他们已基本学会默读,能做到不出声、不指读。他们还在三、四年级进行过预测和提问两项阅读策略的系统性练习,掌握了一定的阅读技巧,但大部分学生还是很难静下心来自主阅读。根据学生特点,帮助他们有效地提高阅读速度、增强阅读实效是非常有必要的。由此,教师可立足于本单元课文内容,整合相关的资源、要求和学生实情,确定以下整体性学习目标:

1. 自主学习生字新词。

2. 学习"集中注意力""不回读""连词成句地读""抓住关键词句""带着问题读"等提高阅读速度的方法,用较快的速度默读课文。

3. 能概括课文的主要内容,并通过印象深刻的画面或具体的事例感受人物的特点和品质。

4. 用思维导图梳理所学课文的主线,厘清文章脉络,提炼文本表达,归纳快速阅读方法。

5. 尝试运用学到的提高阅读速度的方法,开展整本书阅读。

在实现学习目标的过程中,通过对每一课的深度挖掘,老师可以根据训练点来指导学生,让他们能在丰富的语文实践活动中阅读探索和解析归纳,感受语言文字的独特魅力,理解文本表达的主要特征,并能从观察与感悟自然、社会的角度出发,持续提升学习语文的关键能力。

三、以任务为载体,进行单元整体设计

那如何通过更广泛的阅读来提升学生的综合素养呢? 本单元的教学活动,教师可整体设计学习任务,让学生在完成一个个任务时逐步提高阅读速度,掌握有效阅读的方法,使学生认识到提高阅读能力是己任,是学好语文的基础。

（一）整体设计，关注学习任务间的分与合

"新课标"指出："设计语文学习任务，要围绕特定学习主题，确定具有内在逻辑关联的语文实践活动。"基于这一说法，教师在教学设计时可依托课文，对单元学习目标中的"2"（学习提高阅读速度的方法，用较快速度默读课文）和"4"（归纳快速阅读方法）进行适度分解和整合。

纵观四篇课文的课后练习，都有"你读这篇课文用了几分钟？了解了哪些内容？和同学交流自己的阅读体会"这一要求。但与之相照应的学习提示，却是从不同的角度、递进式地提出了提高阅读速度的具体方法。学习过程中，老师可根据每一课不同的阅读提示组织学生练习，从而在阅读多篇不同类型文章后逐步掌握和完善提高阅读速度方法。

其实，这些阅读方法并不是简单孤立的，它们是一个完整的阅读体系。因此，根据学生的学习状况，教师也可以从"交流平台"入手，让学生对快速阅读的方法有个整体印象，再引导他们综合运用阅读方法开展阅读也不失为一个很好的策略。但毕竟每篇课文的表达方式不同，教师要善于引导学生选择合适的阅读方法实践运用，并有针对性地对阅读方法进行梳理和总结，以便学生牢固掌握，并在为我所用的阅读过程中逐渐形成能力。

（二）突出重点，处理好单篇和多篇的关系

每一节语文课都应突出重点，但单课只是单元整合教学中的一个横截面，因此在单元学习任务实施过程中也要有侧重，不能贪多求全。教学中，教师必须注意建立阅读内容之间的关联性，妥善处理单篇与多篇的关系，这样才能更好地进行单元整合教学。

本单元四篇课文都是精读课文，单元整体设计中教师的取舍是关键。例如，《将相和》篇幅相对最长，课后练习的难度也相对复杂，不仅要求学生说出课文主要内容，还要结合事例表达对主要人物的看法，实际上也为完成单元习作"漫画"老师提供示范，即"结合具体事例写出人物特点"。显然，这篇课文就可作为重点教学。而《什么比猎豹的速度更快》一课脉络清晰、语言简练明了，学生容易读懂、概括，自然就可压缩课内学习时间，可以鼓励他们运用所学的快速阅读的方法对其他阅读资源进行阅读、探究。《冀中的地道战》是本单元最后一课，教师应引导学生综合运用之前所学的阅读方法，用较快的速度读课文，具体步骤如下：（1）读了课题，组织质疑；（2）带着问题阅读课文，不回读，试着找出文中的关键语句；（3）根据关键语句再读，

厘清课文说明顺序及各部分说明的具体内容；（4）合作交流阅读所得，讨论地道战取得成功的原因；（5）完善本单元思维导图。简而言之，在单元整体教学设计中，应避免出现逐篇讲解或者课文间互不关联的情况。

（三）全面提升，重视学生的综合素养

课程的育人价值体现在学生的核心素养。小学语文课程的学习就是学生在积极的语文实践活动中积累、建构，不断提升核心素养的过程。如何让学生建构起提高阅读速度的方法体系是本单元学习的重点，教师必须强化各学习任务间的关联性，并在制定整个单元的教学过程中简化教学环节，凸显重要内容，从而全面提升学生的语文核心素养。

例如，单元学习目标4"用思维导图梳理所学课文的主线，厘清文章脉络，提炼文本表达，归纳快速阅读策略"的落实，教师直接布置这个学习任务，指导学生开展综合性实践活动，从而促进学生的语文核心素养。

 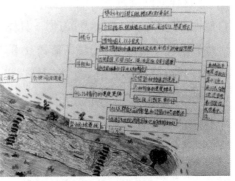

图1　《搭石》思维导图　　　　　　图2　第二单元思维导图

以图1、图2为例，我们可以清晰感受到学生在完成上述学习目标过程中的思维活动。无论是单元知识结构整体性的呈现，还是单篇课文的导图，都揭示了本单元知识点之间的逻辑关系，凸显了重点。学生很好地巩固了习得的知识，思维得到训练，提取信息的能力、分析概括能力等都得到较好的发展。

（四）运用方法，开展整本书阅读

整本书阅读，是课程教学的一部分，但基本以学生课外自主阅读活动为主，注重学生的"习"和"用"。本单元的语文要素是"学习提高阅读速度的方法"，其主要目

的是让学生能够主动利用他们在课上所学的技巧来阅读更多的书籍,从而扩展他们的阅读领域,累积更丰富的阅读经历,并以此提升他们的整体素质和能力,真正体现"得法于课内,得益于课外"。

随着学习的深入,教师可推荐相关作品供学生选读。推荐作品可以与本单元课文体裁相同的反映革命传统的优秀作品、科普说明文;或者是同一主题的体现浓郁生活气息、淳朴民风的散文、小说;抑或是同一作者的文章,如周而复的《白求恩大夫》等。这样的拓展阅读,更有利于提升学生自主阅读的素养,促进他们的思维,使学生真正成为语文学习的主人。

但是,开展整本书阅读,教师绝不能彻底放手让学生自读,应做到课内、课外相结合。课堂上,教师必须安排一定的时间组织学生开展整本书阅读。在学习《什么比猎豹的速度更快》后,教师可推荐阅读《昆虫记》一书,在课上选择其中的一种昆虫,师生运用快速阅读方法共读,并组织交流读书心得,分享阅读经验,提高学生自主阅读兴趣。在此基础上,再去鼓励学生运用方法拓展到课外阅读,去了解更多的"昆虫"。这样的阅读过程,不仅能让学生对课上所学的阅读方法加以巩固,还能使他们自然而然地养成良好的阅读习惯。具体实施过程,教师可从以下几个方面考虑:

1. 依托学习任务单,提高阅读效率

任务单是教师根据学生学习情况设计的学习计划、活动和任务。教师可以以学习任务单为抓手,组织学生开展整本书阅读,避免阅读的盲目性。学生可根据任务单对阅读进行合理调节,内化阅读技能,提高整本书阅读效率。如读《昆虫记》"长腹蜂"这一章节时,可设计如下学习任务单:

看完《长腹蜂》你用了多少时间?	
你了解到长腹蜂的哪些信息?	
长腹蜂在选择和确定筑巢地点时有什么要求? 它是怎么筑巢的?	
法布尔做了一次什么实验? 得到了什么结论?	

将任务单作为学习支架,能帮助学生有针对性地开展整本书阅读,提高阅读效率。

2. 构建学习共同体,营造阅读氛围

合作学习能激发学生的主观学习能动性,同伴间可合作形成阅读共同体,学生运用各自现有的知识经验,解决整本书阅读中遇到的问题,交流互助共进,营造良好的阅读氛围。

根据《昆虫记》一书的结构,设计小组合作学习"昆虫纲"这部分内容,教师可给出一个时间限定,并规定每天至少阅读30分钟,组内成员按照分工积极配合完成任务,交流分享,形成团结协作的阅读共同体,营造热烈的阅读气氛。教师可布置这样的学习任务:

(1)静下心来阅读"昆虫纲",这一周你一共读了几页?

(2)你读了哪几种昆虫的介绍? 其中对什么昆虫最感兴趣? 为什么?

(3)作者从哪几个方面介绍这只昆虫? 运用了什么具体事例? 请简单介绍一下。

(4)在阅读这本书的过程中,你有什么独到的体会,有什么阅读好方法跟同学分享吗?

阅读完成后,同伴间相互介绍、补充,这样伙伴间相互促进的合作学习,有效提高了快速阅读的质量。

3.注重过程性评价,培养阅读习惯

整本书阅读过程中,教师还要根据学生阅读反馈适时评价,让他们有计划、有目的地调整自我阅读行为,助力其形成阅读习惯。课堂上,整本书阅读也要体现指导性,过程性评价应该具有一定的导向功能。教师要根据学生的阅读情况及时做出判断,包括阅读进度、阅读效果等。如一堂课上学习任务单的完成质量,课外阅读后的信息交流等,教师都可以有意识地去了解,并做出评价,激励学生后阶段的阅读进程,优化整本书阅读计划,培养良好的阅读习惯。

通过整本书阅读,学生将《什么比猎豹的速度更快》中习得的提高阅读速度的方法迁移运用到《昆虫记》的阅读中,相信只要在老师的提示下,以一个个学习任务为抓手扎实阅读,他们的阅读技能自然会不断提高,阅读习惯逐渐养成,知识面也越来越广。

基于学习任务的单元整体设计教学以生为本,设计的学习任务间的有机联系,可让学生更真实地感受学习过程的完整性,更好地把握整个单元学习内容间的逻辑,更全面地掌握知识和技能,核心素养得以提升。当然,这也对教师提出更高的要求。教师须提前对新课标、教材等指导性资源有深入的解读和剖析,并站在课程的高度,将自己的理解,结合单元教学内容和学生的实际情况进行分析、重组,最后形成主题鲜明的符合本班学生学习特点的整体性学习内容。

总之,在新课标背景下进行小学语文教学活动时,教师需要深度理解小学统编教材的编写意图,紧密围绕课程目标,全面把握教材内容,以学习任务为基础,全面规划单元教学,这样才能更有效地将新课标落到实处。

参考文献:

[1] 中华人民共和国教育部.义务教育语文课程标准(2022年版)[S].北京:北京师范大学出版社,2022.

[2] 赵碧宇.高中语文整本书阅读教学设计探究——以《乡土中国》为例[J].语文教学通讯,2022(12):8-10.

探索实践，让语文课堂"活"起来

上海市浦东新区东方小学　秦雨雯

《义务教育语文课程标准(2022年版)》指出：义务教育语文课程实施从学生语文生活实际出发，创设丰富多样的学习情境，设计富有挑战性的学习任务，激发学生的好奇心、想象力、求知欲，促进学生自主、合作、探究学习。语文是实践性很强的课程，应着重培养学生的语文实践能力，而培养这种能力的主要途径应当是语文实践。因此，语文教学的重点应要落在学科实践上，引导学生积极观察和感知生活，发展联想和想象，激发学生的创造潜能，提高语言表现力、创造力以及形象思维能力。

一、明确目标与要求，提升收集信息与合作学习能力

部编版语文二年级上册第一单元的主题为"大自然的秘密"，每篇课文中都包含了一些关于自然的科学知识，如在《小蝌蚪找妈妈》这一文中，学生从小蝌蚪找妈妈的过程中，了解到青蛙在生长过程中身体和生活会产生变化；从《我是什么》这篇课文中，学生又明白了自然界中水的变化以及水和人类息息相关的关系。在这个单元的学习中，学生跟随课文一起探索自然界，感受到大自然神奇的魅力，了解到大自然中一些事物的变化规律，同时激发了乐于探索自然奥秘的兴趣。

本单元的口语交际《有趣的动物》是对"大自然的秘密"这一主题的拓展延伸，需要学生联系自己的生活经验，选择一种自己最感兴趣的动物来进行具体介绍，如动物的外形、生活习性、成长变化、独特的功能等。在对动物进行介绍前，我给学生留出自主探索的时间，引导学生通过各种途径了解动物、收集资料，如从书籍、网络和电视节目等内容中获取关于动物的信息。于是，结合本单元的课文和口语交际的

内容,开展"走进动物王国,探索自然奥秘"的项目化学习活动,以此来激发学生的学习热情,同时更好地实现教学目标。

(一)发现问题,改进要求

"有趣的动物"是学生很感兴趣的内容,大家对收集动物信息都表示跃跃欲试。在经过学生充分收集信息后,我利用课上的时间让他们先交流分享自己了解到的信息,但是在学生的交流过程中,我很快发现一个问题:学生了解动物的途径和方法确实丰富多样,但缺少对信息的整合,有许多孩子带来了家里关于动物的百科全书或是从网上搜索打印的资料,在全班面前长篇大论地读,下面听的学生有些云里雾里、昏昏欲睡,学生收集的资料虽然丰富多彩,但也很混乱,在教学过程中运用效率也不高。我意识到,在让学生收集信息前,自己没有提出明确的要求,导致学生毫无目的地去收集,只要是有关动物的资料就全都拿来,而没有进行筛选。

于是,我重新对学生提出要求:网络和书籍上的信息无穷无尽,但并不是所有的信息都是我们需要的,我们收集信息时要有目的、分类去收集,再进行筛选和整理。比如,在口语交际《有趣的动物》中,需要介绍到动物的外形、生活习性、独特的功能等,那在收集资料时就应重点去收集这几方面的信息。我鼓励学生在搜集信息时制作一张"动物信息卡",把与问题相关的有价值的或有密切关系的资料摘抄在"动物信息卡"上,还可以找来动物的相关图片粘贴上去,如果相关内容篇幅很长,可以尝试用自己的话概括。

(二)小组合作,收集整理

学生要想独立收集整理信息,做得比较详细全面还是有一定难度的,于是我让学生分成一个个小组,在小组内进行分工合作,完成"动物信息卡"的制作,降低难度,让每个人都能有目的地参与到信息收集的活动中,同时减轻学生查找相关资料的负担,使学生更有兴趣地完成自己的任务,也培养了学生的合作学习意识。班级中的每个学生都存在身心发展的个体差异,于是我按照"组内异质、组间同质"的原则,一个小组内既有基础较好的学生,也有相对来说比较薄弱的学生,这样在小组合作时,组员之间可以互相帮助,更好地发挥学习中优势互补的作用。

在学生收集资料前,我向学生提供了评价标准,让学生明确收集整合信息的要求,并在探究过程中对自己的表现做出自我评价。

表1　收集整理信息评价表

姓名：			
评　价　点	我做得很好	我基本能做到	我还需努力
能有目的地通过多种途径收集资料			
能找到关键有用的信息			
能对信息进行筛选和总结			

在重新提出要求并进行小组合作后，学生搜集和整理信息的能力大大地提升，有了明确的方向，比如，有的组员阅读一些关于动物的课外书籍，如《一只想飞的猫》《鲤鱼跳龙门》《动物百科全书》等，制订阅读计划，并从中提取关于动物的信息；有的组员观看一些如《动物世界》这样的动物影片、纪录片，了解动物的知识，感受到动物生活的自由、快乐，提高保护动物的意识；有的组员利用周末与家人一起到动物园和动物进行亲密接触，不仅近距离观察各种各样的动物，还能通过园区中详细的动物介绍、科普馆的展示，深入了解动物的种群发展、动物习性、生活区域分布，从而获得更多的知识和乐趣。

在收集信息后，小组内对有价值的信息进行筛选，完善"动物信息卡"。学生通过收集和整理关于动物的资料，深入地了解了大自然中有趣的动物，为之后介绍动物的特点做好了必要的积累和准备。有目的地收集和整合资料提高了学生合作探究的兴趣，学生自由地遨游在信息的海洋中，真正地成为学习的主人。最后，鼓励学生拿起"动物信息卡"在班级内进行交流展示，台下的同学也都听得津津有味，在聆听的过程中增长了知识、开阔了视野。

用合作形式进行动物信息的收集与筛选，学生在这一过程中感受到了小组合作学习所带来的乐趣及成就感，逐渐形成了合作意识，并学会合作学习。在合作学习的过程中，学生和同伴之间的沟通及交流不断深化，促使学生间的关系更为亲密和谐，营造出良好的学习环境及氛围。知识的获得是一个主动的过程，学生不应是信息的被动接收者，而是知识的主动参与者，因此，我们教师就要设计符合学生认知的情境，创设和谐的研究氛围，从而有效地激活学生主动探究、获取信息的欲望。

二、探索实践，提升创新能力和表达能力

（一）绘制"动物成长图"，探索动物成长过程

在第一单元第一课《小蝌蚪找妈妈》中，课文以图文的形式生动描绘了小蝌蚪是如何变成青蛙的生长过程，对于低年级的孩子来说，这样的图文形式更有利于他们直观地了解动物的成长过程，同时也可以激发学生对更多动物成长过程的探索欲望。于是，我鼓励学生在介绍动物时还可以画一画、说一说动物的成长过程，以此来加深学生对动物的了解和喜爱。

学生进行一番探究和制作，了解了动物奇妙的成长过程，以流程图的形式绘制在纸上，并在各自的小组内展开交流。我在巡视的过程中，发现有个小组其中一个孩子向其他组员提出疑问："为什么小鸡是从蛋里破壳而出，而小狗小猫却不下蛋呢？"问题一出，有些组员也皱起眉开始思考，还没等我开口帮助他们，一位组员就迫不及待回答："因为鸡是卵生动物，而小狗小猫都是胎生动物！"我高兴地表扬了这个孩子："你懂得真多！知道其他小朋友不了解的知识！"同时，询问他是怎么知道胎生卵生动物的，他回答自己在家观看动物科普图册时了解到了这个知识，于是我在小组以及全班面前大力地表扬了他很会学习，并鼓励其他孩子也要善于从阅读中获取知识，孩子露出了羞涩的笑容。同时，我也表扬了另一个提问的孩子，在聆听的过程中勇于质疑，不懂就问。通过我的鼓励和表扬，孩子们体验到了成就感，同时也激励了班级其他孩子对课外知识的探索欲望。

（二）设计"动物名片"，争做小小动物讲解员

在对资料进行收集与整合后，结合本单元口语交际对学生的目标与要求，让学生选取一种自己最感兴趣的动物进行介绍，光让学生写写说说有些枯燥，于是我让学生设计一张"动物名片"，名片上需要画一画这一动物的样子，涂上好看的颜色，并在图画旁介绍一下这种动物，提醒学生在介绍动物时可以分多方面来写，如动物的外形、生活习性、独特的本领、成长过程以及动物的有趣之处等。同时我提醒学生，在介绍外形时需要按照一定的顺序，如按照从整体到局部、从上往下的观察顺序去介绍，外形可以按照动物的头、身、四肢、尾的顺序去介绍，使学生对这一动物的认知更具体。

在学生介绍前，先向他们出示表达和倾听的评价标准，引导学生在介绍时要把动物的有趣之处说清楚，吐字清晰，让别人能够听明白；听的同学如果有不明白的地方，要有礼貌地提问。

表2　"动物讲解员"评价标准

表达	能够分几方面介绍动物	说清楚动物的有趣之处	吐字清晰,音量适中
	☆	☆	☆
倾听	认真倾听他人的发言	不明白的地方,有礼貌地提问	肯定他人,再补充
	☆	☆	☆

在学生介绍动物的过程中,我发现介绍动物的内容都大同小异,如介绍小动物的外形时,大家都是这样说:"小白兔有一对长长的耳朵,一对红红的眼睛,一个小小的鼻子,还有一身雪白的毛……""小猫有一对尖尖的耳朵,大大的眼睛,长长的胡须……"学生的用词较为匮乏,千篇一律,无法突出动物的特点。针对这一点,我先对发言的学生做出鼓励,能够用到叠词和表示颜色的词语,很棒,可以再思考一下是否能用上之前学习过的一些ABB三字叠词和四字好词,让语言更生动、形象。

接着,我请台下的同学根据评价标准对讲解员的发言做出评价,同学们纷纷举起小手有礼貌地提问,且能够在肯定他人的基础上提出一些有用的建议,有的同学提议:"在介绍小动物的眼睛时,不仅可以用红红的,还可以用到比喻的修辞手法,如红宝石或蓝宝石般的眼睛。"有的同学说:"在介绍小动物的身体时可以用上毛茸茸这个词语,还可以说身体像柔软的棉花糖。"有的同学给出建议:"小猫在玩毛球时很有趣,你可以补充一下小猫玩球时的动作","小白兔啃胡萝卜时还会露出大板牙,可以把这一点加入介绍中,体现出小白兔的有趣之处,"这些建议都为其他同学带来不少启发。

学生根据其他同学的评价再进行动物名片的完善和修改,并在班级内进行交流与分享,通过修改,学生的介绍内容和之前相比更生动、更丰富了,他们也在这一活动中进一步了解如何把动物介绍清楚。完成动物名片后,学生利用卡纸、胶水等材料,制作一个个栩栩如生的动物头套,同学们纷纷戴上各种各样的立体动物头套,仿佛走进奇妙的动物王国,接着让学生学做动物园的"动物讲解员",每个小组创造一个属于自己的动物园,组员们轮流做讲解员,向大家介绍自己喜欢的动物。

通过这一系列探究活动,原本枯燥的语文学习内容在学生的眼中变得生动有趣,学生尝试在平时的生活中观察、收集和整合资料,并学会了如何把动物的有趣之处介绍具体,从而达到了教学目标。这次动物探究活动给了孩子们印象深刻的体验,在学习中展示了自我,更重要的是了解了大自然,关注了野生动物,把自己真正地融入神奇的自然界中。

三、丰富评价,提升合作交流能力

科学合理而又多元化的评价是提高学习效率的有效措施,在学习过程中,要注重学生的自我评价、小组对个人的评价,促使学生积极参与合作学习,提高学生的合作交流能力。过程性评价关注学生在整个实践过程中的投入状态,于是我制定了本次探究学习的评价量表,用自我评价、同伴评价和教师评价等方式来丰富学生在学习过程中的评价。

表3 学生探究活动评价表

小组名称:		姓名:		
评价维度	评 价 指 标	自我评价	同伴评价	教师评价
知识内容	学习从课外书、影片等各种途径了解、寻找动物			
	绘制动物成长图			
	整合资料,设计动物名片			
	做小小讲解员,介绍自己喜欢的动物的有趣之处			
表达呈现	汇报成果时能清晰流畅地介绍小组的设计思路			
	呈现成果的形式丰富多样			
	对于同学的提问,能做出合理的解答			
反思总结	每个组员都对自己的活动成果做了合理的反思			
总　　计				

自我评价既让学生们对自己在项目活动中履行的职责有了方向,也能引起他们的反思,挖掘每一个组员的特长,引导学生在群体中发挥最大的作用,集聚群体力量建构知识。在小组同伴互评和教师评价中,发现每一个孩子的优点,结合孩子的潜能进行评价,鼓励孩子的每一个进步,促使每一个孩子都能找到信心,不断地自我提升。在大家充分研究的基础上,每一个小组展示结束后,所有的人员进行评价,小组成员进行自评,其他人员进行他评。这样的展示不仅促进学生的学习动力,又对其

他小组的研究方式有了学习和借鉴,促进了自我反思,使学生真实地掌握了知识和技能。

在本次语文单元拓展探究活动中,学生深刻地了解到:语文学习不仅仅停留在书本上,还可以去观察大自然,通过各种途径去收集资料,去探索、发现未知。虽然学生在收集整理信息和在具体介绍动物的过程中遇到了一些小问题,但最终在教师的引导和合作学习中尝试努力去解决,在自主发现问题的同时,共同探索问题的处理方式,产生思维碰撞,从而培养利用集体力量解决问题的能力。在探究学习的过程中,学生在教学活动中的主体地位加强,自主学习的能力和创新能力得到了明显的提升,同学之间的关系也更为和谐融洽。在平时的教学中,我们教师也应为学生提供良好的主动学习及自主发展机会,使语文课堂成为学生自主学习、探究、交流的平台,促进学生综合素养的提升。

参考文献:

[1] 中华人民共和国教育部.义务教育语文课程标准(2022年版)[S].北京:北京师范大学出版社,2022.

[2] 胡君.基于"学习任务群"的语文项目化学习设计与实践探究[J].语文教学通讯,2022(12):04-09.

小学英语阅读教学中提升学生思维品质的初探

上海市浦东新区老港小学　姚志娟

2022年9月开学初,我校英语组需要结合学校主题确定本学年校级研究课题,经过组内讨论确定了教研组课题"加强思维型学习活动设计,助力学生核心素养提升"。课题确立后,我一直在思考如何在英语教学中加强思维型学习活动设计,这个问题一直困扰着我。阅读新课标后,发现课标课程实施建议中明确要求教师要引导学生围绕主题学习语言、获取新知、探究意义、解决问题,逐步从基于语篇的学习走向深入语篇和超越语篇的学习,确保语言学习的过程能成为学生思维品质提升的过程,因此我决定从阅读课中渗透思维品质训练开始进行实践研究。

一、探索之路,阻碍重重

2023年3月30日,教研组内见习教师杨老师开展了一次组内研讨课,尝试在英语阅读教学中融入思维训练。本次研讨课选用牛津英语4BM2U2 *Cute animals* 的第四课时故事教学 *The cat and the mouse*,导入故事主题后,出示故事导读单,让学生在学习故事的过程中思考故事标题、故事起因、故事发展和故事结尾,让学生带着任务进入学习状态。课堂教学实施中发现,理想和现实中存在着很大的差距,课后反思我们总结出以下几个问题。

(一)故事情节没有激发学生的思考兴趣

本课时 *The cat and the mouse* 是一篇故事文本,以图文并茂的形式,用简练的语言表达了完整的情节,故事内容有经典电影《猫和老鼠》缩影,学生对于这些可爱的动画形象非常熟悉,故事也有起因、经过、结果,但是整堂课下来学生思考问题的兴趣不是很高,对故事发展的期待值比较低。俨然平铺直叙,完全按教材文本授课的方式是失败的,那么如何引导学生挖掘故事图片信息,融入故事情景激活思维,提高学生学习兴趣还有待进一步改进。

（二）问题链没有激发学生积极深入思考

在故事推进过程中虽然设计了很多问题，但是在课堂上学生回答问题的积极性不是很高，故事的推进趋于平静，学生好奇心没有被足够激发。观察学生课堂表现，学生回答问题的参与度不高，思维也只是停留在浅层，设计的问题链，学生图片直接观察就能得到答案，教师没有继续深入引导学生思考图片背后的信息，这就导致学生思维也断裂。

（三）板书没有激发学生的逻辑思维

故事内容全部呈现后，新授内容已接近尾声，为了巩固本课新授语篇，教师设计了 Retell the story 环节。此环节是利用板书的好时机，但是教师没有合理利用，多媒体呈现的文本支架提示与板书支架提示不一致，教师给予学生信息的混乱影响了学生对于可利用信息获取的思维混乱，这样非常不利于学生逻辑思维的训练。

（四）故事续编没有激发学生的创造力

教材中故事原文最后一幅图呈现的是老鼠钻进了老鼠洞在偷笑，而猫则在老鼠洞外无奈地抓狂："The mouse goes back to his hole. He is happy, but the cat is angry." 在课堂教学最后一个环节，教师给予学生一个开放性问题："If you are the cat, what will you do?" 虽然学生给出了很多的答案，但是这一个开放性问题脱离课文文本角色冲撞，续编角色只有猫没有老鼠，让学生的想象思维受到牵制，创造力无法完全施展。

二、探索之路，略有成效

教研组内不断地研讨思考：如何才能真正有效地在课堂中训练学生思维，提升学生的思维品质？教案做了几番修改，突破常规的教学模式，寻找到了一些有效的教学策略。

（一）融入对话，情感带动思维

研读教材，梳理单元学习脉络，再次分析单元主题 Cute animals（可爱的动物），通过单元学习除了使学生能够理解与运用核心词汇和句型外，更加需要学生了解小动物的生活习性尤其是食性特点。本课时 The cat and the mouse 故事人物有经典电影《猫和老鼠》的缩影，教师在备课时需要预设这些已知的信息，赋予教材文本戏剧性、思维性。所以，在故事教学时需要丰富语篇内容，语言是思维的载体，根据本课时故事发展的需要，我们融入了人物"对话"来表达人物情感，推进故事发展过程，激发学生深层思维，根据人物的情感推测人物语言，表达人物的情感。

教学片段：

出示故事场景 "The cat wakes up and sees the mouse. The mouse is afraid and runs away"，引导学生通过阅读和观察图，把老鼠趁着猫睡觉小心翼翼偷吃猫食被发现后逃跑时惊吓、害怕的心情，以及猫发现自己的食物被偷吃时生气的心情尽情演绎出来，"Bad mouse! Stop!" "Oh! My food! Miao ..." "Err ... Don't catch me!" "Sorry! I'm too hungry." 此时学生们异常兴奋，思维活跃，各抒己见，情感丰富后语言也由此丰富了，课堂气氛也被调动起来了，最后PPT出示猫说："Oh! No! It's my food!" 老鼠说："Ouch! Run!" 此时，老师出示的对话只是教学语言的需要，对于学生而言已经不重要了，他们已经感受到了刚才思维的碰撞、情感的表达。

所以，"对话的过程也是思维的过程"，人们正是在对话中逐渐拓展思维、学习经验。实际上对话中任何有意义的信息，都会或显或隐地成为个体思维的一部分，影响着其后续发展。在对话过程中，思维不可避免地会受到对话情境、对话内容及其情感色彩的影响，由此发展出不同的思维倾向、方式与习惯。换言之，思维在各类对话信息的影响下逐渐分化，即使是对同一事物，有过不同对话经验的人也会产生不同的思维导向，形成不同的思维发展路径。在融入对话时，学生利用已有的经验、师生之间的语言交流、生生之间的观点碰撞等因素的综合作用，能够为学生思维的个性化发展创设有利条件。

（二）创设问题链，语境推动思维

杜威在《我们如何思维》中指出：在课堂教学中，努力营造轻松活泼的课堂氛围，鼓励学生大胆想象和质疑反思，大胆地提出任何问题，大胆地发表任何观点。课堂实践发现，利用多媒体能展示问题链更能激发学生的好奇心，推动学生的思考。在猫和老鼠的故事推进过程中，每个绘本图片媒体切换时加入了翻书的声音，用音效演绎阅读故事的进程，给学生一个感官故事推进的语境。当猫醒来追逐老鼠时插入电影《猫和老鼠》中猫追鼠的经典片段，学生都目不转睛地看着动画，有的学生手握小拳头，有的学生随着猫追鼠的追跑身体微微摆动着，他们的情绪一下子被带动起来，氛围感也增强了。学生正紧张地担心猫是否能抓到老鼠时，画面切换到下一个片段老鼠爬到了门上,猫在下面"Miao miao ..."叫,这时让学生观察图片引出文本"The mouse climbs onto the door",教师顺势提出问题:"How about the cat?"学生得出判断:"The cat cannot climbs onto the door."接着追问:"Why？""How does it feel?"有了语境,学生回答问题更加积极,回答的内容也更加富有创造性。

问题链打开学生思维的方向,语境推动学生思维的欲望。故事结尾老鼠躲进了洞中,猫在外面生气地叫,挖掘图片背后的信息继续追问:"Then, what happens to the cat and the mouse? Can you guess?"此时不需要给学生提示,所有的猜测都是合理的,教师需要通过正确的方式保护学生的好奇心,鼓励学生敢于尝试,展开想象的翅膀畅所欲言,这样思维才能在无形中得以训练。

(三) 巧用板书,思维导图建构思维

思维导图式板书可以生动地体现出教师对教材的深刻理解和巧妙处理,能给学生强烈的感官刺激,便于学生把握教材内容整体与部分、部分与部分之间的关系;能吸引学生的注意力,抓住语篇主要内容,构建知识框架,启发学生思考;有利于学生理解、吸收、记忆、复述所学知识,形成长效记忆,使课堂教学达到事半功倍的效果。于是,我们大胆尝试摒弃传统的板书模式,创新设计鱼骨思维导图式板书,根据猫和老鼠绘本故事的发展,鱼骨图分成两条支路,分别呈现关键词提示猫的行为动作、情绪变化和老鼠的行为动作和情绪变化。这两条支路紧跟故事的发展并互相交错发生,同时呈现了猫和老鼠的行为和情绪变化之间相互关联的因果关系,经过细究斟酌改变后的板书思路更加清晰,学生能一目了然分清故事脉络。(板书如图)

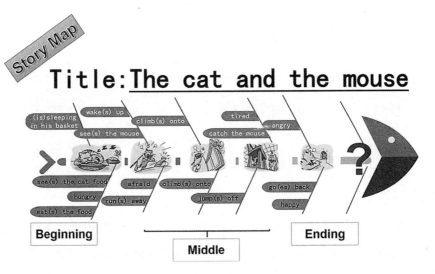

在真实课堂教学中,板书出示的过程就是故事发展的进程,媒体展示的内容会转瞬即逝,而板书为学生提供了可视性支架,思维脉络留在了黑板上。猫和老鼠故事新授结束后,Retell 环节教师就直接利用板书回顾梳理故事,让学生利用鱼骨思维导图式板书复述故事,最后学生参与度非常高,学生能流利、完整地复述故事,教学反馈效果明显比第一次教学大幅度提高了。究其原因是思维导图作为一种线性工具,能为学习者构建学习支架,更好地理清故事脉络,使得课堂教学更加简洁、高效,学生思维更加有迹可循。

(四)巧设作业,续编故事创造思维

课堂上自由合理推测想象,课后布置作业故事续编,让说落实到笔头,思维从口述转向文字。这不仅能让学生激活旧知、巩固新知,还能让学生启迪思维、放飞想象。通过故事续编,学生不仅收获了知识和技能,还活跃了思维、彰显了个性、开阔了视野、增进了友谊。本课课后作业设计延续课堂最后一个问题:"What happens to the cat and the mouse? Can you guess?" 课堂上学生已经百家争鸣,发表过不同的观点,互相都有过思维的碰撞,课后作业作为课堂的延续,教师融入开放式选择性作业续编故事,让学生画一画,写一写,最后猫和老鼠发生了什么?

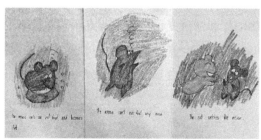

品读学生的故事续编绘本,惊喜地发现他们在自己的知识水平上都能独立思考,用图片和文字清晰地发表了自己的观点。有同学想象老鼠一直偷吃猫的食物变

得越来越胖,而猫那次没抓住老鼠后暗自锻炼身体,终于有一天猫跑得比老鼠快了,它反败为胜抓住了老鼠;有同学想象猫抓不到老鼠后一直在思考策略,有一天它躲在了桌子后面,等老鼠再一次偷吃食物的时候,出其不意抓住了老鼠;也有同学想象老鼠看见猫在洞外很生气,主动拿出鱼来和猫分享,猫也接受了老鼠的歉意,它俩最后成为好朋友一起玩乐。同学们的想象力远远超过了老师的预期,许多新颖的想法跃然纸上,在此过程中学生的语言和思维能力都得到了提升,充分发挥了他们的学习潜能,有效促进了他们的想象力和创造力。

同时,此次续编故事作业也是基于课堂中问题链的思维碰撞,课后学生独立思考,对续编内容有了批判和创新,借助图片和文字抒发了他们对猫和老鼠的情感态度。仔细研读小学英语牛津教材 Read a story 板块,只要教师细心挖掘故事内容,很多语篇故事可以引导学生续编故事。以牛津英语五年级第二册为例,5BM2U1 *Food and drinks* 单元的语篇故事 *Jim and Matt*、5BM3U1 *Signs* 单元的语篇故事 *The path of stones* 等,都能根据单元主题内容,引导学生围绕语篇学习语言的同时,让学生深入探究语篇意义,教师可以利用课后作业延续课堂教学任务,激发学生的思维,升华主题意义,学生可用图文并茂的形式抒发情感,用所学的英语创造语言来表达自己的观点。

三、探索之路,永无止境

聚焦学生思维品质发展也为我们小学英语教师改进教学方法提供了方向,目前,我校英语教研组在小学英语阅读教学中提升学生思维品质的实践研究还处于摸索的初级阶段,任重而道远。但新课标对教学提出了符合时代背景的新要求,这就要求我们不断改变教学策略,采取优质的教学手段,发挥小学英语教学的价值,真正提升学生的核心素养。路漫漫其修远兮,吾将上下而求索,我们会继续在这条道路上砥砺前行。

参考文献:

［1］中华人民共和国教育部.义务教育英语课程标准(2022年版)［S］.北京:北京师范大学出版社,2022.

［2］吉桂凤.思维导图与小学英语教学［M］.2版.北京:教育科学出版社,2020.

［3］约翰·杜威.我们如何思维［M］.北京:新华出版社,2022.

［4］游烨敏.思维品质在小学英语教学中的渗透策略［J］.亚太教育,2022(24):143-146.

［5］单世乾,耿秀梅.基于思维可视化理念的结构化板书［J］.化学教学,2022(12):36-40.

体育游戏在小学体育教育中的作用及影响

上海市浦东新区东方小学　潘昵昵

一、体育游戏

体育游戏是一项有组织的集体活动,根据一定的规则和要求来开展的游戏活动,它有较强的游戏目的性,根据不同的内容、规则和情境展开的技能、智力和体力类游戏,以及心理素质和休闲娱乐类游戏,可不断创新和开发,可实施性较强,且具有一定的教育性和竞争性。全力以赴地在游戏中挑战自己,战胜极限。学生参与其中,体验游戏的乐趣,得到身心放松的同时,培养遵守纪律、团结友爱、机智勇敢的精神品质。

二、体育游戏在小学体育教育中的作用

(一)课堂中的作用

在体育课堂教学中,基本由准备部分、基本部分、结束部分三个部分组成,因此在教学中根据学生的心理和生理特点,采用适当的游戏方法,充分发挥教学作用。

1. 体育游戏在准备部分中的作用。课堂开始时可以安排一些集中注意力的游戏,使学生第一时间把注意力集中到课堂当中,准备部分进行一些适当的体育游戏,不仅提高学生对课堂的兴趣,还可以起到准备活动、辅助教学的作用。

2. 体育游戏在基本部分中的作用。学生在学习运动技能时,可能由于动作技能的单调重复而感到枯燥厌烦,合理设计一些体育游戏穿插到运动技能的教学中,以游戏的形式进行技能学练,就可能达到事半功倍的效果。通过体育游戏诱导学生进行动作技能的学练,提高了教学的有效性和趣味性,对动作技能的形成有着积极作用。

3. 体育游戏在结束部分中的作用。学生在课堂最后,由于前面学习中运动负荷比较大,在结束部分可以适当安排一些放松小游戏,学生也更愿意接受以游戏的方

式进行放松，更加积极地参与放松，在身心得到放松的同时，达到消除疲劳、缓解运动压力的效果。

以上三个部分，以本人执教的二年级跳跃（跑几步单脚跳过一定高度的橡皮筋）课时教学为例：

准备部分。教师导入"动物游园会"的游戏情景，在欢快的音乐中，以富有童趣的森林之舞开场，为学生创设了一个良好的学习氛围，充分调动学生的积极性，激发学生的学习热情。

基本部分。主教材跑几步单脚起跳越过一定高度的橡皮筋的学习过程中，首先，通过游戏"踏点过河"复习巩固第一节课所学的单脚起跳、双脚落地的基础动作；其次，再导入"鲤鱼跳龙门"的游戏，让学生观看跑几步越过一定高度橡皮筋的连贯动作视频，引导学生尝试跑几步单脚起跳、双脚落地越过低高度的橡皮筋；再次，教师继续带领学生开展"翻山越岭"的游戏，通过调高橡皮筋的高度，让学生做到起跳有力越过一定高度的橡皮筋，并在橡皮筋前摆放垫子，提醒学生落地轻巧、屈膝缓冲。练习过程中，鼓励学生用"good（大拇指）"和"fighting（击掌）"的形式进行自评及互评；最后，通过"量力而行"的游戏比一比，让学生自由选择不同高度的橡皮筋进行学习成果的分层展示，教师巡视指导，最后进行总结评价。通过反复的学练，每个孩子都能在自己原有的运动基础上获得提高，从中体验运动的快乐。

结束部分。综合练习中开展"保卫森林"的游戏，通过设置不同的障碍物，启发学生结合生活实际，鼓励学生勇敢地闯过障碍，通过"爬、钻、滚、跑"的练习发展学生的上肢力量，以及身体的协调性，强调学生自主创新，逐步学会自主锻炼与评价，充分调动学生的积极性，达到本次课又一个小高潮。最后采用积极的放松形式——听音乐，教师创设"保卫森林成功"的游戏情境，与学生一起欢呼雀跃，放松舞动，让学生沉浸在音乐中，得到身心放松。

本次课，全课贯穿体育游戏，90%以上的学生掌握起跳有力、落地轻巧的动作，学习"保卫森林"的游戏方法和规则。发展学生跳跃能力，提高学生的手臂力量及上下肢协调能力。培养学生遵守规则、互帮互助、团结合作的品质，逐步形成遵纪守序，主动参与练习的好习惯。所以，课堂中体育游戏的设计，能充分调动学生的学练兴趣，也使教学效果得到很大的提高。

（二）学校活动中的作用

学校开展体育游戏是促进学生健康的重要途径，通过课堂以外的活动来开展体育游戏,使学生掌握游戏规则以及基本运动技能,培养学生的运动习惯,提高学生的技能水平,培养学生良好的意志品质,增强体质,促进身心健康,丰富课余生活,是学校开展体育游戏活动的根本目的。始终坚持健康第一的思想,建立正确的身体观、体育观、健康观、生活观,注重全面提高学生的核心素养,形成终身体育的意识。通过体育游戏,展现自我,自我激励,过程中量力而行,克服困难,与同伴相互鼓励,学会自尊、自信的同时,也学会尊重他人,互帮互助,形成自我人格,以及优良品质。

以我校阳光体育的开展为例:

1. 活动项目

一年级:1. 动物钻圈　　2. 踩低跷　　3. 跳袋　　4. 羊角球

二年级:1. 青蛙跳　　　2. 小皮球　　3. 小推车　　4. 跳跳球

三年级:1. 滚铁环　　　2. 粽子球　　3. 呼啦圈　　4. 托球

四年级:1. 降落伞　　　2. 打野鸭　　3. 羽毛球　　4. 脚踏车

五年级:1. 踩高跷　　　2. 篮球　　　3. 蹦蹦球　　4. 滚雪球　　5. 沙包

2. 项目安排表

一至四年级每四周循环一次:

	第1周	第2周	第3周	第4周
1班	1	2	3	4
2班	2	3	4	1
3班	3	4	1	2
4班	4	1	2	3

五年级每五周循环一次:

	第1周	第2周	第3周	第4周	第5周
五(1)班	1	2	3	4	5
五(2)班	2	3	4	5	1
五(3)班	3	4	5	1	2
五(4)班	4	5	1	2	3
五(5)班	5	1	2	3	4

3. 阳光体育活动时间

周二、周四上午 8∶15—8∶45。

周一中午 12∶20—12∶50,活动项目：毽子或短绳

4. 其他安排

雨天改为室内体育活动,以下教师调剂进班开展室内活动：

一（4）班　陆海云　李蕴白

二（2）班　徐　炜　吴佳莉

四（1）班　王　珏

五（4）班　王晓云

巡视：张华；指挥调动：潘昵昵（机动）；区域负责：李佳伟、马金乔、吴仁超；音乐调控：体育组；卫生监督：周以竹。

5. 备注

各班级班主任带领学生准时到指定的活动区域,做好班级的安全管理和组织指导工作。负责体育游戏项目的老师于 8∶15 之前,提前做好器材准备工作；在活动中做相应的指导,在活动结束后整理器材并归还到器材室。

以上是我校开展阳光体育活动,学生每周除上课以外参与体育游戏的具体安排。根据实际参与情况来看,学生在参与这类体育游戏时积极性特别高,运动效果也极佳。通过体育游戏中的规则和纪律,他们团结协作,互相竞争,顽强克服阻碍,积极获得成功,从中收获自信、喜悦、帮助和友谊等,相互之间得到情感的交流和意志的培养。可见校内开展体育游戏的重要性。

（三）家社活动中的作用

体育游戏对落实学生体质健康管理是一个有力的保证,加快学生掌握各类体育游戏的速度,并从中掌握各类运动技能,而运动能力的提升光靠体育课堂中的一点时间进行学练是远远不够的,所以学生参与体育游戏进行身心锻炼不能只局限于课堂,应根据自身的运动能力以及学习兴趣,适当在学校以外的环境当中进行游戏活动,通过各类体育游戏,促进学生提高运动技能并增强体能。

1. 体育游戏在家庭活动中的作用

体育游戏在家庭中开展时,可以拉近亲子关系,活跃家庭氛围。在游戏中,亲子之间的情感得到交流。家长通过游戏规则的建立,督促孩子遵守游戏规则,引导孩子养成良好的行为习惯。家庭教育决定了孩子日后发展的潜力与趋势,为了孩子的

健康发展和亲子关系的和谐发展,家长要重视体育游戏,以游戏促进学生在身体、生理、心理诸方面的有效发展。比如运物接力、两人三足、行走毛毛虫等多类集体游戏都可以作为亲子游戏来开展。

以游戏搬运工为例:

游戏名称:搬运工。

游戏目的:发展手臂力量,以及身体控制能力,增强合作意识。

游戏准备:两个盆、玩偶若干。

游戏方法:空出一块场地,中间放置两个盆,把相同数量的玩偶放至两边指定的同距离区域,从两边同距离的起点开始,两人正面仰卧朝上,四肢触地将身体支撑起来,听到开始,同时出发,从两边向中间放置盆的区域运送玩偶,运送快者即胜。

游戏注意事项:若是玩偶在运输过程中掉下来,应从起点处重新开始。

经过对学生的询问了解到,在家里玩这类游戏时,家长的参与度很高,一人陪同孩子进行游戏的比拼,另一个作为裁判,发令游戏的开始和结束,并且裁定胜负,游戏的氛围很轻松,学生也很乐意参与家庭的体育游戏。有家长一起参与,学生运动更积极,而家长也通过体育游戏对孩子的身体运动能力,以及行为习惯有一个简单的了解,拉近亲子关系,促进家庭情感的进一步沟通。父母参与孩子的游戏过程,寓教于乐,在和谐轻松的氛围中陪伴孩子运动和成长,培养他们良好的行为习惯和优秀的意志品质。所以体育游戏在家庭中开展也具备较积极的教育意义。

2. 体育游戏在社会活动中的作用

在社会活动中,体育游戏其实也是一种"社交货币",在维持和改善人与人之间的关系方面有着独特的作用,起到了很好的桥梁作用。合理地进行体育游戏,拉近伙伴之间的距离,通过游戏中对待事物的态度、方式、方法以及人际关系的处理,帮助学生形成独立自主的个性,培养勇敢、坚强、友爱、互助等品质。

以小区的健身乐园为例:每天经过小区的花园,总能看见一些小朋友或是老年人在健身区域活动,在这里不分年龄,不同身份的人在同一片场地上一起游戏,一起活动,大家相处和谐,氛围轻松,可以结识不同的伙伴。通过体育游戏活动约束自己的言行、观察、思考、沟通、交流,去判断是非,了解对错,提升交际能力,探寻不同的人际关系。

所以,体育游戏丰富了课余生活,提高学生锻炼的兴趣,增进身心健康的同时,也促进邻里关系的健康发展,使生活变得美好而精彩。

三、体育游戏在小学体育教育中的影响

（一）对身体健康的影响

体育游戏可以起到锻炼身体、增强体质的作用。学生通过体育游戏进行运动实践，增强身体各部位的肌肉力量，提高心血管系统的工作效率，促进呼吸系统和运动器官的良好发展，从而发展学生的运动能力。体育游戏是体育活动中的一种综合性手段，参与者发挥主观能动性，获得锻炼的效果，也可以体验游戏过程中的趣味，体育游戏作为体育教学中的基本内容之一，可以使学生掌握知识技能并达到强身健体的目的。

（二）对心理健康的影响

体育游戏可以改善小学生的心理状况。面临学习、考试、互相竞争等多种压力，学生会产生一些紧张、焦虑和不安的反应，通过参与体育游戏，可以宣泄不良情绪，排除心理紧张，放松身心，调整状态，维持平衡的心理状态。体育游戏还可以提高学生的智力，体育游戏的参与和学习跟认知活动一样，依赖于学生的知觉、记忆、思维、注意等综合认识能力，所以坚持参与体育游戏，还能改善个人的智力发展和促进学习进步。

（三）对意志品质的影响

体育游戏可以造就小学生刚强的意志品质，在游戏中不断战胜困难，克服一切外在因素，如气象条件的变化、动作难度、恐惧心理、疲劳状态等因素，对培养英勇、果断、坚强等意志和高贵的道德品质，发奋进取、自强不息的精神等都有重要意义。通过游戏，建立自信心，在体育游戏中，不断克服困难，挑战自我，增强自信，展现自我，亲身体验成功，能够帮助参与者不断建立自信心。

（四）对社会适应的影响

体育游戏在小学阶段可以迅速建立和谐的人际关系，培养学生正确的自我意识。在体育游戏中，学生对自身及其客观事物相互关系之间的反应，包括自我评价、自我认识、自我体验、自我控制的形式进行适当的估计，在这个小小的社会环境中，通过参与体育游戏运动，战胜孤僻，忘掉烦恼，扩展人际往来，提高社会适应才能，不同的性格通过集体性的体育游戏得到各自的发展。

总之,体育游戏以身体练习为主,以游戏活动的形式开展,以发展身心为目的,在体育教育中发挥着重要的作用,在学生的成长阶段也是一项不可或缺的游戏活动。坚持"健康第一"的理念,掌握体育游戏活动中的知识、技能和方法,锻炼身体,提高健康水平,建立正确的身体观、体育观、健康观和生活观,全面提高学生的核心素养,使学生形成终身体育锻炼、保持健康的意识,掌握基本方法,树立崇尚体育、热爱运动的现代体育意识。

参考文献:

[1] 朱学雷,肖旻婵.体育职业心理学[M].上海:上海科学技术文献出版社,2010.

[2] 赵夏娣.运动与心理健康[M].西安:西北工业大学出版社,2010.

指向核心素养的表现性评价

——以小学牛津英语 2BM4U2 Mother's Day 为例

上海市浦东新区进才实验小学　倪丽梅

【摘　要】为了在课堂中更好地落实学科核心素养，并注重"教—学—评"一体化设计，我们亟需方式多样、素养导向的评价方式。指向核心素养的表现性评价旨在检测高水平的、复杂的思维能力，并在这个过程中促进学生获得这些能力。本课例尝试将表现性评价嵌入日常教学。

【关键词】核心素养　表现性评价

一、研究背景

新修订的义务教育课程方案强调了核心素养育人目标的重要地位。以英语为例，英语新课程标准（2022年版）同样强调核心素养作为育人目标的重要作用。英语学科的核心素养包括语言能力、文化意识、思维品质和学习能力等方面。这些核心素养中包含认知素养，也包含非认知素养。传统的纸笔测验或许能够高效地检测学生对于事实信息的识记、简单技能的操作，但是在评估非认知素养等核心素养方面却显得无能为力，甚至可能出现相悖之弊，显然有碍核心素养的培育。

为了在课堂中更好地落实学科核心素养，并注重"教—学—评"一体化设计，我们亟需方式多样、素养导向的评价方式。表现性评价在外国的教学中已经是重要的一部分。表现性评价不仅能检测素养，更重要的是能促成素养的养成。其促进素养养成的功能主要通过在真实情境中创造解决问题的机会、引起学生的积极投入与主动建构、支持学生的自我调节学习来体现。素养导向的学习变革呼唤表现性评价。指向核心素养的表现性评价旨在检测高水平的、复杂的思维能力，并在这个过程中促进学生获得这些能力。但是表现性评价在国内却还处于起步阶段,英语学科的表现性评价案例多为初高中阶段。本研究通过行动研究,丰富小学阶段的英语学科表现性评价案例。

二、国内外研究现状分析

1.国外表现性评价的相关研究

表现性评价已经成为西方国家教育评价体系中极为重要的一部分。很多高学业成就的国家都认识到,课堂内的表现性任务可以培养并评价一些更为复杂的技能,它们能及时给教师们提供形成性信息来帮助学生们改进学习。它们使得教师们对于标准的理解更加深入,更清楚如何去教学,也使得教师们能更了解他们的学生以及学生们是如何学习的。[①]芬兰对准教师的培训内容非常注重如何使用形成性表现类任务来辅助学生的学习。瑞典学校选用一些诊断材料来评价学生的瑞典语、数学以及英语。英国根据学科的不同,课堂任务会占据最终考试成绩的25%～60%。澳大利亚许多州都开发了结合统一评价和校内评价且包含了表现性成分的评价模式。新加坡政府聘请了澳大利亚昆士兰州系统的设计人员开展和完善了表现性评价。[②]表现性评价的理论研究和实践应用都已经非常深入。它的理论发展经历了理论准备阶段(代表人物有威金斯和斯蒂金斯)、实践应用阶段(彼得·艾瑞逊、詹姆斯·波帕姆、艾伯特·奥斯特霍夫、詹姆斯·麦克米兰、凯瑟琳·蒙哥马利等发表著作)、丰富发展阶段(代表性的作者有迈克·谢米斯、詹姆斯·波帕姆、詹姆斯·麦克米兰、肯尼斯·摩尔、加颜缇·拜涅吉等)。西方表现性评价的实践与应用大致经历测量时代(19世纪后半期—20世纪30年代)、描述时代(1933—1960)、判断时代(1961—1980)和建构主义评价时代(1981至今)。它的理论基础是基于皮亚杰、布鲁纳的构建主义理论及霍华德·加德纳的多元智能理论。近代语言学的发展为表现性评价的出现做了很好的铺垫,其中,韩礼德的系统功能语言学的影响更为深入。[③]任务的设置是表

① 琳达·达令-哈蒙德.超越标准化考试:表现性评价如何促进21世纪学习[M].陈芳,译.长沙:湖南教育出版社,2020:6.
② 琳达·达令-哈蒙德.超越标准化考试:表现性评价如何促进21世纪学习[M].陈芳,译.长沙:湖南教育出版社,2020:84-124.
③ 陈彩虹.英语学科表现性评价研究[M].上海:复旦大学出版社,2022:29-48.

现性评价的核心要素。基于任务的语言评价的重点在于表现和任务结果。[①]麦克纳马拉指出,任务完成主要是根据现实世界的表现标准来判断的。[②]

2. 国内表现性评价的相关研究

我国国内英语学科表现性评价的研究相对较晚。2010年至今,国内对表现性评价的关注与研究明显增多。从2016年开始,相关文献有增多趋势。国内英语学科表现性评价的应用主要集中在英语口语和写作教学中。相关文献的出现,表明国内新一轮课程改革以来,构建新的学生评价体系得到越来越多的关注。王斌华教授指出,表现性评价强调的是"应会"。从学生的认知规律看,只有做到眼到、耳到、手到、心到,才能消化所学的知识,并将知识转化为实际能力。[③]周文叶指出,有效评价的关键在于学习结果与评价方式的匹配;表现性评价能检测客观的纸笔测验检测不了的学习结果。[④]霍力岩、黄爽认为,表现性评价是按照一定标准在真实或接近真实的情境中,对学生完成任务的过程和表现进行的观察和判断。[⑤]表现性评价作为一种新型的评价方式,它的重要性也日益凸显。但付诸行动的人还是太少,需要更多的人对英语学科表现性评价进行探索。

三、课例实践

本课例尝试将表现性评价嵌入课程与教学。这是走向大任务、大主题、大单元的课程设计与实施。这也正是基于学科核心素养的新课标的要求。将评价嵌入课程与教学的设计思路,见图1。从中国学生发展核心素养总框架出发,研究本学科的核心素养内容,确定小学学段的目标为一级和二级,每个级别涵盖语言学习能力目标、文化意识目标、思维品质目标和学习能力目标。对照相应等级的学段目标,学期开始之前,总结提炼本学期重点落实的培养目标。在进行本学期每单元的教学设计时,进行参照。这样可以避免孤立设计学习单元而导致整个课程的不连贯性。

① Skehan, P. A Cognitive Approach to Language Learning[M]. Oxford: Oxford University Press, 1988: 10–19.

② McNamara, T. F. Second Language Performance Assessment: Theory and Research[M]. London: Longman, 1996: 30.

③ 王斌华.学生评价:夯实双基与培养能力[M].上海:上海教育出版社,2010: 76.

④ 周文叶.超越纸笔测试:表现性评价的应用[J].当代教育科学,2011(20): 12–16.

⑤ 霍力岩,黄爽.表现心评价内涵及其相关概念辨析[J].西北师大学报(社会科学版),2015 (3): 76–81.

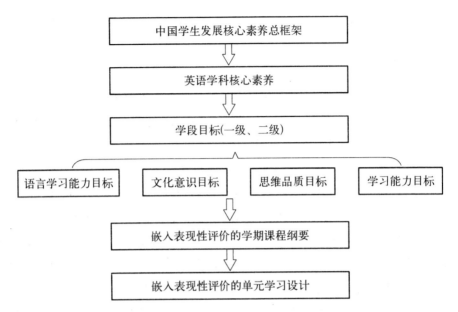

图1　指向核心素养的表现性评价嵌入课程与教学的设计思路

表1呈现的是嵌入表现性评价的学期课程纲要（吴刚平等，2022），并以上海小学英语牛津二年级下学期教材为例。评价设计和课程设计是同时展开的。表2呈现的是嵌入表现性评价的单元学习设计，并以小学英语牛津二年级下学期教材中第4板块第2单元的内容为例。

表1　嵌入表现性评价的学期课程纲要

一、课程目标 本学期关键学习结果（核心素养在本学期本门课程中的体现）
二、课程评价 表现性评价（评分规则）、其他评价；如何实施；结果如何呈现
三、课程内容 根据目标与学习经验选择与组织内容；分享课程纲要
四、课程实施 学习方式的多样化、任务情境化（表现性任务）；指向目标实现

5月中旬，正值母亲节来临之际，教师根据实际情况，调整教学内容，将学生原本6月上旬学习的内容2BM4U2 Mother's Day，提前至节日前夕进行教学。并设计如下单元学习内容，见表2。

表2　嵌入表现性评价的单元学习设计（初步设计）

1.单元名称：Oxford English 2BM4U2 Mother's Day（母亲节）

2.单元学习目标（指向核心素养）

（1）通过头脑风暴、阅读故事、汇报交流，举例说明母亲节来临之际我们能够为母亲做的力所能及的事情，尝试向母亲表达爱意。

（2）通过角色扮演、诗歌诵读，学习向母亲表达节日快乐的常用祝福语，愿意用行动向母亲表达爱意。

3.评价设计：单元任务+评分规则

【单元任务】能够在母亲节来临之际，为母亲节做好准备，并于母亲节当日向母亲表达爱意。

【评分规则】

评价指标	评　价　标　准		
有计划 （4星）	能够想出5点以上母亲节向母亲表达爱意的方式。 ☆☆☆（　）	能够想出3～4点母亲节向母亲表达爱意的方式。 ☆☆（　）	能够想出1～2点母亲节向母亲表达爱意的方式。 ☆（　）
有行动 （3星）	能够制作简单的母亲节贺卡、书信或者气球，书写规范，适当美化，内容个性化。 ☆☆☆（　）	能够制作简单的母亲节贺卡，书写规范，适当美化。 ☆☆（　）	能够制作简单的母亲节贺卡，书写规范。 ☆（　）
有表达 （3星）	自信大方地用英语向母亲表达节日祝福，3句以上，口齿清楚。 ☆☆☆（　）	能够用2句英语向母亲表达节日祝福，口齿清楚。 ☆☆（　）	能够用1句英语向母亲表达节日祝福。 ☆（　）

4.嵌入学习过程的任务串

子任务1　为母亲做准备：准备一份母亲节礼物（贺卡、写信、康乃馨、气球任选）。

子任务2　母亲节表达爱意：用课堂学到的英语向母亲表达节日祝福和爱意。

5.作业与检测

（1）制作一份母亲节礼物，比如给母亲写信、制作母亲节贺卡或者母亲节气球。

（2）向母亲表达母亲节祝福，比如给母亲拥抱、亲亲母亲、端茶、送贺卡、说祝福语等。

6.反思

【设计意图】

《母亲节》这一单元，是实践性很强的课。按照以往的要求，词句的正确朗读和抄写是很关键的。但是，根据新课标素养导向和育人本位的理念，我们鼓励孩子通过运用所学去表达爱意、去感恩母亲。由于我们要在母亲节当天向妈妈表示感谢，所以我们在节日前要有计划、有准备，在节日当天有行动、在语言上有表达。因此，在设计量表的时候，我从单元的角度出发，分为三个评价维度"有计划""有行动"以及"有表达"。凡事预则立，不预则不立。做事前的计划，是很重要的。为此，"有计划"是四星。我们通过头脑风暴，会得到很多的想法，但是，对小学生而言，他们能量力而为的事情，也是有一定的限度的。哪怕只有一个想法，也是值得鼓励的，所以最低有两颗星。计划的目的是希望学生在母亲节当天有所行动。制作一张贺卡，对于二年级的学生而言是容易动手完成的。在制作的过程中，涉及祝福语的英语书写规范和格式、贺卡的美化和个性化的装饰。根据贺卡制作的难易程度，分为一星到三星。在生活中，有些学生能够"有计划""有行动"，但是羞于语言上的表达。我们鼓励学生将爱大声表达出来，将英语在实际生活中运用起来。根据表达祝福语的数量，分为一星到三星。整个量表的星星总数量为十颗星。

【设计说明】

单元学习目标设计过程与依据

（1）课标要求

小学二年级英语根据课标属于预备级，以听说为主。我校地处上海市浦东新区联洋国际社区，学生一年级入学伊始普遍已有一定的英语学习基础，经过近两年的英语学习，学生的英语学习程度在听说上接近课标一级标准。因此，在教学设计上，我们参考课标一级内容。

① 内容要求

● 主题

单元主题	Mother's Day
范 畴	□人与自我　☑人与社会　□人与自然
主题群	历史、社会与文化
子主题内容	常见节假日，文化体验
育人价值	爱自己的身边人，懂得感恩

● 语言知识、语言技能、文化知识、学习策略

语言知识	语音知识	● 借助拼读规则拼读单词 ● 使用正确的语音、语调朗读学过的对话和短文 ● 在口头表达中做到语音基本正确,语调自然、流畅
	词汇知识	● 在语境中理解 letter、card、balloon、carnation 等词汇的含义,在运用中逐步积累词汇 ● 在特定语境中,运用词汇描述节日物品和祝福用语,表达与主题相关的主要信息和祝福
	语法知识	围绕 Mother's Day 主题,在语境中运用所学语法知识交流、向母亲表达自己的祝福
	语篇知识	● 发现对话语篇中的逻辑关系 ● 利用语篇的标题、图片等信息辅助语篇理解
	语用知识	能在讨论母亲节礼物和送母亲节日礼物的语境中,初步运用所学语言,得体表达自己的情感、态度和观点
语言技能		● 在听、读、看的过程中有目的地提取、梳理所需信息 ● 表达简单的情感,如喜欢 ● 大声跟读录音视频材料,正确朗读学过的对话和文段 ● 用简单语句描述图片或事物 ● 在教师指导下进行简单的角色扮演 ● 根据图片或语境,正确书写单词和句子,仿写简单的句子
文化知识		母亲节的简单信息
学习策略		☑元认知策略　　☑认知策略　　☑交际策略　　☑情感管理策略

● 语篇分析

语篇类型	语　篇　内　容
Listen and say 日历、独白、书信	日历显示母亲节,女孩子思考自己可以为母亲节做些什么,最后她通过写信,向妈妈表达爱意
Say and act 日历、日常简单对话	日历显示母亲节,男孩子给妈妈递茶、送贺卡等表达节日祝福和爱意
Make and play 配图说明文	图文介绍制作气球礼物的过程。学生通过动手制作,表达自己对妈妈的爱
Listen and enjoy 配图歌谣	图片歌谣,表达出内心的祝福和对妈妈深切的爱

② 学业质量

学生能够在主题范围内，围绕"母亲节"的主题，根据规定的语言知识和文化知识等内容要求，初步运用听、说、读、看、写等语言技能和学习策略，依托语篇，感知不同的语言和文化现象，获取基本信息，与他人进行简单交流，具有初步的问题意识，尝试反思学习情况，抱有对英语的好奇心，积极参加课堂活动，愿意与同学合作、交流。

（2）大观念提炼

核心素养	核心概念	一般概念	子观念分解
责任担当	社会责任	懂得感恩	体谅父母，表达爱意

（3）教材分析

① 单元主题内容结构图

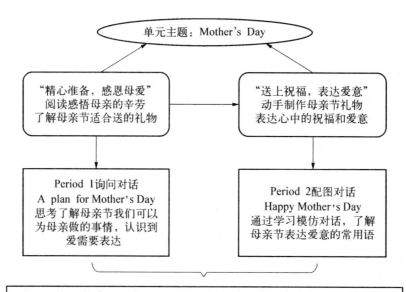

② 单元学习目标

【知识与技能】

a. 掌握本单元核心词汇card, letter, carnation, balloon等的音、形、义和规范书写；

b. 能在语境中运用句型Happy Mother's Day! What can I do for ...? Here's a gift for you. Have a cup of tea, Mum.进行表达及规范书写。

　c. 能在语境中,理解语篇内容,获取相关信息,进行简单复述。

【主题与文化】

　了解母亲节的基本信息,能够有计划准备,并送出祝福。

【思维与策略】

　通过文本视听、信息寻找、信息判断、阅读思考、问答交流等形式完成学习任务,形成理解力、分析力、判断力、评价力、综合力。

【重点、难点】

重点:

a. 能在语境中提取并梳理有关节日礼物的相关信息。

b. 能在语境中形成自己有关母亲节的计划,并实践落实。

难点:有逻辑地表达自己有关母亲节的计划。

【单元学习任务】

　能在讨论母亲节计划的语境中,以小组或个人的形式,借助板书和多媒体课件等辅助手段,运用核心语言和语言框架,口头或书面描述自己的母亲节计划,要求内容完整,表达流利,拼写及语法基本正确。

　③ 分课时学习目标

	知识与技能	主题与文化	思维与策略	学 习 任 务
第一课时	1. 能准确理解核心词汇carnation、card、letter、balloon并能模仿跟读。 2. 能听懂并初步感知核心句型 "What can I do for Mum? I love you." 并尝试模仿运用核心句型交流各自的母亲节计划。	了解母亲节的基本信息和自己力所能及的节日送祝福的计划。	通过文本视听、问答交流等方式理解语篇内容,学习理解礼物类词汇,并进行简单识别,能在语境中使用。	能在Cindy与家人、朋友讨论母亲节的语境中,了解不同的早餐习惯;运用核心词汇与语言框架,询问母亲节计划的建议。初步树立感恩的意识。要求语音基本正确、内容基本完整、准确。
第二课时	1. 能准确朗读并拼读carnation、card、letter、balloon等礼物类词汇。 2. 能准确朗读,并初步模仿运用核心句型 "Happy Mother's Day! Here's a gift for you. Have a cup of tea, Mum. I love you, Mum!" 等表达爱意。	了解常用的母亲节祝福语,向母亲表达爱意。	通过文本视听、问答交流等方式理解语篇内容,能理解句子结构特点,听懂语篇获取信息。	能在母亲节送祝福的语境中,通过落实计划,向母亲表达爱意。要求语音基本正确、内容较为完整、表达基本流畅。

稽海耕农

在具体实施过程中，我们尽可能确保学生深度参与评价全过程，发挥学习主体作用。我们首先要确信学生知道自己将要完成什么样的任务；其次，我们要创造条件确保学生有机会做选择；再次，关注不同学生的不同学习经历；最后，我们对学生完成任务的能力的展示进行评价。

根据表现性评价的设计流程（陈彩虹，2022），我根据具体的单元主题的教学任务，进行教学实践、改进、再实践、再改进。

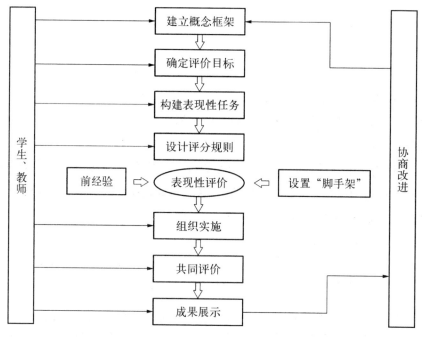

表现性评价的设计流程（陈彩虹，2022）

继续以节日文化主题为例子，该主题的单元教学内容渗透于目前小学英语每个学年的第二学期教材中，如表3。

表3 节日文化系列主题单元教学内容

年级和单元	单 元 主 题	课 时
1BM4U2	新年（New Year's Day）	2
2BM4U2	母亲节（Mother's Day）	2
3BM4U2	儿童节（Children's Day）	4

（续表）

年级和单元	单　元　主　题	课　时
4BM4U2	中国节日（Festivals in China）	4
5BM4U2	西方节日（Western holidays）	5

　　当我们研发出单元表现性评价模板之后，我们将根据不同年级的学情和课程标准，进行改进，形成节日文化主题系列的单元表现性评价案例集。继而尝试推广运用至其他主题系列的单元教学内容中。今后如果研发成功，可以将指向核心素养的表现性评价模式推广运用至其他学科。

四、总结和反思

　　在这次的课堂实践中，我按照"有计划—有行动—有表达"的评价板块去设计单元课的内容。评价表设计之初，和以往一样，根据学生所获的星星数量去划分优秀（8～10星）、良好（5～7星）以及合格（1～4星）。但是在评价的过程中，我们会发现以下三种情况：① 某个孩子知道很多母亲节向妈妈表达爱意的方式，但是他在母亲节当天并没有去实践。② 某个孩子在上课前，只有一个点子，但是通过课堂学习，他了解到不少好主意，母亲节当天他给了妈妈五个惊喜。③ 某个孩子很执着于一个想法，因此母亲节只为妈妈做了一件事情，只说了一句表达节日祝福语的内容。第一种情况，学生在知识储备上是成功的，但是在实践上，是让我们比较遗憾的；第二种情况，是比较理想的状态，学生的行为表现是课堂学习效果的体现，他行为上的变化，是他课堂所获满满的表现，他的妈妈也因为孩子暖心的行为，而发朋友圈感慨了一番；第三种情况，这个学生虽然按照星星数量，只有三颗星，但是他对妈妈的爱意，一点都不比获得十颗星星的孩子少。因此，我认为，在这个表现性评价量表中，我们并不需要根据星星的数量给学生划分等第。学生根据量表，知晓向妈妈表达爱意的过程，能够有计划、有行动、有语言上的表达，在自己比较薄弱的环节，下次能够改进。这样的反思过程，比优秀、良好和合格的等第评价更能促进学生的学习成长。

　　在表现性评价的学习环境中，不管星星数量的多少，几乎所有的学生都能从中获得成就感。我们也用传统的纸笔测试，考查了学生的学习程度。虽然也是用星星数量去计算然后转化成学生的优、良、合格等第，但是获得合格的学生，失落感是非常大的。他对于母亲节精心的准备、制作贺卡时一笔一画的认真劲、为了向妈妈表达爱意一遍遍练习祝福语的真诚,都无法从纸笔测试中得到肯定。并不是说,纸笔测试不好,它的局限性对于小学二年级的学生而言,是显而易见的。他们更需要教师引导心怀感恩、了解做事的流程、鼓励人际的交往,而不仅仅是反复地、机械式地复习"考试(课堂摘星星等其他名称、但实质没变的考试)"内容。一个课堂摘星星获得满天星,但是明知当天是母亲节却对妈妈无所表达的孩子,也是令人担心的。

当然,在表现性评价的过程中,我也发现,鉴于小学生的理解能力,评价量表中的文字内容应该简洁明了,尽可能用数字,这样更容易量化和评价。在评价前,对于评价内容,可以进行简单的讲解,并解答学生的疑惑。

在日常的课堂实践中,我也认识到,在英语语言能力评价方面,可以通过情境式模拟真实听说或者读写,比如角色扮演、小组谈论、演讲等。在文化意识评价方面,可以通过问答、讨论、作品展示等方式评价学生对英语国家文化的了解和认识,同时尝试用英语表达我们自己的文化故事。在英语思维能力评价方面,我们可以通过小组讨论、问题解决、思维导图等方式来评价学生的思维能力和方法,以体现"用英语思考、表达问题和解决问题的能力"。在学习能力评价方面,通过自评、互评、家长评价和师评,检测反馈学生的自主学习管理能力。

表现性评价的应用,重视学生认知能力、思维能力、情感态度和价值观多方面能力培养。教师可以在教学设计当中融入表现性评价任务,增强评价适用性,以评价调动学生主观能动性,用任务指导学生运用语言知识,提高素养,让评价和教学深度融合。

参考文献:

[1] 吴刚平,安桂清,周文叶.新方案·新课程·新征程:《义务教育课程方案和课程标准(2022年版)》研读[M].上海:华东师范大学出版社,2022:84.

[2] 陈彩虹.英语学科表现性评价研究[M].上海:复旦大学出版社,2022.

[3] 王蔷,张虹.高校与中学英语教师合作行动研究的实践探索[M].上海:教育出版社,2012.

[4] 中国人民共和国教育部.义务教育英语课程标准(2022年版)[S].北京:北京师范大学出版社,2022.

浅议小学语文教材中插图的运用

上海市浦东新区进才实验小学西校　宣丽君

【摘　要】小学语文新课标指出："结合上下文和生活实际了解课文中词句的意思，在阅读中积累词语。借助读物中的图画阅读。"小学语文教材中，许多课文都附有精彩的插图，该怎么正确有效地运用这些插图呢？笔者通过查阅相关文献、实地调查和访谈，从插图的作用与存在的问题、插图运用的基本策略和插图运用的注意点这三个方面，来论证插图是辅助课文学习的一种手段。在有效策略的支持下，其可以培养学生诸方面能力。

【关键词】小学语文　插图运用

一、插图的作用与存在的问题

在当下的小学语文教材中（特别是低年级教材），附有不少切合课文内容的插图，大都形象生动、色彩鲜艳、简洁直观、传情达意。

（一）插图的作用

1. 符合小学生身心特点和认知规律

课本插图是教材专家根据小学生的生理、心理特点为课文设计的，能够满足他们对新鲜事物的好奇心，是一种刺激需要，有利于集中学生的注意力、促进学生思维的发展、增强学生的记忆效果、提高学生学习的效率。目前，语文教科书中都有插图，特别是小学低年级的课文中，插图越来越多，色彩非常鲜艳，简洁又直观。如果教师和学生不好好利用课本插图，不但插图的功能得不到应有的体现，而且还会造成教学资源的巨大浪费。

2. 营造紧扣课文主旨的教学情境

每篇课文所对应的插图都是紧紧围绕课文内容的,它会把课文的主旨与要义绘画在书本的一角,教学时如果能充分利用插图,会有意想不到的收获。比如在部编版语文教材四年级下册《天窗》中,题目上的插图可以拉近学生与课文的距离,让学生真切理解什么是天窗,因为生活中他们也许没看见过天窗。四年级下册《琥珀》的插图也有这个用处,直观地让学生了解什么是琥珀。有效地运用插图展开教学,会给学生营造特定的教学情境(特别是低年级的学生),可以激发学生的学习兴趣,从而获得良好的教学效果。

3. 体现图文并茂的美感与育人价值

课本插图大都具有图文并茂的美感。结合课文解析插图,其育德怡情的价值便会直接或间接地渗透于教学过程中。

(二) 存在的问题

1. 学生方面:兴趣点在好奇心

学生在刚拿到教科书的时候,最感兴趣的还是课本中的插图,但他们大都是被鲜艳的颜色吸引,因为好奇而去观看,一阵喜欢后,没有下文了。这符合小学生的认知心理。倘多加引导,他们的审美意识和层次会有提升的。

2. 教师方面:缺乏对插图作用的充分认识

为了解现今小学语文教师运用插图开展教学的概况,笔者在本校展开了一次调查。

表1　我校语文教师利用课本插图的情况

在实际教学中,您经常利用插图	百 分 比
1. 帮助学生理解课文	81.6
2. 激发学生阅读兴趣	82.9
3. 培养学生的观察能力	83.7
4. 引发学生想象	57.6
5. 加强学生对课文的记忆	58.9
6. 帮助学生感受课文语言的精确性和生动性	33.2

（续表）

在实际教学中,您经常利用插图	百 分 比
7. 吸引学生注意力	55.4
8. 对学生进行审美教育	28.7
9. 培养学生创新能力	22.4

可见,当下小学语文教师对课本插图的作用尚缺乏足够的认识。他们对于插图的使用方式还不熟练,很多教师对插图的使用还是听凭直觉的驱使,使用插图的频次较低,插图的功能(特别是6、8、9的功能)未能体现。出现这种状况,既与教师长期以来的传统经验有关,也与当下的教学研究中忽视对"插图功能与运用"的探讨交流相关。

小学阶段,学生正处于视觉发展的最佳年龄段,怎样运用好插图这一辅助教学的课程资源也就成了一个绕不开的话题。

二、插图运用的基本策略

(一) 插图识记策略

1. 帮助学生理解插图

在学习课文前,教师应与学生一起阅读插图,来帮助学生理解插图。对于不同的插图,也有不同的阅读方法。在阅读有丰富细节的插图时,学生往往会分散注意力。此时,教师可引导学生阅读插图中与要点有关的细节,教会学生选择性地阅读;在阅读相对简单的插图时,比如四年级下册《母鸡》这课的插图,教师可以让学生先想象,再画一画这幅插图的引申版,帮助学生了解母鸡的前后变化,从而体会作者从一向讨厌母鸡到不敢讨厌母鸡的情感变化。教师在引领学生阅读插图时,还可启导学生将插图中所展现的内容用语言表述出来,帮助学生理解插图的内涵;也可以让学生在预习的时候提取插图的信息,写写观察插图以后的感想。在训练写作能力的同时,也提高了学生的想象力。

2. 帮助学生记忆插图

心理学指出:记忆可以分为长时记忆和短时记忆。学生自己看插图,一般都是短时记忆,过了一会儿就全忘记了。如何使他们更好地记住插图呢? 这就得让他们的短时记忆转变为长时记忆。可以尝试以下几种方法:(1)教师可以将插图与课文背景联系起来,让学生感知插图背后的故事。例如,在学习四年级下册《黄继光》一文时,插图占了整整一页,集中凸显了插图对于本课教学的重要性。教学时,可以边让学生观察插图,边向学生介绍事件的背景,让学生在观察插图的时候,体会黄继光的大无畏的革命精神以及战争的残酷性,培养学生的爱国主义思想和革命英雄主义精神,拉近了文本与他们之间的距离。(2)在预习课文时,可以让学生观察插图后提出问题,这样学生对插图的记忆深刻,同时也让学生知道插图可以帮助他们解决一些课文中不易理解的问题,在以后的学习中,他们就会渐渐地去观察分析插图,养成良好的预习习惯。比如预习四年级上册《走月亮》时,可以引导学生观察插图提出问题,孩子们肯定会问什么是走月亮,教师可以借助插图来解释这个问题,这样既便于学生理解,又不需要花费太多时间去解释课文内容,能直观、便捷地帮助学生理解课文。

(二) 插图巧用策略

1. 借助插图导入、总结课文

语文课的导入环节有其独特作用,可以说是一节课的引领之举,利用课本插图导入课文,可以激发学生的兴趣,满足学生的求知欲与好奇心。小学生喜欢形象直观的东西,对画面特别感兴趣。通过调查我班同学,班中大约80%的学生认为语文教材中的插图很漂亮,75%的学生很喜欢课本中的插图。所以,教师在教学中可以抓住学生这一认知心理,利用课本插图的趣味性来促进学生对课文内容的理解。比如在教学三年级下册《燕子》一课时,可利用课文的插图来导入,先让学生看插图,尝试用自己的语言描述、想象画面的意境:雨后的湖边,翠绿的柳树、青青的草地和鲜艳的花朵点缀着五彩缤纷的春天,活泼可爱的小燕子,有的在飞行,有的在停歇……学生们看着书上的插图,想象着如此美丽的春景,如此可爱的燕子,仿佛身临其境,从而为学生阅读课文创设了生动的情境,学生的阅读情趣便会油然而生。运用插图不仅可以导入课文,还可以用来总结课文,揭示课文的主旨。如教授二年级上册《难忘的泼水节》一课时,教师可以这样总结:图中周总理与傣族人民的神情举止如何?由此引导学生体会周总理与傣族人民心连心的真挚美好的感情。

2. 借助插图训练表达

语文教学的重要目标就是发展学生的表达能力。教师可以利用课本插图训练学生说话或写作,既锻炼了学生的口头、书面表达能力,又丰富了学生的想象力。比如在学习四年级下册《小英雄雨来》的时候,可以让学生观察插图中雨来和妈妈的表情,想象一下他们的对话,进行语言训练,帮助学生体会雨来与妈妈之间的情感。

插图不仅可以训练学生的口头表达,还可以训练学生的书面表达。比如在学习三年级上册《胡萝卜先生的长胡子》一文时,教师可以根据插图让学生思考后面会发生什么,尝试续写故事,学生通过观察一系列的插图进行想象,大大降低了写话的难度,从而更好地训练书面的表达。

3. 借助插图提问拓思

语文学习的任务之一是让学生学会辨析、学会思考,而小学语文课本中许多课本插图就是课文的重点难点内容的体现,或是文章中心思想的显露。比如三年级下册《赵州桥》一文中的插图,画的是赵州桥。教师教学时可借助插图提出这样的问题:这是一座怎样的桥?桥的设计有什么特点?拱形的桥洞有什么作用?让学生带着对这些问题的探究欲望看图读文,学生就更容易弄明白赵州桥的前世今生、坚固美观,以及它的设计是建桥史上一个创举的原因。这样不仅使学生对课文内容有了更深入的了解,而且也培养了他们思考探究问题的能力,当然也渗透了热爱民族优秀物质文化的教育。

4. 借助插图突破重难点

在讲授课文的过程中,教师可以将图片意义融合到课文学习中去,帮助学生理解文章。课文中的一些词语或句子比较抽象,学生理解起来存在一定的困难。同时,确实是有一些事物是学生从未见过或者年代比较久远的。通过让学生仔细看插图,能够拉近他们与文本间的距离。比如四年级上册《观潮》中的词语"漫天卷地""浩浩荡荡""山崩地裂",就可以很好地通过插图来加深学生的感受和理解,使学生感受到潮水壮观的气势。这样教学,就可以更直观更生动地让学生理解课文内容。

在学完课文以后,教师可以布置这样一个作业:根据课文内容进行合理的想象,为课文补画插图。比如,在学习三年级上册《美丽的小兴安岭》这篇课文时,课文介绍了小兴安岭一年四季不同的景色,而课文插图只是画了冬季的小兴安岭。学生可根据自己对课文的整体理解,对课文句子的品读,画画其他三季的景色。在完成这一作业的同时,也为复述课文打下了扎实的基础,突破了文章的重难点,真可谓一举多得。

5. 借助插图培养学生的能力

插图包含的内容非常丰富,如人物故事、花草树木、日月星辰、风土人情、童话故事等。在欣赏了那么多内涵丰富、景色各异的插图后,学生的审美能力会有显著提高。比如在学习三年级上册《富饶的西沙群岛》一文时,可以让学生欣赏书上优美的西沙群岛,从而提高学生的审美能力。

在阅读插图时,学生观察插图中的人物表情、动作等可以锻炼学生的观察能力,从而深入感知人物情感,还可以加深学生对课文的理解。比如学习四年级上册《麻雀》一文时,可以引导学生观察图中猎狗与麻雀的表情、神态及动作,感受猎狗的凶猛、庞大,以及麻雀的勇敢、渺小,在鲜明的对比之下感受到老麻雀伟大的母爱以及救子心切的坚定,从而体会文章所要表达的情感。学生在这一过程中,观察能力有了显著的提高。

在小学语文教材中,有许多红色革命的文章,它们配的插图都是伟大的中国共产党及革命烈士的形象,在学习课文的同时,学生会通过插图感知中国伟大的革命精神,产生热爱祖国、热爱生活的思想感情,为学生的道德发展提供了良好的"环境"。比如在学习二年级上册《八角楼上》一文时,学生可以通过观察毛主席挑灯夜读的插图,感受到伟人毛主席为中国人民的解放事业鞠躬尽瘁的献身精神,从小建树起爱党爱国、争做"好少年""接班人"的理想信念。

三、插图运用的注意点

除了以上几点,教师还可以根据课标要求和特定教材的教学目标,来设计如何运用好插图。为更好地体现课本插图的助教育人功能,现提出以下注意点:

(一)针对性原则

教师在教授课文时,须将课本插图和课文内容有机地加以整合,凸显针对性、适切性,否则将会失去插图应有的作用。而针对性、适切性主要体现在学生的学情实际上。教师应在图文并茂、有机整合的教学中,尽力发挥插图的激趣辅学、培养学生语文素养的功能。

(二)探究性原则

在课堂上,教师一般按照"发现问题→讨论探究→得出结论→归纳提升"这四个步骤来训练学生的思维与表达能力。这种学习流程同样可迁移至插图的运用上。即以插图辅助下的课文学习为线索,引导学生开展"四步骤"学习活动,让学生在自主探究、合作学习中夯实"双基"、培养能力。

(三)方法性原则

读图应该由表及里,逐步深化,方能读准悟透、把握图意。故而,教师应指导学生读图的方法,对不同插图采用不同的阅读方法。如"三动"读图法(动口、动手、动脑)等。这样学生就会在平时的日积月累中学会自主读图、析图的基本方法,从而使能力有所提高。

(四)动静结合原则

课本插图是静态的,也是动态的。在静态中呈现动态,就靠用好、用活的功力了。如配上生动的音乐、激情的描述等渲染手段可以让没有生命的事物"活"起来;而本质上的动静结合,体现在插图的用好、用活上,这是图文并茂、相映成趣的教学境界。

末了,再强调一点,课本插图是课文的有机组成部分。相较于课文内容,其只是辅助课文学习的一种手段。当然,对小学生(特别是低年级学生)而言,插图的辅助作用或者说功能体现是不可或缺的。

参考文献:
[1]左端银.谈谈小学语文插图教学的有效利用[J].教育教学论坛,2012(20).
[2]高淑华.用好小学语文教材中的插图[J].新课程研究,2011(05):10-11.
[3]吴琛.浅谈小学语文插图教学的有效利用[J].赤子,2015(06).
[4]徐燕燕.小学语文课本中"插图"的重要性[J].甘肃教育,2020(23).

摭谈基于人物描写的小学高年级作文教学策略

上海市浦东新区进才实验小学　　林洁稚

【摘　要】作文教学历来是语文教学中的重中之重。在新时代，作文教学更是培育学生语文核心素养的主要抓手之一。

本文以人物描写为切入点，简要罗列了小学高年级学生在人物描写中易出现的带有一定普遍性的通病，并做了归因分析。在此基础上，结合本人的教学实践，提出了若干纠偏匡正的应对策略。从本人任教的班级看，成效较为明显。

新时代、新课标背景下的作文教学，对小学语文教师提出了夯实基础、启智育能的要求。唯尽责尽心、竭诚劳作，才能固本开新、不辱使命。

【关键词】小学语文　人物描写　教学策略

一、引言

语文新课标中对各年段的写作目标都做了明确的要求。小学低年级作文教学大都是从看图写话起步的，到了中高年级就需要培养学生的观察意识和观察力，学会观察方法和素材积累，并在"我写我见"的习作中叙事写人，抒发自己的真情实感。

著名教育学家于漪老师曾说过："文章不应该是硬写出来的，而应该像汩汩的清泉从心坎里流出。清泉来自何方？来自五光十色的生活，生活中源头活水流淌，笔下的文章就会生意长流。"人物描写同样离不开生活的源头活水。唯有对人物的外貌、动作、神态、心理等做细致观察和揣摩，抓住特点进行生动描写，才能通过字里行间勾勒出人物的鲜活形象。

人物描写是小学高年级学生习作中的重要内容，也是小学语文作文教学的难点所在。因此,引导学生学会观察、描写人物,是落实新课标精神,培养学生语文素养的主抓手之一。

二、学生在人物描写中存在的问题及归因分析

根据多年来对小学高年级作文教学基本状况的审视和本人的作文教学实践,学生在人物描写中存在的共性问题有以下几点:

(一)外貌特征不明显

不少小学高年级学生在描写人物的时候,都存在外貌特征不够明显的通病。有的学生在描写人物外貌时过多使用套话,泛泛而谈;有的学生描写简陋、随意,难以凸现人物形象的外在特征。出现这样的通病,有两方面的原因:其一,缺乏对人物外貌描写重要性的认识,便用套话,机械照搬,敷衍了事。其二,缺乏对人物外貌的细致观察,抓不住特征;虽有文字描写,却粗放模糊。

(二)对话过多

对人物进行描写时需要有对话。对话是人物描写的有机组成部分,贴切、生动的对话不仅能丰富情节,流露人物的心理活动,更能凸显人物的性格。但不少学生在描写人物的时候,对话过多,且啰唆拖沓,或话不对题,而呼应人物对话的动作和神态却少见乃至被忽视。须知,过于依赖对话的人物描写,即使对话描写符合情理,也难以使人物的形象丰满生动,何况对话描写不尽如人意。出现这样的偏颇,原因较多。原因之一是:有些学生认为,对话描写相对于动作和神态描写比较直接简单,随心所欲地写上几句即可;而人物的动作和神态描写,务须细致观察,还得抓住特征,有一定难度,故而避而不写了。人物的动作和神态描写同样是为刻画人物服务的,应穿插于对话描写中。人物对话、人物动作和神态的描写都应精当、合理。

(三)素材选择不当

只有选择了合适的素材,才能有助于人物描写。但不少小学高年级学生在描写人物的时候,常纠结于如何选择恰当的素材。有些学生所选择的素材缺乏个性色彩,较难体现出人物的特征;还有些学生选择的素材是通用的、概念化的,给人以似曾相识之感。出现这样的情况,主要是因为这些学生对于素材与主题之间的一脉相承的逻辑对应关系缺乏了解,因而会乱用素材或套用常见的素材,随心所欲、应付了事。

（四）详略不当

有详有略、详略得当是写作的通则。对小学高年级学生而言，无论是写人还是叙事，都应学会详略结合、主次得当的写作方法。所有内容都详写，则冗长繁杂，不能凸现人物的特点，且给人以费时劳神的审美疲倦；均略写就会使文章简陋苍白，人物形象单薄，作文缺乏张力感、层次感。缘由是不少学生不知如何处理不同素材之间的关系，以及不同素材在表现人物个性特点上的作用大小。当然亦与日常的观察、积累有关。

三、基于人物描写的作文教学策略

在了解小学高年级学生于人物描写中存在的问题及做归因分析的基础上，提出如下应对策略：

（一）兴趣驱动，范文悟道

兴趣是最好的老师。一旦学生有了写作的兴趣，就能消除畏难情绪，自觉投入，至少能听从师教，提笔书写。当然，每次习作后，老师的讲评和激励也不可或缺。学生的优秀习作可当众朗读，既可激发作者的自豪感和自信心，也能在良性竞争中增强其他学生的写作内驱力。而对优秀范文的鉴赏更是一种激发兴趣、仿效示范的手段。如在学生赏析了朱自清写的《背影》后，就可以布置仿写任务，让学生写写自己的父亲或所敬重的长辈，从名家名篇中汲取写作的滋养与灵感。同时，应经常推荐学生阅读短小精悍的优秀文章，让学生在多风格、多情趣的学习、悟道中潜移默化地通晓人物描写的基本方法。

（二）确立主题，筛选素材

人物描写，离不开合适素材的支撑。学会选择素材是培养写作能力的要素之一。解决学生在素材选择上存在的问题，首先要进行审题训练，即自己想写的主题是什么？围绕主题描写的人物是一个什么样的人？想体现所写人物的什么特点？可借助学生身边熟悉的人（如父母、老师、同学等），以《记我所熟悉的×××》为标题，让学生说说意欲表达的主题及切合主题的人物描写要点。然后，由同学互评、教师点评，这种确定主题的审题训练很是见效。在确定主题和描写对象之后，方可筛选出紧扣主题和人物的适切素材。在平时的教学中，为训练学生筛选素材的能力，可以安排一些写作小游戏。先确定一个虚拟的人物，将与这个人物有关的事件展示出来,然后给出该人物的几个特征,由学生讨论后确定写作的主题,并筛选出适合的若干素材。学生的认识有差异,可鼓励学生抓住这一虚拟人物的某一两个特质,自立主题并筛选与主题相关的素材。只要主题明确,素材适切,均应予以肯定、鼓励。此举能活跃学生思维、拓展学生思路,在比较、筛选中,基于人物描写主题的适切、鲜活的素材也就不难发现了。

当同学们在完成习作后可再安排讨论交流。此时,学生可以从评判者的视角,对自己和他人的作文做评价性审视。有了提笔书写的体验,也就能中肯地评判自我和同伴所筛选的素材在表达人物形象、性格,揭示作文主题中的成功或不足之处,进而灵活自如地进行素材选择。

(三)善于观察,抓住特征

学生在范文鉴赏中,已知晓了基本学理:要想写好人物,先得对人物进行仔细观察,且做抓住人物特征的谋篇布局,运用素材,这样才能写出有血有肉、生动真实的人物。为规避疏于观察或不知如何观察的通病,教师还须告诫学生,对人物进行观察应削枝强干、抓住要点。

首先是观察人物的外貌,包括人物的长相、发型、体型、衣着等方面。长相中涉及人物的脸型、肤色、头发以及五官等等。提醒学生:在进行人物外貌描写时,不必将所有与长相有关的种种都写出来,只须写出最能体现人物外貌特征的若干种即可。而人物的穿着和体型,则能从一定意义上体现出人物的性格或者是生活状况等,故一般应予描写,至于文字多少,视表达需要酌定。

为了提升学生的观察力,可组织学生玩一些"对号入座"的小游戏,比如"猜猜TA是谁"这样的主题作文。让学生任意选择班上的一位同学进行描写,再由其他学生来猜猜这位同学是谁。这一猜测的过程,离不开对被猜同学的个性化外貌特征的描述。正是在洋溢生活性、趣味性的猜测小游戏中,在我说你说大家说的"肖像描绘"中,让所有学生不同程度地学会了观察人物外貌和描写人物外貌的基本方法和技巧。

其次是观察人物的动作和神态,尤其是人物的一些习惯性动作和富有个性特点的神态。这就要求学生眼脑并用、仔细揣摩,敏锐地抓住观察对象的动作和神态特点,并用合适的语言对这些动作和神态进行描写。除此之外,包括人物的声音特点、人物的标志性语言以及人物特有的生活习惯等等,也是不可忽视的人物描写的基本功。

再次,除依规说理、游戏引导外,还可范文例证。例如,部编版小学语文五年级下册第五单元《刷子李》这篇课文,人物描写的笔墨较多。作者通过对刷子李的正面外貌描写(特别是他的穿着)、动作描写来表现他的技艺高超,还从刷子李的徒弟曹小三对师傅的情感变化这一侧面描写,来突出刷子李的技艺高超。教师可借助这篇文章,引导学生去仔细观察生活中的某个特定的人,无论是正面描写还是侧面映射,让学生把所观察人物的外貌、神态、语言等细节如实记录下来,作为训练样本。而后,要求学生试着仿写若干个自己所熟悉的人。当然,在习作中要避免千篇一律的描写,如外貌描写中的长长的头发,大大的眼睛,高高的鼻梁,圆圆的脸蛋等。应鼓励学生运用比喻等写作手法,眼睛瞪得圆圆的像铜铃,头发扎成马尾一样的辫子……让人物显得鲜活生动、活泼可爱。至于神态、语言、个性描写,《刷子李》同样给了我们有益启示。

(四)把握分寸,详略得当

人物描写往往需要写好几件不同事件。这些事件可能体现的是所写人物的共性特点,也可能体现的是所写人物的不同特点。无论不同事件对人物描写所起的作用怎样,在描写的过程中都需要把握有详有略、详略得当的分寸。唯其如此,才能使文章富有层次感,主题的张力也能凸显,且能使学生在有限的篇幅中完成好规定的习作任务。

除做正面引导、激励推助外,教师还可以提供一些偏误例子,以警示防范。比如给学生看一些每件事都写得特别详细的习作,或每件事都轻轻带过的习作,让学生畅谈读后感。还可以让学生对自己的习作进行修改,将修改前后的习作进行对比,真切体会到详略得当在人物描写乃至一般作文表达中的意义和作用。这种亲身体验的比较鉴别、深入悟道,往往比一般的强调、警示更有效。

(五)传神点睛,深化主题

不少学生对于写人习作的主题往往只停留在对具体人物的空泛赞扬之上,这对于小学低年级的学生来说,算是扣题的。但对于小学高年级学生而言,随着社会历练、理解能力、表达水平的不断提升,他们所写的作文应该有一定的深度。这一定的深度主要体现在所描写的人物、所选择的素材,能否较深刻地揭示主题,突出主题。

除以首尾呼应的方式,揭示主题、突出主题外,更应在文章的逻辑内涵上深化主题。比如,有个学生所写的人物是一位普通的老师,他在作文结尾这样写道:"我的老师虽然是一位普通的老师，但正是这样默默奉献、无怨无悔的普通老师，为我们铺设了阳光少年的成长道路，点亮了我们心中的智慧之灯。"在以环卫工人为对象的人物描写中，另一个学生在文末做了如下小结："晨光未现，他们已出现街头巷尾；酷暑严寒、双休节假，马路上总见他们清扫的身影。他们的辛勤劳动换来了城市的洁美、行人的舒心。有人说他们是与垃圾结伴的低等劳动者，我认为他们是干净、光荣的城市美容师。请永远记住他们。"这样的描写，使小作者的心灵得到了洗礼，整篇文章的主题也得到了升华，立意就更高了。

（六）多元评价，激励助推

对学生习作完成后的及时评价至关重要。于漪老师说过："教师要努力掌握讲评的主动权，不能无目的无计划地随着学生习作飘，要把写作教学的目的要求和学生习作中的情况有机地结合起来，制订切合学生实际的讲评计划。"

评价的形式可以是多元化的。例如，以小组为单位，在组长的带领下，每位组员朗读自己的习作，由其他成员进行互评；也可在组内交流互评的基础上由教师点评，对学生习作中出现的共性问题做及时解析，避免在以后的写作中再次犯错。教师可以设计一些评价表，并以打星的方式呈现，以激励学生良性竞争，比学赶帮。还可通过"现身说法"的方式，让优秀习作的作者在全班进行交流，说说自己的写作思路、素材选择、难点破解等，给其他学生以促进、启迪。特别应关注写作困难学生，采取"个别指导、循循善诱"之法，引领他们进入写作百花园中，在不断的纠偏、改进中，增强写作自信心，逐步学会人物描写的基本功。

四、结语

本文以人物描写为切入点，简要罗列了小学高年级学生在人物描写习作中易出现的带有一定普遍性的通病，并做了归因分析。在此基础上，结合本人的作文教学实践，撮谈了若干纠偏匡正的应对策略。从本人任教的班级看，成效较为明显，主要反映在：绝大多数学生面对人物描写类命题，心中有底、提笔不慌，能遵循人物描写的一般规律，抓住描写对象的个性特征，较生动地勾勒出外在形象，较清晰地显示其个性特征。部分学生已在人物描写中采用夹叙夹议、心理描写、立体塑像等写作方法，且融入一定的写作技巧，人物形象较为生动、丰满，且在字里行间抒发了作者的真切情感。当然，人物描写欲达到形神兼备、栩栩如生的境界，对绝大多数小学高年级学生而言，还有很长的路要走。但有了比照目标，才会产生趋近目标的内生动力。

　　《义务教育语文课程标准(2022年版)》指出:"义务教育语文课程培养的核心素养是学生在积极的语文实践活动中积累、建构并在真实的语言运用情境中表现出来的,是文化自信和语言运用、思维能力、审美创造的综合体现。"作为语文教学主要板块的作文教学,在很大程度上体现了上述语文课程核心素养之内涵。据此,作为小学语文教师,理应为建树小学生的写作自信、夯实小学生的写作基础而尽责尽心,竭诚劳作。

参考文献:

[1]崔彩虹.立足教科书课文资源的小学语文高学段微写作教学研究[J].小学生,2023(01): 130-132.

[2]曾艳.小学语文高年级人物描写方法教学探究[J].新课程,2023(01):39-42.

由唐僧"西天取经"所想到的

——摭谈基于思维力培养的小学语文教学

上海市浦东新区进才实验小学 郑 楠

【摘 要】唐僧"西天取经"的故事令人百看不厌。其实,"取经"的根本意义不在结果,而在过程。由此想到,以思维能力为核心的学习能力远比知识的获得重要。本文的几点随感在一定程度上做了例证。

【关键词】小学语文 思维力培养 西游记

记得小时候看《西游记》,我常常想,这佛祖可真有意思,为什么不把经书直接给唐僧看呢?非得让唐僧去路途遥远的西天,一路降妖除魔,历经千难万险。这不是多此一举吗?现在想来,这一场西天取经何尝不是佛祖安排的一场大戏呢?所有的神仙妖魔都配合他的演出,九九八十一难,每一难都恰到好处、逢凶化吉。其实经书触手可及,甚至孙悟空翻一个跟头过去就可以获得。但取经的路无可复制,绝不能被替代。因为使唐僧成为唐僧的不是经书,而是那条取经的路。

在我们这个时代,资讯爆炸,知识生产的速度甚至超越我们储存它的速度。教育能教什么呢,是教知识吗?是教"西天的经书"吗?非也。我想,教育应该是让孩子们像唐僧那样,经历那条"取经的路"。

一、化"学知识"为"学思维"

刘慈欣的《三体》里面有一个概念,叫"射手与农场主"。一个神射手,在靶子上每隔10厘米就打一个洞。假设这个靶子上有一种二维生物,这个二维生物的科学家经过观察,得出一个结论:世界每隔10厘米就有一个洞。一个农场主,每天11点半准时按下身边的投食按钮。住在农场里的鸡博士,经过长时间观察得出一个科学结论:每天11点半,上天会准时降下食物。直到农场主某天冲进来把它们都宰杀了。

我们现有的很多科学结论,是靠观察总结实验得来。我们只知道有这个规律,但不知道为什么这个规律会存在。也许我们人类只是像那个二维生物和农场里的鸡一样。当然这只是一种猜想。

在科学严谨、论证严密的物理学史上,也有这样的例子。在1900年,开尔文宣布:"物理学的大厦已经基本建成,我们要做的只是修修补补的工作。"他认为现有的经典物理学已经完全可以解决所有的物理现象,而只有两个物理现象无法进行解释,所以他认为这两个问题,就是飘浮在天空中的两朵"乌云",解决了这两朵"乌云",物理的天空就再无遮拦和秘密。但普朗克引入了量子,爱因斯坦提出了光子理论和相对论,这些后续的创建均挑战了经典物理学定律,几乎颠覆了经典物理学的世界观。凡此种种,说明了所谓有用知识的形成、应用、发展,是受特定时代的生产力和科技发展水平制约的。知识的迭代更新是不以人的意志为转移的。尤其是在当今的高科技、数字化的时代。因而,"笨人学知识,智者学能力"的说法不无道理。我们自己也有这样的体会,中学乃至大学所学的知识,如一段时间不使用或不温习,大都会生疏、遗忘。而求学时历练的思想方法、思维品质则久长地生发作用,成为我们立身、处世、从业的源头活水。

无数的事例与名言印证了一个颠扑不破的真谛:教育应该培养的是学生的以思维能力为核心的综合学习能力。教师应以此为主旨,从如何优化学生思维品质的高度来审视自己的教学,重新定位教学目标,改进教学活动。

以语文教学为例。语文课程标准中指出:语文是最重要的交际工具,是人类文化的重要组成部分。工具性和人文性的统一,是语文课程的基本特点。只有抓住语文课程的特点,立足语文课堂教学,激发学生思维活力,才能让语文教育保持"旺盛的生命力"。

现在全国统一使用的语文统编版教材,是以"人文主题"和"语文要素"双线并进的方式编排的,每个单元中的课文都具有相同的"人文内涵"和着重训练的"语文要素"。改变传统教学中"就一篇而教一篇"的惯性教法,将着力点落实在单元整体教学的系统设计上,运用单元整合策略,贯通若干篇课文间的内在联系,强化单元整体教学的综合效应。这不仅可以打破单篇课文教学的局限性,还能够大大提高课堂教学的容量,也能为学生自主学习、深度探究,创设系统且开阔的"既学知识,更学思维"的上佳情境。

二、"语文要素"训练和高阶思维

美国教育家布鲁姆将思维过程具体化为六个教学目标,记忆、理解、应用、分析、综合、评价和创造,其中记忆、理解、应用是低阶思维,是较低层次的认知水平,主要用于学习事实性知识或完成简单任务的能力。而高阶思维则是发生在较高认知水平层次上的心智活动或认知能力,如分析、综合、评价和创造。

　　不难发现,当下的中小学教学,主要是记忆和理解大量的知识内容,也做联系生活的学困尝试,然后在不同形式的测试和考试中检测、衡量学习效果。布鲁姆的分类法是一个以这两个层次的思维(记忆和理解)为基础的思维发展框架,也是将我们的大脑推向其他五个高阶思维的科学分类。

　　那在小学语文教学中,教师如何帮助学生超越记忆和回忆信息的范畴,深入应用、分析、综合、评估和创造中呢? 这就需要语文教师必须具备相关的学科知识,并从思想内容、言语形式、语文知识、学习方法、学习兴趣与习惯、语文实践活动等多个涉及语文要素的维度开掘新教材的教学价值。

　　以统编版语文四年级第八单元的《西门豹治邺》《故事二则》两篇课文为例。这一单元的学习目标是以"历史人物故事"为主题,了解并感受人物,能简要复述课文,并注意顺序和详略。前者为精读课文,该课的教学重点是初步了解并学习简要复述的方法;后者是略读课文,要求运用简要复述的方法,进行自主阅读并简要复述课文。这一单元着重训练的"语文要素"是简要复述的方法。

　　在执教《西门豹治邺》一课时,我借助课后填空,运用小标题的形式概括课文内容,帮助学生理清故事情节,为后文进行简要复述做铺垫。在学习"调查真相"这部分内容时,我先通过师生分角色朗读,引导学生思考西门豹问了哪几个问题,为什么要问,并提炼出事件的缘由、主谋、受害者、结果等要点。接着,再读课文,让学生思考并交流在老师(西门豹)的回答中了解了哪些信息,老大爷的回答和老师(西门豹)的回答有什么区别。通过一步一步的引导,层层递进,学生自然而然学会从人物对话中提炼信息要点,并将提炼的要点串联起来,进行概括叙述,最终达到使学生初步了解简要复述这一方法的教学目标。整个教学过程,老师扮演的是引导者的角色,在课堂上为学生搭建语文学习的支架,协调好"阅读理解"和"简要复述"的关系,有侧重地落实本单元和本节课"简要复述"这一语文要素。

　　如果说精读课文是"学",那么略读课文就是"习"。在教授《故事二则》的略读课文时,我通过回顾《西门豹治邺》这一课的学习,帮助学生温习简要复述的方法:理清顺序、提炼要点、简要概括。在学生自主阅读后,引导学生梳理两则故事的起因、经过、结果。在学习故事经过这一重难点时,我借助表格,采用四人小组合作的形式,让学生理清顺序,抓住文中关键语句提炼要点。《扁鹊治病》按时间顺序梳理蔡桓侯病情的发展过程以及对扁鹊的态度的变化。而《纪昌学射》按"飞卫的要求、纪昌怎样练习、取得的效果"梳理主要内容。最终,学生们人人参与学习,借助表格简要复述两则故事,抓实教学重点又突破了教学难点。

语文策略性知识是在语文学科中运用概念和规则进行听说读写的一种程序性知识。上述单元的语文要素之一"简要复述"就是一种策略性知识。在学生学习这一策略性知识的过程中,我始终扮演一个引导者的角色。《西门豹治邺》这课中,我和学生一起对课文进行例证辨认,通过对文本的解读帮助学生分析概括,且鼓励学生迁移运用。学习《故事二则》这课时,通过对简要复述的方法归纳巩固,在教师的帮助下对《扁鹊治病》这一故事先尝试运用,再把习得的知识独立运用于第二则故事《纪昌学射》,进一步对"简要复述"的规则进行总结。

学生经过这一教学过程,以记忆和理解"简要复述的规则"为基础,进入分析教材、迁移应用这一规则的较高层次的思维中。

三、"人文要素"和淘金式思维

我们都听过"要像海绵吸水一样吸取有用的知识"这样一句耳熟能详的话。在经典的思维性读物《学会提问》一书中,就提出了"海绵式思维"的概念。

"海绵式思维"以其显著的特点广泛应用于我们传统语文教学中。缘由是"海绵式思维"驱使你广泛吸收外部世界的信息,而你获取的知识将会为今后展开更复杂的思考奠定坚实的基础。在阅读时"海绵式思维"并不需要你绞尽脑汁地去苦思冥想,而是需要你吸收、消化,然后画出这篇文章的重点,做好笔记。对于"海绵式思维"而言,能把所读文章的内容记下来并理解那就是最大的收获。

但该书中提到的与之对应互补的"淘金式"思维则不一样。这种思维方式需要你掌握学习求知的主动权,强调在获取知识的过程中要仔细琢磨,提出自己的质疑,然后对接收的信息和观点做出取舍。不难看出,"淘金式思维"是批判性的、求异的、创造性的。"海绵式思维"强调知识获取的结果,而"淘金式思维"则重视在获取知识的过程中辨析、取舍,博取相辅,两者是辩证统一的关系。

思维能力是学生学习能力的核心。在小学语文教学中应注重对学生语文思维能力的培养。我们语文教师在符合语文学习规律的前提下,巧妙地将语文教学和思维训练结合起来,让学生初步掌握一套科学的、有效的、符合小学生身心特点的语文学习方法,从而提升学生的语文学习能力。语文课堂中"人文要素"的落实与"淘金式思维"有着密切的关联。

通过发达的互联网,有幸观摩过蔡海峰老师执教的《普罗米修斯》这一课。《普罗米修斯》是部编版语文四年级上册第四单元的第三篇精读课文。课文改写自古希腊神话,根据故事的发展顺序分为起因、经过和结果三部分。讲述了人类因为没有火,生活非常悲惨,天神普罗米修斯为了帮助人类,勇敢地"盗"取火种,而惹怒宙斯,遭受残酷的惩罚。他不屈不挠,后来得到大力神赫拉克勒斯的救护,终于获得自由的故事。

　　首先,蔡老师从神的名字入手,抓住"盗""罚""劝""锁""救"等关键词,通过"因为……所以……"这一关联词,理清故事的起因、经过、结果,形成问题的逻辑链,从而锻炼了学生的逻辑思维能力。这一过程其实就是教师进行背景解读和故事发展解读后所设计的一种内隐的逻辑思维的训练。

　　四年级学生对神话故事这一文体的课文兴趣浓厚,尤其对神话故事中的英雄人物更是情有独钟。蔡老师说道:"故事的最后,人们给了普罗米修斯一个新的称呼,人们称呼他英雄。"他请学生思考交流:"什么样的人才能被称为英雄?"于是学生在大量信息中展开了比较、辨析,这正是前文中提到的"淘金式思维"的一个显著特点。教师在教学过程中应引导学生认真阅读文本,对于文本中所提出的某些观点、主张进行质疑。拥有"淘金式思维"的人,能时刻与自己的阅读材料进行互动,目的就在于批判性地评价所读的材料,并在客观评价的基础上得出自己的结论。当然,由于学生的前备知识、技能、思考方式的不同,初读文本后每个学生对于这一开放性的问题会有不同的答案。但在这个故事里,学生们一致认为普罗米修斯就是英雄。形成共识后,蔡老师让学生默读课文,圈画出体现普罗米修斯英雄行为的词句。通过聚焦文本、有感情地朗读、展开想象等方式,蔡老师引导学生感悟普罗米修斯的英雄形象,从而深刻理解"英雄有着一颗为民造福的坚定不移的决心"的主题思想。最后,蔡老师再次紧扣文本,引导学生做拓展开掘性学习,他让学生找一找、议一议课文中还有哪位神可以称为英雄,以达到拓展迁移知识、聚焦升华主题的学习目的。此时学生会异口同声地说:"英雄都有一颗公心。"蔡老师还让学生课后去读一读《古希腊神话》,用课堂中所学的方法去读,去思考什么样的人才可以被称为英雄。"人文素养"滋育与"淘金式思维"融合,可谓相得益彰。

　　有活力的课堂教学,其中各个环节所构建的意义不是呈线性的、序列的、积累的特征,而是既呈现出前呼后应、层层递进的逻辑性特征,又呈现回环往复、螺旋上升、叠加性的特征。每一个环节所构建的意义既是终点,又是起点。在这个过程中,串联教师、学生和教材之间互动关系的主线,从根本上说是以学生语文素养培育为目的的语文学习能力,进一步说,是以优良思维品质为内核的语文学习能力。这正是唐僧"西天取经"给予我的有益启示。

基于核心素养培育的小学语文
名著阅读之学习策略

上海市浦东新区进才实验小学　张倩雯

【摘　要】2022年4月，教育部正式发布了《义务教育语文课程标准（2022年版）》（以下简称"2022年版课标"），其中第一次提出了义务教育阶段语文课程的核心素养：文化自信、语言运用、思维能力、审美创造。不少专家学者聚焦语文课程的核心素养提出见解。"双新""双减"背景下，关于学生的语文学习策略也有了新挑战，本文以统编版小学语文教材第十册第二单元为例，着眼于小学语文名著阅读的学习策略的探索。以名著阅读的学习策略为切入点，试图在以小见大中，探索将核心素养目标贯彻于课程与教学转型的路径。

【关键词】阅读学习策略　核心素养　语文教学

2022年4月，教育部正式发布了《义务教育语文课程标准（2022年版）》（以下简称"2022年版课标"），第一次提出了义务教育阶段语文课程的核心素养：文化自信、语言运用、思维能力、审美创造。

"2022年版课标"的修订组负责人郑国民在《以文化人，建设素养型语文课程标准——〈义务教育语文课程标准（2022年版）〉解读》一文中，进一步介绍了"2022年版课标"的修订背景与思路，从"全面把握核心素养""深入理解语文学习任务群""充分发挥评价和考试的导向作用"三个方面解释了实施重点和难点。

此外，不少专家学者也聚焦语文课程的核心素养提出见解。如，王崧舟教授指出，语文核心素养包括文化、语句使用、逻辑思维和艺术审美创造力，它们分别有着特定的思想内容，并且相互补充，形成一套完整的体系。准确而全面地理解这些核心素养，有助于教师在学习和领会"2022年版课标"时能更快地把握纲领、抓住重点、分辨主次、直达目的。同时，对小学生名著的阅读学习策略也提出了新挑战，本文以统编版小学语文教材第十册第二单元为例，着眼于小学语文名著阅读的学习策略做些探索。

一、循标定向：整体感悟，初步品鉴

"2022年版课标"的出台，对小学语文的教学带来了新要求、新挑战和新机遇。基于核心素养的小学语文名著阅读策略也应顺势而为，有所改善，从传统的阅读本位的范式学习，转变成以学生为中心的凸显"深度学习""高阶思维""认知建构"的范式学习。

（一）疑惑："囫囵吞枣""循规蹈矩"

本单元汇聚了四大名著的经典片段，有来自《三国演义》的《草船借箭》，《水浒传》的《景阳冈》，《西游记》的《猴王出世》，以及《红楼梦》的《红楼春趣》。除《草船借箭》改编成白话文外，其他三篇课文均节选自原文，"半文半白"是本单元后三篇课文的语言特点，名家名作的语言风格也是相映成趣。再加上篇幅略长，本单元的课文对于五年级下的小学生而言有一定的阅读困难。

这时，小学生的名著阅读教学如何实施？遇到学生难以理解的艰涩措辞时，是对学生"囫囵吞枣"式的阅读视而不见，还是由教师"循规蹈矩"做解释？

（二）循标：依据课标，找到标准

本单元课文属于叙事性作品，大部分篇目又有"半文半白"的语言特点，其阅读目标的确定要综合参照"2022年版课标"中，"现代文的阅读要求"和"文言文的阅读要求"。

首先，"2022年版课标"之总目标与内容中，关于阅读有"学会运用多种阅读方法，具有独立阅读能力。能阅读日常的书报杂志，初步鉴赏文学作品，能借助工具书阅读浅易文言文"[①]的要求。

其次，"2022年版课标"的分学段目标与内容中，对五到六年级第三学段的阅读与古诗文的学习，提出了如下要求：

---

① 中华人民共和国教育部.义务教育语文课程标准（2022年版）［S］.北京：北京师范大学出版社，2022：6.

在阅读中了解文章的表达顺序，体会作者的思想感情，初步领悟文章的基本表达方法。在交流和讨论中，敢于提出看法，做出自己的判断。阅读叙事性作品，了解事件梗概，能简单描述印象最深的场景、人物、细节，说出自己的喜爱、憎恶、崇敬、向往、同情等感受；阅读诗歌，大体把握诗意，想象诗歌描述的情境，体会作品的情感。受到优秀作品的感染和激励，向往和追求美好的理想。背诵优秀诗文60篇（段），注意通过语调、韵律、节奏等体味作品的内容和情感。①

这就为当下的阅读教学确立了新的标准。

（三）定向：综合文体，明确定位

综合来看，"2022年版课标"中，对五年级学生学习文言文的要求落在诵读体味作品上；对叙事性作品的阅读要求是了解事件梗概，简单品读自己印象最深的内容，初步体会如何鉴赏文学作品。再结合本单元关于阅读的学习目标是"初步学习阅读古典名著的方法"，重在阅读时的整体性和大局观，并非拘泥于难解字词的解释、掌握与字字句句"精益求精"的分析。就像冰心奶奶在《读书》中提到的，她在初读《三国演义》时，一知半解地读，居然越看越懂。"囫囵吞枣"一气呵成地读，更能感受到古典名著的叙事磅礴、描写精妙和措辞清丽。疑惑终于消除，此单元的学习，以通篇阅读、整体感知、体味作品为主，任由学生"囫囵吞枣"地泛读，唯此才能读出名著的韵味。

二、阅读名著：复读延伸，提升素养

关于义务教育阶段的语文课程核心素养，"2022年版课标"从"文化自信、语言运用、思维能力、审美创造"四个板块进行阐释。名著单元的学习从内隐的逻辑上，已将这四个板块融合了起来，学生在学习中，不仅要学会不同的阅读方法，更须在阅读中体会中国文学的精妙。稍有难度的学习与积累更能提升其语言能力、思维能力，培养学生的语文素养。以下从"能""养""探"三个方面探求名著阅读的学习策略。

（一）能：连贯复读，丰富形式

小说往往拥有跌宕起伏的故事情节，被誉为四大名著的作品更是有着精彩绝伦

---

① 中华人民共和国教育部.义务教育语文课程标准(2022年版)[S].北京：北京师范大学出版社,2022：12.

的叙事。若看到模棱两可之处去做字字句句的查询考证，阅读至兴致正浓处，还需翻个古汉语字典或辞典，或是网上搜索佐证一番，那岂非扫兴，哪还有前面阅读时的津津有味呢？对非研究者而言，连贯性阅读能让人倾情于这些章回体小说的故事情节中。

另外，就本单元的阅读学习目标"初步学习阅读古典名著的方法"而言，解读文本、对难点的字词句解释，并非本单元的学习重点。阅读是一种综合的技能，包括快速浏览、推理、跳跃、组合思维等。老师应该帮助孩子们将初步学会的技能应用到实际的阅读过程当中。当面对晦涩难懂的语言或概念时，可以借助一知半解去读，囫囵地了解《三国演义》的故事情节。

温儒敏教授曾经谈到过，当年阅读《西游记》的过程中，很多字都不认识，按照当今的语文课程要求，只能查字典，但是这样做会让人感到无聊乏味，因为每隔几行就要查字典，很难有所收获。因此，当时的阅读方式是跳跃式阅读、猜读，再在理解的基础上快速阅读。

阅读古典名著除了连贯性地阅读、猜读外，还要学生去多次阅读，正所谓"读书百遍，其义自见"，内隐性的语感就是在不同的阅读体验和丰富的阅读经验中，有所提升的。伊塔洛·卡尔维诺曾经指出，经典文学作品并非那种人们"重读无须深入阅读的书"，"而是那种能够激发你内心深处思考的精彩之作"。古典名著的阅读并非一次性地猜读，要有"温故而知新"的复读意识。冰心的母亲曾经讲述过《红楼梦》，当她十二三岁的时候，"满纸荒唐言，一把辛酸泪"的内容令人感到困惑。贾宝玉的性格令人讨厌，林黛玉的悲伤也让人难过。但当冰心进入晚年，重新阅读"满纸荒唐言，一把辛酸泪"，就能体会一个时代的兴衰。

（二）养：延伸阅读，增加经验

在学习"古典名著"这一单元时，我们还要有所延伸。阅读长篇章回体小说不是区区的一小段节选就能领略其魅力的。改编后的《草船借箭》与原文的章回可以对照着读；《景阳冈》可以结合原文中被删减的内容再读一读；《猴王出世》和《红楼春趣》也是如此，在重新排版时，应该把它们章节之间的联系进行比较。例如《红楼春趣》，在读第一遍的时候，应该把它们的人物关系进行梳理；读第二遍的时候，则应该把它们的细节进行详细的分析；阅读第三遍时，则可结合主角的社会地位，深入理解"所放的风筝"背后的深层含义。

结合温儒敏教授的观点，我们可以得出，名著阅读的目的在于拓展学生的认知视野,培养学生的独立思考能力,使他们能够将所获得的知识运用于实际的语言表达和思考之中。因此,我们应该鼓励学生做大量、深入的阅读,也应避免对文学名著做过度的解析。应该允许其中的某些文本可以通过"翻页"的方式进行意会性的探索,以此激发出学生更多的阅读热情。

四大名著就是需要"连滚带爬"意会性阅读。这一单元的学习中,遇到学生难以理解的艰涩措辞时,应鼓励他们"囫囵吞枣"地多读多看,积累量变的阅读经验,届时学生自然会有质变的理解感悟,"精益求精"的深悟也就是水到渠成的事了。

(三)探:读思结合,学为中心

结合本单元的学习目标、内容和学情分析,尝试了主题任务单元教学,探索核心素养背景下小学语文阅读学习的策略和方式。围绕学习主题"阅读古典名著的方法初探",开展了以学生为探究主体的体验性、系统性、互动性的学习活动。

从体验性切入,学习活动注重情境设置,根据学生学情设置了"我想穿越成谁"主题活动,让学生通过上述的通读与延伸阅读后,用第一人称讲述某个角色的故事,或扮演某个角色,进而在综合活动中,完成知识的迁移、语言的运用、素养的提升。关于系统性,首先应有机整合学习资源、内容、方法等,使学习活动具有系统思维,活动之间呈现承接递进关系,形成结构化的逻辑链。上述"我想穿越成谁"主题活动中,通过"定人物""找资料""筛资料""写故事""分享会"分步完成学习任务,给予学生连贯的、有逻辑的学习步骤和贯穿其中的系统思维、逻辑思维。另外,这样的综合性主题活动,是以小组活动的形式在交流、互助、共思、齐做、互评中完成的。前期的阅读与鉴赏过程是为后期的梳理与探究等任务做准备的。进一步说,以互动的方式共同推进主题活动的开展,并设计了过程性评价、量化评价相结合的评价单,且在学生自评、生生互评、教师点评的多元评价中,完成主题学习的任务,以此体现互动性。

通过"我想穿越成谁"主题活动,学生们从一开始的走近名著到后期的走进名著,在读思结合中,成为真正的学习主体。正是在以学为中心、以实践为抓手、以素养为落脚点的主题探究中,大多数学生在各自的"最近发展区"内提升了自己名著阅读的学习能力。

三、策略审思:不偏不倚,项目学习

结合"双新""双减"的教改背景,本人对小学语文名著阅读的学习策略有了新的认识。

（一）指导重学，不偏不倚

古典名著的阅读以整体感知、体味作品的内容和情感为主。在教学中除了培养学生自主阅读的连贯性猜读意识和能力外，仍需有注释的辅助和阅读方法的指导等举措。

明清章回体小说的措辞、语序等仍具古汉语的特点，与现代汉语有所差异，要让学生较好地把握作品的内容和情感，典故、古今异义等字词的难点还是需要在学习时关注的。例如，《景阳冈》中的"没地不还你钱"中的"没地"是"难道"的意思，如果一点儿也不解释，大多数的五年级学生是不知道这是武松强调有钱买酒的反问句。

四大名著中人物性格分明、情节环环相扣，除了猜读外，教学中仍需对课文进行梳理。如，《红楼春趣》中涉及人物较多，可以先通过列表帮助学生将人物的身份地位梳理清楚。在阅读本文时，我们还需要注意作者的角色和社会地位，以便更好地理解故事情节。例如，作者描述的宝玉、黛玉、宝钗、宝琴和探春都曾经参加过一些重要的活动，而其他的角色则而无法参加。因此，我们需要深入研究作者的角色和社会地位，以便更好地理解故事情节。通过详细的分析和比较，才能更好地理解放风筝的原理和意图。

五年级学生在学习古典名著时的"囫囵吞枣"读，并非不求甚解地泛读，而是以整体感悟为主，还须辅之典故、古今异义等重难点字词的解释，及适恰的课文梳理和阅读指导。

（二）项目探究，综合提升

经过名著单元学习后，不少学生对于经典的阅读有了新的认识，尤其是在完成主题活动"我穿越成了谁"的代入式体验活动后，学生对于名著经典的阅读兴趣大大地提升了。对于单元主题活动的设计与实施中，时下全面铺开的项目化学习方式，其实也适合本单元的名著阅读学习。

上述活动，涵括了设计构思、合作探究、总结反思、生成等多个活动环节，是一个有效促进学生自主学习的教学模式。在名著单元的学习中，形象饱满的人物是小说的灵魂，在驱动性问题"我想穿越成谁"的基础上，引导学生从故事内容、人物塑造等多方面去提出相应的子问题，并设计项目目标、活动过程以及成果展现，以一种颇具探索性、综合性和开放性的方式引导学生自主学习。多姿多彩的项目成果展示了学生自主学习的成果，折射出学生语文素养提升的轨迹。

观照近期发布的《上海市教育委员会关于实施项目化学习推动义务教育育人

方式改革的指导意见》,以"名著阅读的学习策略"为主题的项目化学习,算是一种尝试。

"2022年版课标"中,关于课程理念,第一条就是"立足学生核心素养发展,充分发挥语文课程育人功能"。课标还明确了义务教育语文课程培养的核心素养的具体要点,这便提出了小学语文课程教学改革的新目标、新任务。本文以名著阅读的学习策略为切入点,试图以小见大,将核心素养培育贯彻、落实于家常课之中,是对一线语文教师的挑战与考验,任重道远。

参考文献:

[1] 中华人民共和国教育部.义务教育语文课程标准(2022年版)[S].北京:北京师范大学出版社,2022.

[2] 中共中央、国务院印发《中国教育现代化2035》[EB/OL].(2019-02-23)[2023-01-19].http://www.moe.gov.cn/jyb_xwfb/s6052/moe_838/201902/t20190223_370857.html.

[3]《教育研究》编辑部.2020中国教育研究前沿与热点问题年度报告[J].教育研究,2021(3).

[4] 罗先慧.小学语文教育教学研究2022年度报告——基于人大复印报刊资料的转载[J].语文建设,2023(2).

[5] 刘晓曼.项目化学习在小学语文阅读教学中的应用探究[J].新课程,2021(43):167.

[6] 周强.浅议小学语文核心素养的培养[J].读与写,2021,18(2):52.

[7] 崔允漷.如何开展指向学科核心素养的大单元设计[J].北京教育(普教版),2019(2).

小学二年级看图写话教学之对策探究

上海市浦东新区进才实验小学　周纯钢

【摘　要】小学二年级学生初学写作,看图写话是适切他们的习作形式。本文从看图写话的作用、学生在看图写话过程中易出现的共性偏差及原因、纠偏匡正的应对策略等方面做了粗浅探究。

新课标、新教材背景下的语文课改,对小学语文教师提出了全新的挑战,如何有效缓解小学低年级学生的写作困难,如何从起点上打好学生写作的应有基础,是一个常议常新的命题。本文且做"通病会诊"、疑难共析的交流发言。

【关键词】小学语文　看图写话　对策探究

一、二年级看图写话教学的作用

写作是语文教学的重点之一,写作能力是语文素养的重要内涵。

鉴于二年级小学生的身心特点和社会阅历,二年级的写作教学往往从看图写话起步。看图写话的教学的作用体现在以下三方面:

(一)激发写作兴趣

好的开端等于成功的一半。二年级的学生初学写作,需要有好的体验,使他们能够体会到写作的乐趣,这样他们就不会对写作存有畏难情绪,也愿意琢磨如何写出好的习作。据此,二年级的作文教学,大都以看图写话为起步。看图写话的图画往往与学生的生活实际或喜闻乐见的事物相关,有一些图画反映了他们生活中的趣闻轶事;有一些图画中的主角是他们熟悉或崇敬的人物;还有一些则是通过童话故事的形式,折射了学生的日常生活。由于所选图画贴近学生生活、切合学生的身心特点,故有吸睛效应,使学生产生共鸣,油然滋生想说欲写的感觉,也就降低了初学写作的难度。较多学生能试着写上一段看图写话的文字,有的顺畅达意,有的初像模样,有的磕磕绊绊,对此,均应给予鼓励,让学生不同程度地品尝初试动笔的快乐和成就感。

（二）提高观察能力

写作文需要善于观察的慧眼,善于观察才能写出生动的作文。二年级的看图写话正是提高学生观察能力的上佳方式,这是因为看图写话的内容都已经或明或隐地呈现在画面上,学生只需耐心地观察、感知,就可以根据写作要求,将图画上的有关内容找出,并有条理地写清楚。当然,这里所说的观察,不是简单、机械地将图画上的内容全部罗列出来,而是指根据写作要求,有目的地观察、寻找,包括图画中的人物神态及相互间的关系、状物情境及物与人之间的关系等,此外,学生可借助观察所知,展开丰富的联想、想象,将静态的画面做动态的合乎情理的再现。

（三）培养表达能力

这里所说的表达能力指的是书面表达能力。口头表达与书面表达既有联系,又有区别。对于小学二年级学生而言,口头的表达大都是碎片化的,逻辑性较差,还存在一些语法错误。相对而言,书面表达的连贯性、逻辑性较强,语法错误也少。又因书面表达大多使用普通话语言体系,而口头表达惯用方言俗语,学生的一些口语,在普通话语系中未有相应的说法,反之亦然。故而,从初学写作起,学生就需改变口头用语的习惯,学会使用书面用语。通过看图写话的训练,可以培养学生书面表达的能力,让他们体会到口头表达与书面表达的差异,而使用书面语言有利于叙事状物,传情达意,也就容易写出好文章。

二、二年级看图写话教学的问题分析

审视一般意义上的看图写话教学,结合本人的教学实践,小学二年级学生在看图写话上还存在以下"通病",由此反映了教学中较为普遍的共性问题。

（一）"通病"1：学生书面表达能力薄弱

二年级学生的书面表达能力还很欠缺,从他们的看图写话习作中可见一斑。比如,有些学生的习作中病句较多,有些学生的表述随心所欲、词不达意,还有些学生的表达思路混乱,句子之间的转换显得突兀,缺乏逻辑性。对于二年级的学生来说,出现这些问题都是非常正常的。这就需要教师做认真、深入的归因分析，对学生进行针对性指导。第一，因为他们年龄尚幼、识字不多，所以很多词语虽能意会却不会运用，只能胡乱用一些自己所知道的字词代替；第二，基于他们还缺乏书面表达所必要的语法知识，便会出现语法错误；第三，小学二年级学生的阅读量有限，语感较弱，所写句段的条理性、逻辑性也就多见"病灶"了。

（二）"通病"2：观察能力不足

二年级学生的观察能力也不尽如人意。有些学生在观察图画的时候只关注自己喜欢的内容，对于自己不喜欢的内容会忽略；还有些学生视野狭窄，只看到画面中某一个点，写话内容也就"只见树木，不见森林"；或者熟视无睹，自认为不需要描写；还有些学生，虽能够看懂图画所表达的内容，但难以将这些内容与自己的生活联系起来，因此作文写得简略、单薄。出现这样的情况，主要有这样几个原因。一是因为二年级学生的有意注意时间较短，注意力很易被其他事物吸引，而影响了识图、读图的效果；二是因为有些学生对于习作要求的理解肤浅或走样，认为只要看图写话就行了，不知道如何看、如何写，如何理顺看图与写话间的表达通道。

（三）"通病"3：不懂确定主题

作文都是有主题的，二年级学生的看图写话也需要有提纲挈领的主题，在确定主题之后，选择相应的素材，这样才能够使初学而成的习作结构健全、文体丰满。而较多二年级学生并不知道作文的主题是什么，因而所写习作率性松散，不知所云。出现这样的情况有两个原因。一是因为二年级学生的阅读量比较少，不知如何确定作文的主题，自然也理解不了素材与主题之间的关系；二是因为二年级学生的生活体验简浅，不知道怎样提炼图画所要表达的主题思想，以及如何选择表现主题的画面素材。

三、二年级看图写话教学的应对策略

在分析二年级学生看图写话之常见通病的基础上，现结合本文第一部分"二年级看图写话教学的作用"中的"三重作用"，提出如下改进的应对策略：

（一）示范引导策略

习作是从习开始的，习即学习和模仿。为师者要善于为学生做好示范引导，让学生从模仿入手，逐步培养他们的看图写话能力。教师的示范引导可从两个方面入

手。首先是口头示范。在布置看图写话任务之后,教师可利用口头作文向学生做预热性示范,引导他们较快找到书面表达的路径与语感。如教师可以紧扣某一主题将自己所看到的图画内容做有条理的口述,可长可短、可繁可简,目的是让学生知道可从哪些角度对图画进行描述,描述的顺序又该如何安排。口头表达相对简易,也为学生喜欢。教师在做口头示范之后,可让学生做模仿性口头表达练习,为看图写话的书面表达打好基础。而后是书面示范引导,书面示范包括读图示范和作文示范两个方面。所谓读图示范,即在图画上面做一些简单标记,将自己要写的画面内容圈出来以做提示。通过这样的标示,可让学生后续的写作有内容、有重点、有条理,预防内容缺漏、表达凌乱等偏误。作文示范则要求教师在圈出相关标记后,做看图写话的写话示范,再让学生阅读感悟并做交流,以此引导学生反思"如何完成一篇有主题的、完整的看图写话习作"。

(二)观察技能策略

学会观察是写好作文的前提条件之一,尤其是叙事写人的作文。二年级学生的看图写话作文,也离不开观察。前文已结合看图写话,对观察的作用做了一定的叙述,这里从另一个视角做些强调,即重视图中观察和实际观察。图中观察指的是对图画中的内容进行观察,梳理图画中描写了哪些人和事;实际观察指的是对实际生活进行观察,找出生活中与图画内容相近或相关的素材,两种观察是相辅相成的有机整体。这是因为二年级看图写话的内容往往与学生的生活紧密关联,学生完全可以在生活中找到与图画内容相呼应的场景。由于图画对于人物与场境的展示往往是静态的、艺术的,这就需要学生对图画内容做联想、想象,以此扩充、活化图画内容,进而写出丰富有趣、洋溢着生活气息的习作。此时,需要教师做观察技能的指导。如对图画进行观察时,需要确定观察顺序,是从上往下观察,还是从左往右观察;是以人物为主进行观察,还是以物为主进行观察等。对于联系实际的观察也需要老师的引导,老师可以提问学生,在生活中有没有遇到过类似的场景或者人物,自己当时是什么样的心情,自己是怎么想、怎么说、怎么做的。通过这样的细心观察,围绕主题的看图写话就有源头活水了。

(三)素材遴选策略

素材是作文的"砖瓦",围绕主题的素材遴选是学生习作中至关重要的环节。老师在指导二年级学生看图写话时,需要教会学生如何围绕主题选择适切的素材。

对于二年级的学生来说,作文的主题往往简明、直观,但即使是直白的主题,仍应做好素材遴选准备。比如,学生看了图画后心境很好,想写一篇与快乐有关的习作,则可选择图画中最能引发自己快乐心情的素材,而一般快乐的素材则可舍去。如果学生想写的主题是表达对主人公的爱,则应遴选图画中能够体现出主人公可爱之处的素材,与之不相关的或契合度较小的内容就可以忽略。二年级学生生活经验欠缺,素材积累贫乏,这就需要老师呵护关爱,积极引导,除激励学生在读图、识图中,交流"如何遴选素材"的体会,并做全班性辨析、争论;除教师的点评、强调外,教师还可以从相关的图画中提炼出不同的主题,比如以"成功的喜悦"和"失败的教训"为题,让学生分别选择合适的素材,写一篇短文。这样的练习,不仅使学生在"我写我心"的写作中抒发真情实感,也能使学生在遴选素材、运用素材的亲身体验中,逐步学会素材积累与遴选的技能。

除上述矫治、缓解小学二年级学生在"看图写话"中常见"通病"的应对策略外,还有其他可试可用的策略,这里就不做赘述了。

四、结语

经过一个学期的循循诱导、严格训练,绝大多数学生较好地领悟了看图写话的"应知应会",叙事写人有个模样了;遣词造句虽嫌稚嫩,也欠精准,但条理是清楚的,表达是通顺的。近半数学生能将看图写话中习得的写作技能迁用于日常生活,初步体现了重观察、能选材、抓特征、有详略等写作要求。如能在"记一件有意义的事""记一个熟悉的人"等惯用的、起步性命题作文中,大都能围绕主题叙事写人,抒发了朴素、诚挚的思想感情,字里行间洋溢着纯真、稚拙的童趣气息,其中的优秀习作,或在班内朗读示范,或张贴于宣传栏的特设板块中,良性竞争的效应自然形成。

需要强调的是,学生看图写话的过程,是将图画语言演绎为文字语言的过程。从认识论视域看,这是借助特定的图画情境,经仔细观察、悉心感知、逻辑解读,由感性认识上升为理性认识的过程,也是由直观形象思维向推理抽象思维转化的过程。因此,尽管小学二年级学生的看图写话,只是写作起步教学的主要载体,且以适切他们身心发展特点的教学方式有序推进,但仍需要有逻辑思维、抽象思维、批判性思维、创新思维等多种高阶思维的参与。在习作成果中,不乏多种高阶思维相辅相成的语文素养培育的亮点。正如著名教育家于漪老师所言:"思维是语言的内容,没有思维就不可能有语言","教师在对学生进行语言训练的同时,必须具备大力发展学生思维的能力"。从这个意义上说,二年级学生看图写话的教学和后续逐步推进的写作教学,串联起语文写作教学承接发展的学段目标与任务,这正是培育学生的以语文特有思维为内核的学生语文素养滋育的"系统工程"。

参考文献:

[1] 王海霞.小学语文作文教学中学生想象能力的培养——以部编版语文二年级下册为例[J].第二课堂(D),2022(06):24-25.

[2] 胡圆圆.浅析一、二年级阅读教学中作文的启蒙[J].读书文摘,2019(13):115.

小学语文深度学习初探

上海市浦东新区海桐小学　顾敏艺

在当前培养核心素养、关键能力的诉求下,深度学习是我国全面深化课程改革的重要路径。我国已经基本形成了一套具有中国特色的、符合时代需求以及同国际接轨的教育课程体系。为了适应新时代的教育需求,小学语文教学需要向深度学习转型,以培养学生的综合素质。

深度学习是一种基于理解的学习方式,它强调学生在掌握知识的同时,还要理解知识的本质和意义,并将所学知识应用于实际问题中。在小学语文深度学习中,学生不仅要掌握语言知识,还要理解文章的意义和价值,培养审美情趣和思维能力。

一、聚焦单元设计,重视单元活动

单元整体教学是语文教学的一种形式、策略,通过高效教学培养学生的知识整合能力,加强单元内各知识间的关联,而在深度学习下如何才能提高单元整体教学质量,是所有语文教育工作者共同面临的难题。

(一)把握单元设计的教材

单元设计是开展深度学习的前提条件,现阶段部编版教材下的单元设计我认为已然比较合理。它是由主题到探究最后到表达的"登山式"设计思路。每个单元的主题根据具体的教学内容和学生语文经验提炼而出,具有十足的鲜明性。同一个类型的单元也可能跨年级设计不同篇目,如以文体组织单元:三年级上册童话单元,三年级下册寓言单元,四年级上册神话单元,其教学和构成基本可形成大单元体系。因此在教学活动中,应该重视单元设计的教材,特别是单元页的教学和指导,单元页插图配文令人赏心悦目,激发起学生的学习兴趣。简述单元目标,学生可以清晰地了解到在这个单元中自己应获得的知识内容和能力提升。教师也可根据单元目标分设每个课时的教学目标。

（二）重视单元设计的教学活动

首先，需要明确这个单元的单元主题类型。在小学阶段主要有五种类型：感知体验、思考判断、交流分享、表现创造和建构升华。

其中，感知体验是其他所有活动的基础，教学活动主要以"读"展开。学生能以读感悟更多的人物情感，在教学中要重视朗读，丰富读的形式，以读加深文本理解，以读加深文章情感与自身情感间的碰撞升华。

思考判断类，要重视引发学生的深刻自主判断性思考，以及班级整体的思维走向，鼓励学生用自己的思考去解决实际存在的问题。

交流和表现创造类，要重视学生之间的交流，融合丰富大家的观点，树立正确的价值取向和观念，在表达中鼓励学生存疑，对于好的内容做到及时表扬，同时面对消极的表达注意保护学生的自尊心。

建构升华一般可在总结性环节、拓展性环节出现，也可以随着文本的推进在课堂中融合出现。

（三）尝试跨学科的教学设计

在深度学习下，跨学科的融合性教学设计更有利于学生完善思考和动手能力。在教学设计时，要充分考虑班级的学情和学生在各个环节中能达到的思维深度和广度。如教学《爬山虎的脚》一课，本篇作为说明类课文行文顺畅，思路条理清晰，爬山虎作为一种典型的藤本类植物，常攀爬在墙壁岩石之上，其特有的植物属性联系自然学科。自然教材中，对植物的观察使学生有了基本的观察概念，因此在阐述其脚的位置时，联结他们已有的学习技能和知识，配合语文要素的落实进行教学。其脚的具体位置的掌握联系美术学科，让同学们拿出画笔按照课文所述进行绘画，对文章理解得更深刻。

从这一课出发，在此单元中需让学生完成自主连续观察，并进行观察记录，可以采用表格的形式，也可以采用图文结合的形式，亲自实践操作，运用于实际生活。

二、重视情境创设，建构以学生为主体的课堂

在小学语文深度学习中，情境创设是一项重要的教学策略。通过创设各种情

境,可以帮助学生更好地理解课文内容,提高他们的学习兴趣和参与度,促进学生的综合素质发展。

学习往往是在具体的情境中产生的,人类学习的智慧和发挥强烈依存于情境,也就是进行"情境学习"[1]。在创设教学情境时,要以语文言语实践特性为设计的出发点和归宿。如教学《走月亮》一课,走月亮是具有鲜明民俗特色的说法,文中的小作者来自云南,在创设情境时,利用现代多媒体技术,介绍云南少数民族、地理位置环境和特色景物,或让同学分享自己在云南旅行时的所见所闻,这些都能让学生沉浸在文本创造的带有当地民族特色的情境中去。当然,对于语文知识的习得,同样融入了:1. 描述文章中小作者在哪些地方走月亮? 2. 摘录在走月亮过程中小作者的所思所想。3. 请你也来写一写自己在月夜下的某个情景等引发学生深度思考的问题。嵌入语文知识教学,培养学生对言语的理解、运用和迁移的能力。旨在让学生感受到亲情的润物细无声,在月光下,小作者对阿妈深深的爱,那么学生每个人在这"爱"的主题下,必然有一份自己的感受和领悟。

三、发挥对话式教学模式的优势

对话式学习的发展也进一步提供了深度学习的路径。在小学语文深度学习中,创设情境对话是激发学生学习兴趣和探究欲望的关键环节。教师可以通过生动形象的语言描述、丰富多彩的图像展示、音乐渲染等手段,将学生带入课文所表达的情境中,引导学生积极参与对话,促进学生的情感共鸣和认知发展。

(一) 教师与学生之间的对话

教师在课堂上起到引领作用,让学生感到自己是活动的主体,应抛出有价值、有挑战性的问题。在口语交际课程中,体现得尤为明显。如教学口语交际《我们与环境》一课,请同学交流有哪些环境污染的例子,鉴于学生以往的生活经验,对于身边的绿植破坏、水污染、空气污染都能阐述一二。为了进一步拓展他们的思维,我会提问:"近期有看到哪些环境污染的新闻吗?"既鼓励学生关注时事新闻,又进一步提高问题难度。这时有学生回答道:"日本向海洋排放核废水。"一时间激起了学生的巨大兴趣和强烈的抗议情绪。当然,为何核废水的排放会引起舆论的轩然大波?继而让学生对此展开小组式讨论。这就进入学生与学生对话的环节。

（二）学生与学生之间的对话

直面小组各个学生之间的思维差异，促使每一个人进一步思考与琢磨。学生听取别人的回答，是对自己思维的一种锤炼和论证。在大家的交流讨论中，逐步明确：核废水带有放射性物质，会引发各类物种的变异，对人体的伤害巨大。其次，我国离日本很近，随着洋流的作用不断扩散，很容易受到牵连。明白了，日本这样的行为是极其不道德、自私自利的行为。往后的地球生态环境面临着严峻的考验。那么该如何面对这种考验？让学生转入解决实际问题的深度思考。

（三）学生自己与自己的对话

建构学生自己的思考与见解，由起初不理解、不完善的状态，推翻深化自己的认知，这种由不懂到懂的喜悦，是一种深度思考的哲学，是一种学习动机的激发。学生在接收到老师提问的时候，内心会有一个浅显的答案，随着和自己对话的深入，他人发言的论证，老师最后的总结性语言，最终得到一个相对完善的新的认知概念和理解。

四、全方位把握教学评价机制

小学语文深度学习的教学评价是整个教学过程中至关重要的一环，它可以帮助教师了解学生的学习情况，及时调整教学策略，提高教学效果。在当今核心素养思潮的集中推进下，真实性评价的优势逐步体现。在真实性评价中，需要基于长远视野下的单元设计、跨学科设计等可视化的评价。评价者可以是教师，也可以是学生自己。

以四年级第七单元单元评价设计为例，依据单元学习的目标，围绕本单元的学科核心素养的发展目标，反映学生学习活动的评价设计如下：

序号	评价目标	评价任务	评价标准	评价方式	自我评价感受
1	课文生字词的掌握，能大致把握文章主要内容	① 运用学习过的识字方法，以及多种理解词语的方法来掌握生字词 ② 熟读文章，大致把握文章的主要内容	① 朗读文章熟练度 ② 用生字词进行简单的说话训练 ③ 大致说清楚文章的主要内容	课堂观察以及作业	① 学习任务完成的进度和结果 ② 新知识学习感受

（续表）

序号	评价目标	评价任务	评价标准	评价方式	自我评价感受
2	关注主要人物和事件,叙述主要事件,梳理把握文章主要内容的不同方法	① 完成文章中人物及事件的思维导图 ② 根据思维导图叙述主要事件 ③ 列举梳理把握文章主要内容的方法	① 思维导图的完成度 ② 列举方法的完整度 ③ 对文章主要内容的叙述	课堂观察、小组梳理结论汇报、师生访谈	① 新知识学习感受 ② 小组协同学习带给你的感受
3	通过查询相关资料,深刻感悟"家国情怀",体会不同历史时期人们在家国大义面前的不同风采	① 整理交流相关资料 ② 为人物撰写小传,体悟情感课后完成小练笔"自己为什么而读书",并与大家分享交流	① 资料整理的呈现及交流的完整 ② 人物小传的完成度 ③ 小练笔的作业完成情况	课堂观察、资料查询汇报、作业	① 学习任务完成的进度和结果 ② 在完成作业时,自己随人物感受到的情感变化
4	多种形式分享其他体现家国情怀的故事或人物,践行爱国主义	① 展示小组合作成果 ② 观察学生言行的变化	① 小组呈现效果 ② 师生访谈,学生交流中的表现	课堂观察、作业汇报呈现、师生访谈	① 小组合作学习中自己的表现 ② 小组合作学习中自己的体会 ③ 对自己生活中言行的影响
5	学写书信,学会用书信与他人互通消息,交流情感	① 课上,观察学生交流成果 ② 课后,检查作业情况	① 课堂的交流水平 ② 作业的完成度	课堂观察、作业	① 上课交流中自己的表现 ② 听完他人发言后自己的感受 ② 作业的完成情况

　　当然,除了在单元化学习下的可持续性真实评价外,也需要注意教师在课堂上的针对性评价,引导学生发现自己的答题漏洞,在鼓励性的氛围中,逐步完善自己的观念。

五、及时有效地进行反思

（一）教师的有效反思

教学反思是一种有益的思维活动和再学习活动，通过课后反思能达到提高教师自身素质以及提高教学效果的目的。一个优秀教师的成长离不开不断的教学反思这一重要环节。它对教师的成长有着重要的作用。

（二）学生的有效反思

在深度学习背景下，学习者的反思有三种功能：1. 确认学习内容的反思；2. 把过去和现在的学习内容加以理解、概括的反思；3. 把学习内容与自身发展挂钩的反思。[2]当然，小学生对于自身学习的反思，实施起来还是有一定难度的，孩子的思维发展和认知还处于比较幼稚的初级阶段，在引导学生反思时，我常常与评价机制中的自我评价相联系。让学生谈一谈、写一写在每次学习活动之后有没有充实的感受，有没有获得知识的喜悦感，从而期待下一次的学习活动。在和他人协同学习、合作学习时，感受到他人思维对自己的影响，在协同的过程中感受到这种学习方式的优越性和快乐。

"士不可以不弘毅，任重而道远"，深度学习在小学语文教学中还有更多的发展空间，需要教师更多地深入研究，并实践于教学，使学生真正成为具有自主学习能力、具备核心素养且国际化的新时代少年。

参考文献：

[1] 钟启泉.深度学习[M].上海：华东师范大学出版社，2021：16.

[2] 钟启泉.深度学习[M].上海：华东师范大学出版社，2021：118.

基于学生思考差异性的低学段
语文前置性作业设计调整

上海市浦东新区华林小学　成雨函

《关于进一步减轻义务教育阶段学生作业负担和校外培训负担的意见》背景下的作业设计，要时刻注重作业质量，摒弃海量作业提高学习成绩的想法，要以多样化的作业形式和内容激发学生完成作业的兴趣。作为义务教育阶段的一线教师，我们要将注意力集中于学生的课堂表现上，精心筛选作业内容，大胆创新作业形式，依据学生的思考对作业的内容进行调整，实现作业的多样性、层次性和高效性，从而实现教学的提质增效。

学生的学习兴趣就像一块吸铁石的一端，而老师的课堂教学和作业就像另一块吸铁石的另一端，唯有找到正确的两端，两者才能相互吸引，让学生热爱学习，愿意学习，学生才不会把学习和完成作业当作一种负担。

"前置作业"将作业"翻转"到教学过程的前端，可在课堂前、单元教学前甚至学期前布置，学生将从"被动"变为"主动"，调用自身的学习系统和知识领域的认知、情感和动作，嫁接新旧知识的桥梁，发现问题并自主寻求问题的解决办法；带着问题进入课堂，以解决问题为导向，增强学习动力和自主性。学生还可以打破教师设计的程序，根据已有的知识领域，开启个性化的、深层次的学习历程。它能为学生的学习做好准备，也是教师依据学生思考调节课堂的首要环节。因此，教师可以结合低学段学生的思考特点，设计出灵活新颖，富有趣味性，适合一、二年级学生的相关作业。本文立足于低学段学生思考的差异性，对前置作业中的问题进行反思与提升。

一、差异性是低年段学生思考的特点之一

前置作业与传统课前预习作业有所不同。传统的课前预习作业与课堂新知的探究关系不够紧密。有时候不预习也可以进行新课学习，但前置作业会贯穿在之后

的课堂学习中。同时,传统的课前预习作业思维深度不够。前置作业是学生课前依据自我经验进行知识构建的探究性学习,更关注学生的独立思考能力。前置作业更开放、灵活、有趣。前置作业的内容可以是基本的识字、写字,也可以是系统的知识梳理,还可以将语文学习与实践活动结合起来。

目前,低学段小学语文前置作业设计内容局限于传统的识记生字词、了解课文大意、梳理课内知识,以下是我们二年级的一份常见前置作业:

1. 读。借助拼音读通课文。

2. 标。标出课文每个自然段的序号。

3. 圈。拼读课文后面要求会认的字,然后在课文中找出这个字,圈出来。拼一个,圈一个。

4. 查。不认识的生字词通过所学的查字典方式进行查找。

5. 问。对课文内容中所感兴趣或有疑问的内容进行提问。

学生能够根据教师要求完成相对应的前置性作业,对文章大致内容和生字词有基本了解,但在第二天的课堂教学中,教师仍能发现学生在完成作业的过程中所遇到的问题与困难。

而这大多与学生思考的差异性有关。由于每个学生的生活环境、家庭教育和接受知识的能力是不相同的,在具体的学习之中,他们带着已有的经验储备,对知识与问题进行理解、体验与探究,在解决同一问题时会有不同的思路,思考方式就会出现差异。以部编版语文二年级上册《曹冲称象》为例,有的学生会关注到课文人物,提出问题:"曹冲是谁? 他和写《七步诗》的曹植有什么关系?"这类学生本身就有一定的知识积累,所以能够将所学的知识相关联;有的学生对课文内容进行思考,提出问题:"为什么不可以让大象站上巨型的电子秤呢?"这类学生思维天马行空,但缺乏一定的现实依据;有的学生由于生活经验较少或是在生活中缺乏观察,所以会对曹冲称象的具体步骤难以理解;还有的学生由于学习能力较弱,因此无法清晰找出文中提到的两种称象方法,在前置作业中只能完成前四项。

综上,我们可以发现不同层次的学生对于前置作业的思考深度不同,教师在教学设计中更需要关注到学生之间的差异性,并以学生的思考对教学设计进行调整。

二、前置作业设计未考虑学生思考的差异性

对低学段学生的思考特点进行具体分析后,我们可以发现低学段的学生思考能力各不相同,但通过先前的前置作业我们可以发现如下问题:

（一）**前置作业设计内容过于固化。**语文学科是一门与生活密切相关的、实践性较强的学科，不应该拘泥于传统教学中的听说读写。我们应当丰富语文作业的内容与形式，让学生在体验生活的过程中学习和感受语文的魅力。长时间重复相同的作业，学生感到枯燥，往往是机械地完成，学生学习兴趣不浓厚，也缺乏对知识的思考。

（二）**前置作业设计缺乏大单元和跨学科意识。**语文与其他学科有着紧密的联系，是一门综合性的学科。在前置作业的布置中，教师应跨学科融合，这样能够锻炼学生的综合思维能力，也提升了学生的综合素养。单一性的作业无法调动思维能力较强学生的综合能力。

（三）**前置作业评价形式过于单一。**这样的一份前置作业评价的方式往往是教师单向检查，或者是课前抽查，由教师单向地给予评价，而低学段的孩子更是缺乏对自我问题的思考，长此以往不利于培养学生的自主能力。

不同能力层次的学生都布置相同的作业，作业整体缺少分层性和梯度性，也缺乏学生对自己作业的评价，这也就导致了完成前置作业给学生带来的能力提升和学习体验效果有差异，难以充分培养每个学生的思考能力，调动学生的学习热情。

三、前置作业针对学生思考差异性设计的调整思路

低学段的学生由于接触学习时间不长，每个孩子的思考和学习能力都有所不同，如果每一次前置作业都是统一的、一成不变的，既会忽视学习基础较弱的学生的需要，也无法提升学有余力的学生的能力，久而久之，前置作业就无法达到预期的效果。因此，前置作业应当更关注学生思考的差异性，让不同能力的学生得到不同水平的提升。不同等级的前置作业，可以让学生依据自己的能力和兴趣自主选择，以此提高学习主动性。

部编版教材中低学段的语文教学通常以识字为主，因此在前置作业的设计中，我们立足趣味识字，依据学生的思考特点，对学生的自主学习能力进行分层培养，以此调动学生学习兴趣，促进学生的持续性发展。

（一）通过分层性前置作业，提升学生字词学习能力

在先前的前置作业中，学生通过查字典和文中圈画的方式来认识生字，对于新认识的生字，部分学生只认清了字形，拼读了字音，对于字词在语句中的运用、字的含义都没有过多的了解，而有部分学生字词积累量较大，先前的前置作业对他们而言较为简单，无法锻炼他们新学的识字本领，对他们的学习能力提升较少。以二年

级《雪孩子》为例设计分层识字作业,学生可以根据自身能力选择其一完成,并根据第二天的课堂学习,对自己前一天的作业进行自评。

《雪孩子》分层作业

	作 业 内 容	学生自评
A	独立观察字形,结合所学方法说一说	☆ ☆ ☆ ☆ ☆
B	巧用生字卡片,团队协作找一找	☆ ☆ ☆ ☆ ☆
C	联系上下文思考,灵活实践演一演	☆ ☆ ☆ ☆ ☆

A档作业面向班级大多数学生,低学段的学生已经学会通过加一加、减一减、换偏旁、编儿歌等方法来记忆生字。因此,在前置作业中,我们可以让学生联系生活经验编一编小儿歌,比如在《雪孩子》预习识字作业中认识"烫"字,可以编"汤在火上烧,小心别烫到";认识"灭"字,可以编"着火啦,快找东西来灭火,用横盖住火,火就扑灭了"。学生在观察字形、思考字意的基础上编儿歌,加深了他们的记忆,也让学生在交流时碰撞出不一样的火花,活跃了课堂氛围。有趣又轻松的作业让学生对识字产生乐学、爱学心理。

B档作业更注重学生的生字运用和团队协作能力培养。随着学生识字量的增长,学生也逐渐发现可以通过部首、声旁、形旁来区分汉字。因此,在低学段的前置作业设计中,我们可以让学生给汉字"找朋友",让学生思考不同部首和生字如何组合变成新的汉字。如在前置作业中,教师在课前将"日""王""氵""尧""火""军""林"等卡片分给每个学生,让学生利用课间时间把手中的形旁、声旁卡片试着和其他同学的合在一起交朋友,每组合一组就通过查字典的方式来验证。这样的作业加深了学生对生字字音、字形的掌握,也让学生学会了团队合作与独立思考。

C档作业更考验学生的综合识字能力。学生先阅读文章,再根据上下文,结合自己的思考演一演字词,在第二天的学习中学生就会更集中注意力去学习生字印证自己的猜想。如让学生先完成初步的课文预习作业,再结合课文思考并演绎"嚷""添柴""蹿出"等字词。在第二天的课堂中,教师让学生演一演并说一说这样演的原因,再对字词进行讲解,这样既提升了学生的兴趣,也培养了他们联系上下文、结合生活实际理解词语意思这一语言素养。

只有充分调动学生的思维去识字,这样才能让学生的记忆更深刻,运用更灵活。

(二)关注学生思考差异性,分层培养学生综合能力

以二年级《曹冲称象》为例设计分层作业,设计不同难度的作业,让学生自己选择、自己思考,并给予不同的评价标准。作业分为必做和选做(3选1)两类,必做作业是学生基础的预习作业,对文章大体内容、生字词进行初读。选做按照评价标准分为"1星、2星、3星",三层作业都需要学生结合文章进行思考,但思考难度等级有所不同。"3星"作业难度最大,需要学生调动所学知识,综合运用,"2星"难度适中,面向大多数学生,相对灵活,且没有对错之分,更强调学生自主思考能力,"1星"难度最低,适合学习能力较弱的学生。在本课学完后,让学生对作业完成情况进行自我评价,让学生有自我评判能力,也更了解自己的学习情况。

《曹冲称象》分层作业

	作 业 内 容	学生自评
必做	通读课文2遍,圈画生字词,标出小节号。	☆☆☆☆☆
选做	☆☆☆:找一找课文中称象的两种方法说一说,并比较优缺点。	☆☆☆☆☆
	☆☆:请找到曹冲称象的方法,选择自己喜欢的方式把他的方法说清楚,可以画一画、演一演、说一说等。	☆☆☆☆☆
	☆:请在文章中找到曹冲称象的方法,用横线画一画,读一读。	☆☆☆☆☆

为了防止部分学生因为偷懒而直接选择"1星"作业,教师在布置作业前会和学生讲清要求,若学生完成"1星"则可在语文书上添一星,以此类推,如果越级选择则额外加星。

设计低段学生的前置作业时,教师应当紧抓学生思考特点、心理特点、兴趣爱好,尽可能地激发学生的学习兴趣,调动学生的各项思维能力,作业内容有目标性、持续性、针对性、差异性,让学生在乐意学、善于学、主动学中提升学习效率。同时,教师也应当根据学生前置作业的完成情况对课堂内容重点进行适当调整。

参考文献：

［1］阮梦杰.小学语文低年级前置性作业的有效设计探究［J］.教学管理与教育研究,2022,7(14)：19-20.

［2］牟奕蒙.小学语文前置性作业设计调查：问题与改进建议［J］.江苏教育研究,2021(31)：41-45.

［3］卫亚军.小学中段语文前置性作业优化设计与实施［D］.上海：上海师范大学,2021.

［4］陈倩荣.着眼深度学习的小学语文前置性作业设计［J］.基础教育论坛,2019(29)：13-15.

塑造真语文课堂，扎实低年级朗读教学

上海市浦东新区海桐小学　朱　蕾

朗读是一种阅读方式，是学习语文最重要的手段之一。通过朗读，学生能自外而内地对文本进行理解和吸取，是小学语文学习中不可或缺的环节。《义务教育语文课程标准（2022年版）》中指出：低年级学生喜欢阅读，感受阅读的乐趣；学会用普通话正确、流利、有感情地朗读课文。

低年级学生年龄小，生活阅历少，理解能力较差。正因如此，他们可塑性较强，接受较快。在低年级的朗读教学中，笔者根据学生的学习特点，运用不同的教学方法指导学生朗读课文，帮助他们掌握不同的朗读方法，最终达到正确、流利、有感情地朗读课文的目的。

一、提高低年级学生朗读能力的意义

朗读是学生学习语文的过程中必不可少的一种能力。通过课堂的朗读教学指导学生读好课文，不仅能帮助学生发音正确、语气连贯，养成良好的语言习惯，还能帮助学生理解文本内容，进一步体会文章的思想感情。

（一）有利于学生语感的培养

朗读是培养语感的重要方法之一。通过朗读文学作品，学生可以练习正确的发音、语调和语音语调等语言要素，进而提高对语言的敏感度和准确性。朗读还可以使学生更好地感知和理解文字中的情感表达、语言韵律和修辞手法等，从而培养他们对语言美的感知和审美能力。

部编版教材着眼于全面的语文启蒙教育，课文由专家精心挑选、精心编辑。课文内容不仅题材广泛、体裁多样，而且还有诗一般优美的文字，为学生学习语文提供了很好的载体。通过朗读课文,学生可以提高对语言的敏感度、语音和语调准确性,培养良好的语言节奏,掌握和运用语言表达的技巧,从而进一步提高语感。同时,拥有强大的语感也可以使学生更好地进行朗读,更生动地展现课文中的语言美。

(二)有利于学生文章内容的理解

朗读是对文本的声音表达,而理解内容是对文本意义的理解和把握。两者相互影响,互为重要环节。"读书百遍,其义自见。"通过朗读,学生可以初步感知文章内容,领会文章的主旨。再通过重点词句段的朗读,能帮助学生抓住文章要表达的情感和人物的角色特点。尤其是感情色彩浓烈的语句,需要学生反复品读。

教师通过适当的练习,帮助学生更好地捕捉到文本的情感色彩、语气和语调等细微差别,从而更准确地理解作者的意图和情感表达。通过朗读,学生将学习的语言知识应用到实际的语言表达中,从而巩固和加深对语言的理解。

二、低年级学生朗读教学的实践

新课标要求低年级学生正确、流利、有感情地朗读课文。朗读的新课堂中,教学方法主要有以下三个"抓住":

(一)抓住读音,读正确

用普通话正确地朗读课文,是对低年级学生朗读的最基础的要求。一年级学生刚接触阅读,需要借助拼音读准字音,读好变调。

如朗读教学活动"秋天"

师:课文中藏着好几个"一"字,请你们把"一"圈出来?

生自由朗读,圈出文中的"一"。

屏幕出示:一片片 一群大雁 一会儿 一个"一"字("一"字标好拼音)

师:请小朋友们拼读词语,开小火车。

师:去掉拼音,你们能读正确吗?

师:将"一"送回句子中,你们还能读正确吗?

新课堂要以学生为中心,给学生设置适合的、有梯度的学习任务。一年级学生根据之前的拼音学习,可以通过自主拼读,读准字音。通过这样的形式,不仅锻炼了学生的拼读能力,体会到自主学习的乐趣,而且培养了认真朗读的好习惯。

(二) 抓住停顿,读流利

1. 标点符号停顿

标点符号是书面语言的停顿,也是低年级学生朗读课文时停顿的重要依据。不同的标点符号的停顿也是不同的。

如朗读教学活动"雨点儿"

屏幕出示:不久,有花有草的地方……长出了绿的草。

师:请你们根据上一节课《青蛙写诗》中学习的知识,圈出句子中的逗号和句号。

师:接下来,请你们认真听老师读课文,比一比逗号和句号的停顿有什么不同之处。

生:顿号停顿的时间很短。

生:句号的停顿时间比逗号的停顿时间更长。

师:请你们根据这样的停顿规律,读一读这段话吧。(随机指导)

标点符号是朗读的一种辅助手段,掌握标点符号的停顿规律对于朗读课文来说十分重要。在平时的课堂中,教师可以多让学生练习由短句组成的长句,练习符号的朗读停顿,将这种朗读习惯内化成一种本能。

2. 分句内部停顿

随着学习的深入,课文中会出现很多长句。要朗读好这些长句,除了要注意标点符号的停顿外,还要注意读好分句内部的停顿。

如朗读教学活动"夜色"

屏幕出示:我从前胆子很小很小,天一黑就不敢往外瞧。

师:请试着轻声读一读这句话,根据自己朗读时的停顿,写上停顿符号。

生:我从前/胆子很小很小,天一黑/就不敢往外瞧。

生:我/从前胆子/很小很小,天一黑就/不敢往外瞧。

师:这两种停顿方法哪个更好?

生：第一种停顿方法朗读课文更好，听起来更加流利。

不同的标点符号代表的停顿时间不同，在朗读长句子时也要在合适的位置断句。只有做好这两点，才能将句子朗读流利。当学生读到某个词语时出现顿读，教师则要考虑学生是否理解词语的意思，及时给予指导。

（三）抓住轻重，读出感情

在朗读课文时，学生需要把句子中要强调的词语重读，准确地表达出文章的思想情感。一般来说，句子中的关键词语和修饰的字词需要读出重音。

如朗读教学活动"乌鸦喝水"

屏幕出示：一只乌鸦口渴了，到处找水喝。

师：一只乌鸦口渴了，于是它在干什么呢？

生：找水喝。

屏幕出示：一只乌鸦口渴了，找水喝。

师：这句话和课文的第一句话有什么不一样？

生：课文的这句话多了"到处"这个词语。

师："到处"说明了什么？ 小乌鸦找水找得怎么样？

生："到处"说明乌鸦找水找了很多地方。

师：听我读一读这句话，这只乌鸦的心情是怎么样的呢？（重读"到处"）

生：乌鸦感到很着急。

师：请你学着我的样子读读这句话，读出乌鸦的着急。

句子中的关键字词往往都是需要重读的，因为这些词蕴含着一定的感情成分。"到处"这个词语不仅写出了乌鸦十分口渴，很着急，而且也写出了找水不易。学生带着这样的理解，朗读了课文，体会了文章情感色彩。

三、低年级学生朗读教学的注意点

新教材对语文课堂有新的要求。教师们需精心安排朗读训练，让学生通过朗读，感受语言文字之美，激发朗读兴趣。在教学中，主要有以下几个"重视"：

（一）重视朗读目的

在教学朗读时,不可漫无目的地不停地让学生朗读。每一遍朗读都要带着一定的学习目的。在第一遍朗读时,可以指导学生读准字音。将字词都读正确之后,第二遍朗读就可以针对停顿对学生的进行指导。如果朗读的内容有丰富的情感色彩,则可以指导学生通过初步的重读强调出重要内容和情感色彩。

"正确、流利、有感情"是有梯度的要求。教师应充分利用汉语拼音对学生朗读的声调进行指导。在此基础上,指导学生流利地朗读,先读好词,再读好句。对于朗读能力较弱的学生而言,则可以通过慢读来提高发音准确性和语感。

"有感情地朗读"是学生朗读的最高要求。教师可以让学生尝试扮演课文中的不同角色,从角色的角度去理解和表达课文的情感。通过角色扮演的方式,可以更深刻地理解课文,并更加真实地表达出情感。从"读正确"到"读流利"是一个逐步提高的过程,教师切不可学不躐等,不顾学生朗读体验。

（二）重视朗读范读

教师通过准确的语音、流畅的节奏和情感的传达,帮助学生掌握正确的朗读方式,并激发学生的兴趣和冲动来模仿。此外,教师通过有感情地范读课文,可以引导学生进入课文的情境和氛围,帮助学生更好地理解和感受课文中的情感。教师可以调整自己的声音、语速和语调,展示课文中人物的情感状态,从而激发学生的情感投入和共鸣。

相比课文录音的规范性,教师的范读更灵活机动。教师在范读过程中,可以有意识地强调和突出课文中的重点和关键词,引起学生的注意和思考。通过音量、语气和停顿等手段,教师可以让学生更加关注和理解课文的重点内容,并激发学生的思考能力。

低年级学生在朗读时,对标点符号的认识和理解不够,容易将课文朗读得较生硬。此外,朗读的训练对低年级学生来说也相对枯燥,容易引起学生的厌烦情绪。教师可以通过有感情地范读课文,展现自己的魅力和能力,增强对学生的吸引力和影响力。同时,在范读中展示出自己的才华和情感,激发学生的敬佩和兴趣,提高学生对课文的积极参与和投入。

（三）重视朗读兴趣

"教育的艺术是使学生喜欢你所教的东西。"为了激发学生的朗读兴趣,教师可以组织学生进行不同方式的朗读,如分组朗读、分角色朗读、师生合作读等等。灵活多变的朗读形式各有侧重,不仅能调动学生朗读的积极性,还能在反复的朗读训练中,熟练朗读方法,培养语感。

朗读是学生通过文字唤起形象思维的过程,因此,创设与朗读内容相关的情境是十分重要的。创造情境可以帮助学生感受课文表现的场景,使他们更快进入"角色"。比如,在指导朗读《难忘的泼水节》时,我给学生播放了泼水节的热闹场景,让他们感受当时的快乐气氛,接着引导他们体会人们的生活是多么幸福。通过情境的创设,学生能够快速感受文章所表达的情感,脑海中也有更加清晰的想象,情感也体会得更加深刻。

在学生朗读过后,教师要通过不同的评价语言鼓励学生,使学生的朗读兴趣得以保持。要善于发现学生的朗读闪光点,鼓励的眼神、手势、话语都有着正面的作用,成为学生持续朗读的动力。

参考文献:

[1] 傅燕平.小学语文阅读教学中朗读训练方法[J].小学生(中旬刊),2021(04):30.

[2] 吴晓萍.小学语文朗读教学策略初探[J].教育艺术,2021(03):35.

[3] 李春枝.小学低年级语文教学中学生朗读能力的培养[J].第二课堂(D),2021(02):72-73.

主题意义下基于学生思考特征的英语单元整体教学

上海市浦东新区华林小学　王秋婷

《义务教育英语课程标准（2022年版）》指出，对语篇主题意义的探究是英语课程中重要的一环。在英语课程中，教师应当将对主题意义的探究作为教学中的重点。教师通过对语篇意义的探索活动，整合学习内容，能有助于学生提高语言能力、文化意识、思维品质和学习能力。主题意义的提出对小学英语教学产生了深远的影响。

本文将以牛津英语（上海版）五年级上册第二模块第三单元 Moving home 为例，初步探索如何在主题意义下，依据学生的思考对现有的教学设计进行调整，从而帮助学生加深对主题意义的探究，并培养其对单元核心主题的深刻认知、正确态度和行为取向，以有效促进核心素养落地。

一、经过教学后发现的学生思考的现状

在 5AM2U3 *Moving home* 的单元整体教学中，第一、第二课时主要围绕 The Chens 一家因为曾经的住所不再适宜居住，从而搬入新家，一家人讨论各自喜欢的房间为主题而展开。

针对本单元教学内容，通过即时的课堂反馈，我发现学生已能在语境中知晓方向类词汇 south、north、east、west 的发音和含义，能听懂、读懂和正确书写方位类词汇，并在语境中尝试表达。同时，大部分学生已能在语境中知晓句型 "It faces ..., Which room do you like? I like ..., Why ...? Because ..." 的含义，正确表达房间的朝向并能进行询问与应答。简而言之，学生已基本掌握语言知识与技能。但通过课堂上的师与生、生与生互动，仍能发现学生在思考过程中出现的困顿与阻碍。

（一）思考的单一性

第二课时的教学大情境是The Chens一家已经搬入了新居，他们就自己喜爱的房间进行对话。经过子情境一："Sally likes the living room." 的教学，学生掌握了重点句型的发音与含义。故在子情境二："Dad likes the study." 的教学活动中，教师请学生分别扮演Sally和Mr. Chen，针对新家中的书房完成对话，即在语境下进行询问与应答。对话框架已提供给学生如下：

"Sally：Which room do you like, Dad?

Mr. Chen：I like the study.

Sally：Why do you like it?

Mr. Chen：Because it's _____ . I can _____ there."

在这段文字的对话中，大部分学生能阐述Mr. Chen喜爱书房的缘由，但回答内容较为单一，基本可归类为同一原因："Because it's quiet. I can read books there."。学生基本了解可以在书房中进行的活动，但他们仅仅能思考到书房的最直观的功能，并不能进行发散性思维，从而联想到房间功能的多样性。从这一现象可以看出，学生的思考具有单一性、刻板性的特点。

（二）思考的片面性

第二课时的后阶段教学从学生扮演角色对话喜爱的房间话题，延伸为学生阐述自己喜爱的房间。在教学活动中，教师出示一份关于两间房间信息的表格，其中包含房间的面积、位置和朝向，请学生读取表格信息，从而选取自己心仪的房间进行对话。表格如图所示：

	Study A	Study B
Area（面积）	9 m^2	20 m^2
Location（位置）	far from the road	near busy road
Orientation（朝向）	faces north	faces south

由于表格中已提供了选择房间的多样因素，学生选择房间的原因出现了差异。但他们的回答仅能表述出从表格中获取的信息，并不能解读两间房间数据差异背后的原因。以参考数据中的 "Location（位置）" 为例：A书房远离道路，而B书房距离

熙攘的马路近，因此根据事实常理，可判断出B书房的环境相较于A书房更喧嚣嘈杂。而学生的思考过程仅停留在房间位置的表层含义，未能进行深入的思考。

综上所述，学生在课堂上的回答体现出他们思维的广度和深度仍有待挖掘。而本单元为五年级教学内容，高年级学生能区分概念的本质和非本质属性，能掌握一些抽象概念，能运用概念进行判断、推理和思考。因此，教师应该调整教学从而引导学生进行有效的思考。

二、根据学生思考对照现有的教学设计

经过对于学生思考现状的分析，我发现之所以学生在英语课堂上不能展现原有的思维品质，是因为他们的注意力侧重在能够将重点内容读流利、说准确，而并非对于教学材料中呈现的文本、图片或数据等内容的思考。通过与原先教学设计进行对照，我意识到教学目标、教学内容与教学方法的设计未能对学生的思考产生帮助。

（一）单元整体教学缺乏主题意义

"主题意义是指通过话题所传达的核心思想内涵，通常与情感、态度、价值观有关。"教师应该关注培养学生核心素养和学科育人的重要性，实现在单元规划下的主题意义探究。本单元主题为Moving home，属于人与社会的主题范畴，其主体是社会服务与人际沟通，子主题内容是和谐家庭与社区生活。希望学生通过学习，了解搬家的缘由，内化对家的喜爱。

由于我在解读教材时偏重于语言知识和技能，忽略了单元主题所蕴含的文化内涵，缺乏基于主题意义的探究性教学活动，学生在学习过程中缺乏对搬家原因、房间特点等相关问题的深入思考。

（二）语篇输入模态较为单一乏味

学生在课堂上呈现出的单一回答，反映出教师在教学过程中的语篇输入不够多元、丰富。"语篇是主题意义探究的载体，语篇意义不仅能够由语言手段体现，也能够由图像、声音、颜色、动漫等其他手段体现。"因此，多模态语篇的有效输入可以激发学生对主题的深入思考，从而帮助他们更好地理解和掌握知识。

在第二课时的教学过程中，语篇主要以人物对话音频、房间图像、表格等形式呈现，内容呈现的总体方式较为枯燥，缺乏色彩、声音等刺激源，学生无法依靠单一的图片对房间的特征、功能进行联想。

（三）评价模式不够动态化、多样化

主题意义是一种多元化的、开放的、具有深刻影响力的概念，它源于个体与文本、个体与别人、个体与自己之间的正面交互。在学校教育中，老师应该尊重学生的个性解读和多元理解，引导他们树立正面、积极向上、适合单元主题的价值理念，以促进学生的全面发展。

本课时教学设计中涵盖需要学生进行一定思考的教学活动，因此，当出现学生思维不够深入、对主题意义的理解模糊的情况时，教师应该有意识地引导学生进行全面的观察和深刻的分析，并对他们的思维过程进行动态评估。由于教师的评价方式过于单一和僵化，学生很难从中发现自身思维的局限性，从而影响他们的学习效果。

三、教师依据学生的思考调整教学设计

学生在缺乏对于主题意义探究的课堂中，难以将所学的语言知识融会贯通，并经过思维的加工处理，拓展主题表达视角及文化视角，达到真正语用的目的。将学生思考过程中出现的情况与原有教学设计进行对照后，我针对教学目标、教学内容与教学方法进行了调整。

（一）通过情境链的构建，深入探索主题意义的整体构建

情境是学生实现意义建构的平台，因而在教学设计中，教师应该创造一个与学生日常密切相关的现实情景，并将其分解成相互联系的子情景。通过这种方式，教师可以在主题的指导下进行语言学习，并以情景为主线进行教学，将各个教学环节串联起来。

本单元共分为五个课时，每个课时围绕 Moving home 的单元大情境，划分为 My home、The Chen's new home、Peter's new home、Why do geese change home? 和 My dream home 五个话题。针对五个话题和分课时教学目标，设定相互关联推进的语用任务：

课 时	话 题	语 用 任 务
Period 1	My home	通过阅读配图语篇，在介绍别人家的语境中，扮演文本人物，感受居家房间的多样、朝向的不同，体会家庭生活的丰富
Period 2	The Chen's new home	通过阅读对话语篇，在介绍别人家的语境中，借助板书和平面图，讲述陈先生一家喜欢的房间和理由，感受家人对居家房间不同的喜好，在建构空间概念的同时，体会居家的温暖和美好

（续表）

课　时	话　题	语　用　任　务
Period 3	Peter's new home	通过阅读对话语篇,在介绍他人搬新家的语境中,扮演文本人物,借助公寓平面图描述新家全貌,并口头描述人物喜欢的房间及理由
Period 4	Why do geese change home?	通过阅读科普短文,借助思维导图和板书,理解语篇内容,尝试简单介绍大雁迁移的路线和原因
Period 5	My dream home	能在介绍他人或者自己的家或者理想之家的语境中,借助板书、平面图,介绍自己家的全貌或者自己梦想的新家全貌,以及家庭成员对房间的不同喜好

（二）使用多种交流模态,促进对主题意义的多样理解

"思维是在感知基础上进行的高级认识活动,思维的全部材料来自感性经验。"因此,要让学生在课堂上发挥出最大的潜力,就应该让他们充分运用感性经验,学习充实而生动活泼的感性知识,这是培养他们能力的关键所在。

在调整后的教学中,我在子情境中融入基于主题的多模态语篇。例如在第三课时中,学生扮演文本人物介绍喜爱的房间前,插入多项居家活动的图示,以观察的方式让学生获取信息,推动学生对居家活动产生更多的思考。而学生通过趣味多彩的图示,能够迅速地将自己代入情境中,以真实的居家生活体验的视角进行语用。

在第四课时 Why do geese change home? 的教学中,播放大雁迁徙的视频,使学生了解动物界与自然的意义——大雁南飞是因为希望得到更好的生活,寻找更能适合自己生存的环境,从而使学生更加明确自然界的奥秘,激发对大自然的探索欲望,体会大自然中所有的生物对美好生活的共同向往和追求。

通过使用多种教学手段,如实物、图片和视频,教师还能协助学生在听、说、读等全方位语言实践活动中,反省和重现个人生活经历,并进行积极向上的思想交流。这样,学生就能够从感性认识转变为理性认识,并通过表达个人情感和观点有效地探究和理解主题意义。

（三）通过提示与追问的方式,帮助学生探究主题意义

五年级学生已经具备了解决课堂上提出的问题的能力,但是要想让他们形成正面的价值观,就必须尊重他们的个性,并且鼓励他们多元化地理解问题。因此,教师

需要定期监测学生对主题的理解,以避免他们在思考问题时偏离主题或浅尝辄止。在课堂上,教师可以通过多次提出问题和引导学生进行反馈来检验学生对课程主题的理解程度和广度。例如,在第四课时 "Why do geese change home?" 的教学中,通过 "When do geese change home?" "How are their trip?" 等提问,帮助学生构建思维的框架,体会大雁迁徙的艰难。

教师在课堂上的追问,可以帮助学生打破原有思维的束缚,拓展思维的深度,从而更好地理解主题意义。在教学中,教师可以以对话的方式,围绕探究的主题,深入引导学生思考,以便更好地了解学生对主题意义的理解。教师可以通过提出问题来帮助学生理解主题意义,并引导他们从不同角度和层面进行分析和探究。

简而言之,在英语教学中,教师应当围绕主题意义进行教学活动设计,要充分挖掘教材语境,通过创造真实情境、提供多元模式、进行适时追问等方式来帮助学生更好地理解主题意义,使学生在探究主题意义的学习过程中,能不断促进自己的语言能力、文化意识、思维品质和学习能力的养成,以实现提升核心素养的目标。

基于核心素养培育的小学美术评价设计

上海市浦东新区进才实验小学西校　高　雯

【摘　要】为培育学生艺术核心素养,我尝试以评促学的方法进行小学美术评价设计。评价设计体现主体多元性、内容多维性、评价环节的连贯性。评价分三个方面:课前两分钟微演讲评价设计着重发现学生艺术素养中的审美感知和文化理解;课中单元评价着重观察学生艺术素养中的艺术表现;课后应用类评价着重体现学生艺术素养中的创意实践。艺术四大素养的培育贯穿于三个评价设计中,各有侧重又都有联系,形成了较科学、客观的学生美术核心素养评价系列。

【关键词】核心素养　小学美术　评价设计

一、研究背景

美术作为艺术学科中的一门学科,对照艺术课标,培养、提升学生的美术核心素养,是美术教师的职责和任务,这就涉及教学评价。谈到评价,就必须面对如何量化的问题。就美术学科而言,除了艺术表现的技能运用可做量化评价外,关于审美感知、文化认同和创意实践等方面的内容较难做客观中肯的评价,因为量化的过程和结果常受评价者的主观标准影响。即便是等第或定性评价,也是凭总体印象而定,如何科学公正地评定学生的美术素养,是我一直在探索和实践的课题。

二、小学美术学科常规评价的局限性

(一)重技能技巧,轻文化理解

日常课堂教学中最易做定性评价的就是美术作品中的技能技巧,老师为作业打个等第就能一评了事。但是,学生在美术学习中对人文的理解、对文化的感知往往无从得知,也少有反复教育熏陶的时间,这就会出现轻文化理解的偏失。

(二)重单课评价,轻单元评价

在每节课后给予学生作品等第性评价虽是常规式操作,却在无形中增加了学生的心理负担。而仅对一个单元中某一课的评价相对比较片面,单元学习没有完成,所学所感所用都是不完整的。

(三)重课堂实践,轻应用实践

在课堂教学中,学生能在教师的引导下完成既定学习目标,但并不表示在之后的生活、学习中,他们也能活学活用地解决问题。不少学生离开学校,将所学一并还给老师,几乎与美术无缘。

三、基于核心素养培育的评价设计内容

(一)课前两分钟微演讲评价

课前两分钟微演讲主要是培养学生的自主预习能力和口头表达能力。如何紧贴主题、如何寻找作品、如何搜集和呈现内容、如何在两分钟微演讲中进行成果展示,这些过程都会纳入学生自评的范围。这份评价设计中,学生自我评价的内容较多,因为虽说只呈现两分钟的内容,但是课前学生已投入较多时间和精力,这些看不见的努力都应充分肯定。

(二)课中单元学习评价

单元学习评价是主要的教学评价。单元评价比单课评价更系统全面,体现整个单元的学习水平和质量。一个单元学习之后对自己和对他人的评价,也是同学们自我检测、相互学习的重要过程。

(三)课后应用类评价

课后应用类评价最能看出学生的素养发展水平,应用类实践活动有各级各类的美术比赛,各种节日庆典中制作演出道具或是传递情感的贺卡,抑或是主题板报的设计和布置……由于应用类活动不是每一个学生都参加的,所以这个课后评价我们也可以作为加分项。应用类评价体现学生的主观能动性,以自我评价为主。同学和老师作为"粉丝团"加入,给予激励性评价。

四、基于核心素养培育的评价准则

（一）评价主体的多元性

自己、同学、老师共同参与的多元评价才是客观公正的，即便某一方的评价有失偏颇，至少还有另外两方的权重和制约。

（二）评价内容的多维性

以课前两分钟微演讲评价、课中学科单元评价、课后应用类活动评价为主，三个不同维度的综合评价才能真正体现、判断学生美术素养的提升与否。无论是两分钟微演讲的侃侃而谈，还是美术积极分子在课堂上或是在各级各类艺术类大活动中的出色表现，都是闪闪发光的美术素养体现。

（三）评价环节的连贯性

无论是"课前""课中"环节，还是"课后"环节，自始至终贯穿着评价，且由师生共同参与评价。三个环节的连贯表现，综合体现了学生美术素养的发展水平。

五、基于核心素养培育的评价设计

（一）课前两分钟微演讲评价设计

我校美术学科课前两分钟微演讲的总主题是"小小美术馆系列"。低年级学生介绍我国传统的民间艺术，高年级学生介绍中外名家名作。同学们根据自己确定的主题，纷纷开始自主学习和探索，通过书本或者网络找到了想呈现的内容之后，大家又分组讨论，尽量避免重复介绍。例如，二年级学生同样介绍民间兔子灯，有的从灯笼的制作工艺入手，有的从色彩搭配切入；又如，三年级学生同样介绍梵高的"星月夜"，有的以作品的色彩运用和小短线表现为主题，有的则从画家所处的时代背景和画家小故事说起……确定主题之后，同学们的手稿也是各有特点，有的是打印稿，有的是手写稿，或是借助字典，或是网络助力，密密麻麻的文稿中将不会念的文字，有的标上了拼音，有的标上了同音字，圈圈画画中反映了大家十分珍贵的学习体验。为了最后呈现的效果，有的学生手稿的背面贴的是名画图片，有的带来了家里的民间玩具实物，有的将自己亲手做的民间艺术作品带进了课堂，有的学生在讲解完作品之后还提到了相关内容在生活中的运用，有的同学在家长的帮助下学做了PPT配合讲解……小小讲解员们为了两分钟的微演讲，一个个使出了浑身解数，调动了可利用的资源。而解决问题的过程正是学生们美术素养逐步培育的过程,也是同学们高阶思维发展的过程。

以"小小美术馆系列"为总主题的课前两分钟微演讲,激发了学生积极参与的兴趣和热情,培养了学生主动探索和解读作品的初步能力,发展了学生审美感知和文化理解素养。低年级学生欣赏了多种中华民间艺术,知道了中国传统工艺来自民间,是中华民族文化艺术的瑰宝,从而增强了学生的文化自信。高年级学生欣赏了大量中外著名艺术家的美术作品,了解了不同美术门类的特点,开阔了眼界。当一次次预备铃响起,演讲的同学有的自信满满,有的略显羞涩,但是在老师的鼓励和同学们的掌声中,大家不仅仅获得了学科素养的进步、语言能力的锻炼、个人综合能力的提升,更收获了自信、友谊和快乐。

以低年级两分钟微演讲主题"民间艺术"的评价设计表为例:

"小小美术馆系列"之"民间艺术"两分钟微演讲评价表		
姓名:	班级:	学号:
演讲内容:		
实践过程评价	自评	□ 我能够和同伴很好地交流沟通,大家讲解的内容不重复 □ 我从网上找到了想介绍的民间艺术的图片和内容 □ 我从书上找到了想介绍的民间艺术的图片和内容 □ 我自己制作了民间艺术的作品 □ 我通过旅游接触到了民间艺术 □ 我找到了想介绍的民间艺术的实物 □ 我把演讲稿中不会的字标注了拼音 □ 我把演讲稿中不会的字标注了自己认识的同音字 □ 我为了演讲更加精彩,学做了PPT □ 我成功地获得了(父母、兄弟姐妹、同学、朋友、老师……)的帮助 □ 我还准备了什么: 我对自己演讲前的准备工作评几颗星:☆☆☆☆☆
	互评	□ 他能够和同伴很好地交流沟通,演讲的内容和大家不重复 □ 你看到他还努力做过什么: 你对他演讲前的准备工作评几颗星:☆☆☆☆☆
	师评	□ 他在活动中认真听讲,积极参与交流 □ 他能够和同伴很好地交流沟通,演讲的内容和大家不重复 □ 你看到他还努力做过什么: 你对他演讲前的准备工作评几颗星:☆☆☆☆☆

（续表）

成果展示评价	自评	□ 我的演讲符合"民间艺术"的主题 □ 我获得了老师和同学们的掌声鼓励和赞扬 □ 我演讲的声音很响亮 □ 我演讲得很流利 □ 我觉得自己通过演讲胆子变大了 □ 我能够自己演示PPT □ 通过演讲我了解了我国历史悠久的民间艺术 □ 通过演讲我还收获了什么： 我对自己两分钟演讲评几颗星：☆☆☆☆☆
	互评	□ 他的演讲符合"民间艺术"的主题 □ 他获得了老师和同学们的掌声鼓励和赞扬 □ 我喜欢他的演讲并为他鼓掌了 □ 他演讲得很流利 □ 他演讲声音很响亮 □ 他通过演讲胆子变大了 □ 他能够自己演示PPT □ 他带来的民间艺术作品很有特色 □ 通过他的演讲我了解我国历史悠久的民间艺术 □ 通过听他的演讲我还收获了什么： 我对他两分钟演讲评几颗星：☆☆☆☆☆
	师评	□ 他的演讲符合"民间艺术"的主题 □ 他获得了同学们的掌声鼓励和赞扬 □ 我喜欢他的演讲并为他鼓掌了 □ 他演讲很流利 □ 他演讲声音很响亮 □ 他通过演讲的锻炼胆子变大了 □ 他能够自己演示PPT □ 他带来的民间艺术作品很有特色 □ 他亲手制作的民间艺术作品很有特色 我对他两分钟演讲评几颗星：☆☆☆☆☆※※
综评		两分钟微演讲"小小美术馆系列"之"民间艺术"☆☆☆☆☆"演讲小达人" 　　　　（根据平均得星,给予综评得星）

课前两分钟微演讲评价反馈:（见下图）

"小小美术馆系列"之"民间艺术"两分钟微演讲评价表

姓名:卜歌羽　　班级:二(1)班　　学号:1号

演讲内容:皮影戏

实践过程评价	自评	☑ 我能够和同伴很好的交流沟通,大家讲解的内容不重复
		☑ 我从网上找到了想介绍的民间艺术的图片和内容
		☐ 我从书上找到了想介绍的民间艺术的图片和内容
		☑ 我自己制作了民间艺术的作品
		☐ 我通过旅游接触到了民间艺术
		☑ 我找到了想介绍的民间艺术的实物
		☑ 我把演讲稿中不会的字标注了拼音
		☐ 我把演讲稿中不会的字标注了自己认识的同音字
		☑ 我为了演讲更加精彩,学做了PPT
		☑ 我成功的获得了(父母、兄弟姐妹、同学、朋友、老师、　　　　)的帮助
		☑ 我还准备了什么:我还得会把稿子背熟练
		我对自己演讲前的准备工作评几颗星:☆★☆☆☆
	互评	☑ 他能够和同伴很好的交流沟通,演讲的内容和大家不重复
		☐ 你看到他还努力过什么:
		你对他演讲前的准备工作评几颗星:☆☆☆☆☆
	师评	☑ 他在入项活动中认真听讲,积极参与交流
		☑ 他能够和同伴很好的交流沟通,演讲的内容和大家不重复
		☑ 你看到他还努力过什么:她下课一直在背稿子.
		你对他演讲前的准备工作评几颗星:☆☆☆☆☆
成果展示评价	自评	☑ 我的演讲符合"民间艺术"的主题
		☑ 我获得了老师和同学们的掌声鼓励和赞扬
		☑ 我演讲的声音很响亮
		☑ 我演讲的很流利
		☑ 我觉得自己通过演讲胆子变大了
		☐ 我能够自己演示ppt

		☑ 通过演讲我了解了我国历史悠久的民间艺术
		☑ 通过演讲我还收获了什么:皮影戏是一种用手操控的游戏
		我对自己两分钟演讲评几颗星:☆☆☆☆☆
	互评	☑ 他的演讲符合"民间艺术"的主题
		☑ 他获得了老师和同学们的掌声鼓励和赞扬
		☑ 我喜欢他的演讲并为他鼓掌了
		☑ 他演讲的很流利
		☑ 他演讲声音很响亮
		☑ 他通过演讲胆子变大了
		☐ 他能够自己演示ppt
		☐ 他带来的民间艺术作品很有特色
		☑ 通过他的演讲我了解我国历史悠久的民间艺术
		☑ 通过听他的演讲我还收获了什么:我知道了皮影戏是什么,并观看了皮影戏. 词班东
		我对他两分钟演讲评几颗星:☆☆☆☆☆
	师评	☑ 他的演讲符合"民间艺术"的主题
		☑ 他获得了同学们的掌声鼓励和赞扬
		☑ 我喜欢他的演讲并为他鼓掌了
		☑ 他演讲很流利
		☑ 他演讲声音很响亮
		☑ 他通过演讲锻炼胆子变大了
		☑ 他能够自己演示ppt
		☑ 他带来的民间艺术作品很有特色
		☑ 他亲手制作的民间艺术作品很有特色
		我对他两分钟演讲评几颗星:☆☆☆☆☆
综评		两分钟微演讲"小小美术馆系列"之"民间艺术"☆☆☆☆☆"演讲小达人"
		(根据平均得星,给予综评得星)

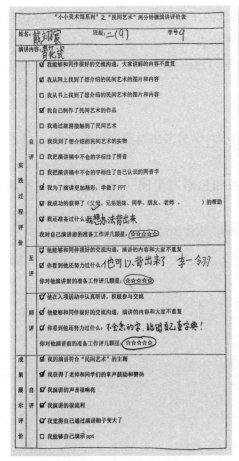
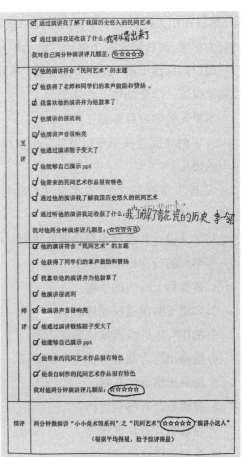

（二）课中单元学习评价设计

教学单元的设定，可以根据教材的单元设置直接设定；也可由教师根据课程标准、学生实际情况、学校特色自行设定。一个单元包含的课程有的是并列的，学生可以选择该单元课程学习中自己最满意的作业作为单元作业。有的单元包含的课程是循序渐进的，单元作业一般是最后一课的作品。对学有余力的学生，也可以将每一课的作业都进行分享交流。

以单元作业作为单元学习评价的主要依据，其目的是打破教师评价的单一模式。加入学生的自评、互评，多元参与更能彰显评价的公正性。全面、系统、多角度的评价更能体现学生的努力与进步，同时也减轻了学生每课都要交作业的负担。在轻松的氛围下学习，学生学得快乐主动，他们的学习兴趣也持续丰沛。

具体而言，基于单元学习的评价设计，应先从艺术课程标准找到相关的指导内容,然后在相关的教材中整理出单元课堂教学的评价标准,再细化出学生所要达到的行为标准,最后制定每个单元的单元学习评价表。

现以四年级上的"我眼中的静物"单元学习评价为例。此单元是上海教育出版社四年级第一学期的第七教学单元。

本单元的学习目标是:

1. 了解圆面透视原理以及瓶罐的纹样装饰,学会写生及装饰瓶罐的方法,体验写生的快乐。

2. 初步掌握写生的基本方法,用线条和色彩写生同一视点下的一组圆面物体。

3. 学会设计并绘制出符合圆面透视规律的、体现连续纹样的小瓶罐。

本单元的行为标准是:

1. 体验到了写生的乐趣。

2. 知道了圆面透视原理。

3. 能用写生的线条描绘瓶罐造型。

4. 能画出符合圆面透视变化的瓶罐。

5. 能画出组合的瓶罐。

6. 瓶罐组合有前后遮挡。

7. 瓶罐组合有高低错落。

8. 能用连续纹样装饰瓶罐。

9. 装饰花纹有疏密变化。

10. 装饰瓶罐的纹样符合圆面透视现象。

四年级《我眼中的静物》单元评价表

姓名:	班级: 学号:	
自我评价	1. 我是否能完整地表现瓶罐的结构 □是　　　　　　□否 2. 我是否知道了圆面透视原理 □是　　　　　　□否 3. 我是否能画出符合圆面透视变化的瓶罐 □是　　　　　　□否 4. 我是否能画出瓶罐的组合 □是　　　　　　□否 5. 我画的瓶罐组合是否有高低错落 □是　　　　　　□否	

自我评价	6. 我画的瓶罐组合是否有前后遮挡 □是　　　　　　　□否 7. 我是否能用写生的线条表现瓶罐 □是　　　　　　　□否 8. 我是否能用连续纹样装饰瓶罐 □是　　　　　　　□否 9. 我装饰瓶罐的纹样是否符合圆面透视现象 □是　　　　　　　□否 10. 装饰花纹是否有疏密变化 □是　　　　　　　□否 11. 我是否体验到了写生的快乐 □是　　　　　　　□否 我对自己作品的认可度：☆ ☆ ☆ ☆ ☆
同伴评价	喜欢他（她）作品的理由：（可多选） □ 上课积极回答问题 □ 能画出符合圆面透视变化的瓶罐 □ 能画出瓶罐的组合 □ 瓶罐组合有高低错落 □ 瓶罐组合前后遮挡 □ 能用写生的线条表现瓶罐 □ 能用连续纹样装饰瓶罐 □ 装饰花纹有疏密变化 □ 装饰瓶罐的纹样符合圆面透视现象 你对他（她）作品的认可度：☆ ☆ ☆ ☆ ☆
教师评价	他（她）美术作品的呈现的效果：（可多选） □上课积极回答问题 □能画出符合圆面透视变化的瓶罐 □能画出瓶罐的组合 □瓶罐组合有高低错落 □瓶罐组合前后遮挡 □能用写生的线条表现瓶罐 □能用连续纹样装饰瓶罐 □装饰花纹有疏密变化 □装饰瓶罐的纹样符合圆面透视现象 美术作品的总体效果：☆ ☆ ☆ ☆ ☆
综合评定	☆ ☆ ☆ ☆ ☆　结合自评、互评、师评综合出一个等第 五星为优秀、四星为良好、三星为合格、二星以及二星以下为须努力
评　语	

课中教学单元作品和评价反馈（见下图）：

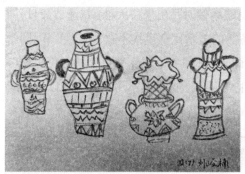

四年级《描绘身边的景色》单元评价表

姓名： 吕××华	班级：四(3)3班	学号：15

自我评价	1、我是否能完整的表现瓶罐的结构　☑是　□否
	2、我是否知道了圆面透视原理　□是　□否
	3、我是否能画出符合圆面透视变化的瓶罐　□是　□否
	4、我是否能画出瓶罐的组合　□是　□否
	5、我画的瓶罐组合是否有高低错落　□是　☑否
	6、我画的瓶罐组合是否有前后遮挡　□是　□否
	7、我是否能用写生的线条表现瓶罐　☑是　□否
	8、我是否能用连续纹样装饰瓶罐　□是　□否
	9、我装饰瓶罐的纹样是否符合圆面透视现象　□是　□否
	10、装饰花纹是否有疏密变化　□是　□否
	11、我是否体验到了写生的快乐　☑是　□否
	我对自己作品的认可度是☆☆☆☆
同伴评价	喜欢他（她）作品的理由：（可多选）
	☑上课积极回答问题
	☑能画出符合圆面透视变化的瓶罐
	☑能画出瓶罐的组合
	□瓶罐组合有高低错落
	□瓶罐组合前后遮挡
	☑能用写生的线条表现瓶罐
	☑能用连续纹样装饰瓶罐
	☑装饰花纹有疏密变化
	☑装饰瓶罐的纹样符合圆面透视现象
	你对他（她）作品的认可度：☆☆☆☆
教师评价	他（他）美术作品的呈现的效果：（可多选）
	☑上课积极回答问题
	□能画出符合圆面透视变化的瓶罐
	☑能画出瓶罐的组合
	□瓶罐组合有高低错落
	□瓶罐组合前后遮挡
	☑能用写生的线条表现瓶罐
	☑能用连续纹样装饰瓶罐
	□装饰花纹有疏密变化
	□装饰瓶罐的纹样符合圆面透视现象
	美术作品的总体效果：☆☆☆☆
综合评定	☆☆☆☆　结合自评、互评、师评综合出一个等第 五星为优秀，四星为良好、三星为合格、二星以及二星以下为须努力
评语	你构图组合有层次，基本掌握圆面透视，疏密关系处理的也不错，希望在线样设计也能体现近大远小的透视感。还有你上课同答问题声音真真响亮!为你点赞!! ♡高老师

四年级《描绘身边的景色》单元评价表

姓名： 刘峻楠	班级：四(1)班	学号：21

自我评价	1、我是否能完整的表现瓶罐的结构　☑是　□否
	2、我是否知道了圆面透视原理　□是　□否
	3、我是否能画出符合圆面透视变化的瓶罐　□是　□否
	4、我是否能画出瓶罐的组合　□是　□否
	5、我画的瓶罐组合是否有高低错落　□是　□否
	6、我画的瓶罐组合是否有前后遮挡　□是　□否
	7、我是否能用写生的线条表现瓶罐　☑是　□否
	8、我是否能用连续纹样装饰瓶罐　□是　☑否
	9、我装饰瓶罐的纹样是否符合圆面透视现象　□是　□否
	10、装饰花纹是否有疏密变化　□是　□否
	11、我是否体验到了写生的快乐　☑是　□否
	我对自己作品的认可度是☆☆☆
同伴评价	喜欢他（她）作品的理由：（可多选）
	□上课积极回答问题
	☑能画出符合圆面透视变化的瓶罐
	☑能画出瓶罐的组合
	□瓶罐组合有高低错落
	□瓶罐组合前后遮挡
	☑能用写生的线条表现瓶罐
	☑能用连续纹样装饰瓶罐
	□装饰花纹有疏密变化
	□装饰瓶罐的纹样符合圆面透视现象
	你对他（她）作品的认可度：☆☆☆
教师评价	他（她）美术作品的呈现的效果：（可多选）
	□上课积极回答问题
	☑能画出符合圆面透视变化的瓶罐
	☑能画出瓶罐的组合
	□瓶罐组合有高低错落
	□瓶罐组合前后遮挡
	☑能用写生的线条表现瓶罐
	☑能用连续纹样装饰瓶罐
	□装饰花纹有疏密变化
	□装饰瓶罐的纹样符合圆面透视现象
	美术作品的总体效果：☆☆☆
综合评定	☆☆☆　结合自评、互评、师评综合出一个等第 五星为优秀，四星为良好、三星为合格、二星以及二星以下为须努力
评语	你画的四个小瓶罐各各有特点，透视基本符合近大远小的透视，也处理的不错，基本掌握了圆面的透视变化，希望在组合中，也能注意有层次感，注意疏密处理，纹样也要体现透视感。 高老师☺

（三）课后应用活动评价设计

说到课后应用实践，美术与生活的广泛联系顿时跳出来一大堆：每逢节假日，同学们制作贺卡熟能生巧、花样百出；各级各类的美术比赛应接不暇；校艺术节，同学们积极参加了校旗设计的评比，大家的绘画、书法和手工类作品更是精彩纷呈……同学们参加的应用类实践活动数量不同，内容不同，收获也不尽相同。现以三年级美术课后应用类评价表为例：

美术课后应用实践评价表（三年级）	
姓名：　　　　　　班级：　　　　　　学号：	
我参加过哪些 美术类课后活动	庆祝妇女节手作礼物□ 十岁生日做贺卡感恩父母□ "学习二十大　争做好队员" 2023 "红色印记" 绘画征集□ 浦东新区第十九届艺术节绘画/书法比赛□ 校艺术节绘画/书法/手作比赛□ 校艺术节校旗设计评比□ 2023上海市动漫大赛□ 其他（请具体写出内容）：
我的收获	重在参与很开心□ 我的作品作为礼物送出去了□ 我的作品展出了□ 我的作品获奖了□ 其他收获：□（请具体写出内容）
为自己打星	☆☆☆☆☆（三颗星以上表示优秀、二颗星表示良好、一颗星表示合格）
粉丝团打星 （老师/同学）	☆☆☆☆☆（三颗星以上表示优秀、二颗星表示良好、一颗星表示合格） 粉丝寄语：

课后应用实践评价设计反馈（下图为《美术课后应用评价表》样本）：

美术课后应用评价表（三年级）

姓名：何钰骅	班级：三(6)班　　学号：15号

我参加过哪些美术类课后活动	庆祝妇女节手作礼物☑ 十岁生日做贺卡感恩父母☑ "学习二十大 争做好队员" 2023 "红色印记" 绘画征集☑ 浦东新区第十九届艺术节绘画/书法比赛☑ 校艺术节绘画/书法/手作比赛☑ 校艺术节校旗设计评比☑ 2023 上海市动漫大赛☑ 其他（请具体写出内容）：
我的收获	重在参与很开心☑ 我的作品作为礼物送出去了☑ 我的作品展出了☑ 我的作品获奖了☑ 其他收获：□（请具体写出内容）
为自己打星	★★★☆（三颗星以上表示优秀、二颗星表示良好、一颗星表示合格）
粉丝团打星（老师/同学）	☆☆☆☆☆（三颗星以上表示优秀、二颗星表示良好、一颗星表示合格） 粉丝寄语：会能小达人，你是大家学习的榜样！♡☺ 高老师

美术课后应用评价表（三年级）

姓名：袁舒窈	班级：三(6)　　学号：29

我参加过哪些美术类课后活动	庆祝妇女节手作礼物□ 十岁生日做贺卡感恩父母☑ "学习二十大 争做好队员" 2023 "红色印记" 绘画征集☑ 浦东新区第十九届艺术节绘画/书法比赛☑ 校艺术节绘画/书法/手作比赛☑ 校艺术节校旗设计评比□ 2023 上海市动漫大赛□ 其他（请具体写出内容）：
我的收获	重在参与很开心☑ 我的作品作为礼物送出去了□ 我的作品展出了☑ 我的作品获奖了□ 其他收获：□（请具体写出内容）
为自己打星	☆☆☆☆☆（三颗星以上表示优秀、二颗星表示良好、一颗星表示合格）
粉丝团打星（老师/同学）	☆☆☆☆☆（三颗星以上表示优秀、二颗星表示良好、一颗星表示合格） 粉丝寄语：你真厉害，向你学习 你的同学钱法兴

美术课后应用评价表（三年级）

姓名：谢依宸	班级：三(6)　　学号：孔号

我参加过哪些美术类课后活动	庆祝妇女节手作礼物□ 十岁生日做贺卡感恩父母☑ "学习二十大 争做好队员" 2023 "红色印记" 绘画征集☑ 浦东新区第十九届艺术节绘画/书法比赛☑ 校艺术节绘画/书法/手作比赛☑ 校艺术节校旗设计评比□ 2023 上海市动漫大赛□ 其他（请具体写出内容）：
我的收获	重在参与很开心☑ 我的作品作为礼物送出去了☑ 我的作品展出了☑ 我的作品获奖了☑ 其他收获：□（请具体写出内容）
为自己打星	★★★☆（三颗星以上表示优秀、二颗星表示良好、一颗星表示合格）
粉丝团打星（老师/同学）	☆☆☆☆☆（三颗星以上表示优秀、二颗星表示良好、一颗星表示合格） 粉丝寄语：我在艺术节画展上看到你的作品了，我很喜欢你的涂色 你的同学 徐梓琦

美术课后应用评价表（三年级）

姓名：陈梓依	班级：三(7)班　　学号：30号

我参加过哪些美术类课后活动	庆祝妇女节手作礼物□ 十岁生日做贺卡感恩父母☑ "学习二十大 争做好队员" 2023 "红色印记" 绘画征集□ 浦东新区第十九届艺术节绘画/书法比赛□ 校艺术节绘画/书法/手作比赛☑ 校艺术节校旗设计评比□ 2023 上海市动漫大赛□ 其他（请具体写出内容）：
我的收获	重在参与很开心☑ 我的作品作为礼物送出去了☑ 我的作品展出了□ 我的作品获奖了□ 其他收获：□（请具体写出内容）
为自己打星	★★★☆（三颗星以上表示优秀、二颗星表示良好、一颗星表示合格）
粉丝团打星（老师/同学）	★☆☆☆☆（三颗星以上表示优秀、二颗星表示良好、一颗星表示合格） 粉丝寄语：你真棒！各类比赛也乐于参加！ ♡高老师

六、基于核心素养培育的小学美术评价之成效

传统的、以课时作业为唯一评价对象的美术评价,除可量化的作业评价外,对学生的学习态度、审美感知等难以做出量化评价。这种评价往往呈现的是不足与缺点:想象力不够、临摹水平不行、不敢举手发言、动手能力不强、艺术文化底蕴不足……而基于核心素养培育的多元性、多维性、连贯性的小学美术评价,呈现的却是收获与优点:课前准备充分、演讲富有表现力、作品富有创意、临摹水平很高、手工作品很精致、做的贺卡很受人喜爱、比赛居然获奖了……一个能让我们发现优点的、激励上进的评价体系不正是培育、发展学生美术核心素养的指南和助推器吗?众所周知,素养的养成需要日积月累的沉淀,需要给予学生充分展示的舞台,课堂35分钟是舞台,课前两分钟也是舞台,课后的应用实践更是广阔的精彩舞台。

如果说课前两分钟微演讲评价着重培育学生艺术素养中的审美感知和文化理解,课中单元评价着重培育学生艺术素养中的艺术表现能力,那么课后应用类评价则着重培育学生艺术素养中的创意实践能力。艺术教育四大核心素养的要点贯穿于上述三项评价的设计与实施中,各有侧重又相互联系。受艺术基础、天然悟性、投入精力等因素的影响,部分学生较难在三项评价中均获优秀的评价或评语,但总有一项评价可以体现学生艺术素养的提升,总有多条理由给予学生肯定的激励性评价。一个完整的多维度、多环节的评价体系不会缺漏学生的点滴进步,也不会忽视针对差距的提醒。只有看到自己的进步才会增添不懈努力的自信心和热情,也只有发现自己的差距,才会产生奋发进取的觉醒与动力。正是在不断的进步与反思中才催生了一个个良性循环重新开启。不积跬步,无以至千里;不积小流,无以成江河。学生美术素养的形成需要时间、需要舞台、需要发现,更需要激励,以学辅评、以评促学的评价设计的实践与完善也一直在路上。

参考文献:

[1] 中华人民共和国教育部.义务教育艺术课程标准(2022年版)[S].北京:北京师范大学出版社,2022:104-105.

[2] 尹少淳.新版课程标准解析与教学指导2022年版(美术)[M].北京:北京师范大学出版社,2022:148-302.

浅谈小学英语阅读教学中学生核心素养的培养

上海市浦东新区进才实验小学　张　静

【摘　要】英语课程要培养的学生核心素养包括语言能力、文化意识、思维品质和学习能力等方面。本文以笔者设计并执教的一节五年级英语阅读课为例,阐析了如何从发展语言能力、培育文化意识、提升思维品质和提高学习能力四个方面落实学生英语核心素养培养的基本做法。

【关键词】小学英语　核心素养　阅读教学

《义务教育英语课程标准(2022年版)》(以下简称《新课标》)中指出,英语课程围绕核心素养,体现课程性质,反映课程理念,确立课程目标。其中,核心素养是课程育人价值的集中体现,是学生通过课程学习逐步形成的适应个人终身发展和社会发展需要的正确价值观、必备品格和关键能力。英语课程要培养的学生核心素养包括语言能力、文化意识、思维品质和学习能力等方面。《新课标》中又指出,学生应通过本课程的学习,达到发展语言能力、培育文化意识、提升思维品质、提高学习能力的目标。

本文以本人设计并执教的上海版牛津英语五年级上册 Module 2 Unit 3 *Moving Home* 阅读板块 *Look and Read* 语篇 "Why do wild geese change homes?" 为例,就阅读教学如何从发展语言能力、培育文化意识、提升思维品质和提高学习能力四个方面,落实学生核心素养培养的要求,谈些基本做法。

本课时是一篇配图说明文。本课时主题属于人与自然范畴,涉及自然界动物生态特征。教材语篇介绍了大雁迁徙的自然现象,主要围绕大雁迁徙的规律和对应原因两方面展开介绍。

本课的授课对象是上海市浦东新区某小学五年级学生。本班学生英语基础较好，已具备一定的语篇阅读经验，有一定的词汇积累，能理解语篇所表达的主要意思，具备从语篇中获取信息的能力。学生对英语有兴趣，具有较强的用英语表达的愿望。

一、巧改学习语篇，发展语言能力

发展语言能力是指学生能够在感知、体验、积累和运用等语言实践活动中，认识英语与汉语的异同，逐步形成语言意识，积累语言经验，进行有意义的沟通与交流。

基于教材内容，本课结束时，学生应能够读懂大雁南迁北往的语篇；能在教师引导下，获取关键信息回答相关问题，理解大雁南迁北往这一自然现象；能围绕大雁南迁北往这一自然现象，运用所学语言，与他人进行简单的交流。

本课时教材内容是一篇配图科普性说明文。教材语篇涉及自然常识并且学生之前没有接触过大雁迁徙的相关内容，所以笔者对教材语篇进行了如下两次改编。

1. 第一次改编语篇

笔者将教材语篇改编为以记叙文为主的连续性文本。因为学生目前接触过的语篇以记叙文为主，所以笔者在改编文本时将教材中的科普性语篇改编成围绕大雁一家的故事性语篇，将大雁南迁北往的关键信息呈现在大雁一家的对话之中。具体如下：

Scene 1 In the north

There is a wild geese family in the north.

Baby Wild Goose: It's a little cold in the water. And plants are brown.

Father Wild Goose: It's autumn now. We need to fly to the south. We change homes twice every year.

Baby Wild Goose: Why do we change homes?

Mother Wild Goose: Soon you will see.

Baby Wild Goose: OK.

The next day, the wild geese family leave their homes in the north. They fly through evenings and nights. Because they can tell the direction by the stars.

Scene 2 In the south

The wild geese family are in the south now.

Baby Wild Goose: Wow! The water is warm here. The plants are still green!

Father Wild Goose: Do you know why we change homes in autumn?

Baby Wild Goose: I see. Because we can't find enough food in the north in winter.

Mother Wild Goose: You are great!

They live in the south in winter. They like their homes in the south.

Scene 3 Back to the north

It's spring now. Baby Wild Goose is a big wild goose.

Baby Wild Goose: Mum and Dad, I miss our homes in the north. Can we fly back to the north?

Father Wild Goose: Good idea. We can find enough food in the north in summer.

Mother Wild Goose: I need to lay eggs in the north. Let's start flying!

The wild geese family fly over the mountains and rivers. Now they are in the north again. They live in the north in summer. They like their homes in the north too.

目标输出语篇：

Wild geese change homes twice every year.

When autumn comes, wild geese change homes. They fly from the north to the south. They live in the south in winter. Because they can't find enough food in the north in winter.

When spring comes, wild geese change homes. They fly from the south to the north. They live in the north in summer. Because they ...

如上所示，由于笔者将教材科普性说明文语篇改编为故事性记叙文语篇并融入了其他关于大雁迁徙的补充知识，所以将语篇章节依据故事发生地点分别改编为"Scene 1、2、3"三个场景。由于目标输出文本和语篇设计关联性较小，虽然学生在教学过程中可以初步理解大雁迁徙这一自然现象，但是对于关键信息的获取以及转化要求高于学生平均英语阅读能力。除个别同学可以在教师指导下完成目标语篇的输出，大部分学生停留在只可意会不可言传阶段，从而打击了大部分学生的学习积极性。

2. 第二次改编语篇

针对如上的情况，笔者进行了第二次改编，将教材语篇改编为以说明文为主的连续性文本。笔者将教材原本按照从大雁迁徙的概述到具体原因的分析的顺序，改为按照一年四季大雁不同活动的时间顺序，将关于大雁迁徙的关键信息都提取到说明性文本之中，大雁的对话不再呈现关键信息，如此改编学生也能更清晰地读取这些信息，并且将大雁迁徙的补充作为课后补充阅读资料，学生自行选择阅读。具体如下：

Part 1 Fly to the south in autumn

Wild geese change homes every year.

There are some wild geese in the north. When autumn comes, the plants are yellow.

Little Wild Goose: It's a little cold here.

Big Wild Goose: It's time to change our home.

Wild geese want to change homes, because they can't find enough food in the north in winter.

Part 2 Live in the south in winter

Wild geese fly to the south. They fly over the mountains and rivers. Then they live in the south in winter.

Little Wild Goose: It's warm here. I like our home in the south.

Big Wild Goose: Me too.

Part 3 Fly back to the north in spring

When spring comes, the plants are green.

Little Wild Goose: It's a little hot here.

Big Wild Goose: It's time to change our home again.

Wild geese want to change homes again, because they miss their home in the north. Mother wild geese need to lay eggs in the north too.

Part 4 Live in the north in summer

Wild geese fly back to the north. They fly over the mountains and rivers again. They live in the north in summer.

Little Wild Goose: It's cool here. I like our home in the north too.

Big Wild Goose: Me too.

如上所示，笔者将语篇章节依据大雁一年四季不同活动，分别改编为"Part 1、2、3、4"四个部分。在第二次改编语篇时，笔者在科普性语篇中加入故事性的对话，并且不再设计目标输出语篇，学生可以结合自己的理解与感悟和阅读时获取的关键信息，对大雁迁徙这一自然现象进行简单概述，既丰富了学生阅读语篇的类型，同时也顺应了学生阅读习惯，提高了学生的阅读能力，增强了学生英语阅读的积极性和自信。

二、补充学习内容,培育文化意识

培育文化意识是指学生能够在了解不同国家的优秀文明成果,比较中外文化的异同,发展跨文化沟通与交流的能力的基础上,形成健康向上的审美情趣和正确的价值观;加深对中华优秀文化的理解和认同,建立国际视野,坚定文化自信。

基于本课时文本内容,学生能在教师的引导下,通过阅读获取大雁南迁北往的简单信息;初步通过观察课件中展示的图片,获取大雁在中国境内的迁徙路径;感受中外诗歌区别,体会诗歌之美。

首先,笔者在进行教学设计时,在教材原有语篇的基础上进行改编并加入了大雁迁徙产卵这一理由,既丰富了语篇,同时也让大雁这个族群变得更为真实,让大雁这个生物种类不仅仅是一个阅读对象,而是生活在自然界中的真实存在,与人类生活和地球都息息相关。

其次,笔者在进行教学设计时,将中国大雁的迁徙路径通过结合图片和笔者口头叙述的方式,"From the north of China to the south of China""From the south of China back to the north of China",加入课堂教学之中并多次呈现。如此设计不仅让学生能够生动、具体地理解感悟大雁迁徙这一自然现象,也能初步了解我国大雁迁徙的路径,在贴近自身生活的学习认识中,提升对国家的了解。

最后,笔者在复习环节加入了改编自美国诗人、小说家Rachel Field的诗歌*Something told the wild geese*的诗歌 "Something tells wild geese"。基于学情改编内容如下:

Something tells wild geese

It is time to change homes.

When _____（season）comes,

Wild geese _____（reason）.

Oh, wild geese, wild geese,

It is time to fly to the _____（direction）.

让学生能够以多种活动方式,复习巩固对大雁迁徙这一自然现象的认知及其背后的原因,同时也让学生在潜移默化中感受中外诗歌的区别,体会诗歌之美。

三、丰富学习活动,提升思维品质

提升思维品质是指学生能够在语言学习中发展思维,在思维发展中推进语言学习;初步从多角度观察和认识世界、看待事物,有理有据、有条理地表达观点;逐步发展逻辑思维、辩证思维和创新思维，使思维体现一定的敏捷性、灵活性、创造性、批判性和深刻性。

基于教材内容，本课结束时，学生应能对获取的关于大雁迁徙的信息进行简单的分类和对比，加深对大雁迁徙规律及其原因的理解；能识别、提炼、概括大雁迁徙的关键信息、主要内容；能就大雁迁徙的意义做出正确的理解和判断。

笔者在进行教学设计时，比较注重通过多样的学习活动提升学生的思维品质。首先，因为大雁和大鹅两者的英文词汇分别是"wild geese"和"geese"，比较相近。所以为了防止学生在学习时产生认知偏差，笔者在学生开始阅读语篇前，借助图片帮助学生通过对比梳理大雁和大鹅的异同。教师首先给出两者拥有相同的起源并口头解释同源意义为"They have the same great great great grandparents"。教师借助the same、grandparents这些旧知，用通俗易懂的方式解释一遍，学生很快领悟同源的意义。然后引导学生观察对比图片，用问题引导学生得出以下结论："They have different sizes. Wild geese are small. Geese are big. They have different colours. Wild geese are usually brown. Geese are usually white. They have different food. Wild geese eat plants. Geese eat plants and fish. They have different abilities. Wild geese can fly. Geese can't fly." 从大雁与大鹅的体格、颜色、食性和能力的区别，进一步引导学生得出大雁可以飞行迁徙的结论。

其次，笔者在设计阅读学习活动时，注重由易到难，层层递进。由较为简单的阅读单一语段进行判断正误，再到难度适中的阅读单一语段进行选择答案，最后到难度较大的阅读两篇语段进行回答问题。这样的阅读学习活动安排不仅让学生的阅读能力得到锻炼和提升，而且更加容易让学生获得英语阅读的自信心和满足感，不畏惧较长语篇的英语阅读。

再次，学生在问题引导下阅读大雁秋季第一次迁徙的内容，教师在教学设计时用四个逻辑相关的问题："When do wild geese change homes?""Where do they fly?""Where do they live in ...?""Why do they change homes in ...?"引导学生识别、提炼关键信息，完成阅读后总结概括大雁第一次迁徙的内容；当学生阅读学习大雁春季第二次迁徙的内容时，教师放手，学生小组合作阅读语篇并进行迁移、对比、提炼关键信息，完成阅读后总结概括大雁第二次迁徙的内容；学生根据阅读获取并呈现在板书上的关键信息，推断出大雁一年迁徙两次这一规律。这样的阅读学习活动安排，可以帮助学生理清除语篇外显的时间顺序之外的内在逻辑顺序，发展学生的逻辑思维，帮助学生更加有理有据、有条理地概述大雁迁徙这一自然现象。同时，在教师由扶到放、学生互助学习的过程中，学生的思维能力也得到了极好的锻炼。

最后,笔者在复习环节加入了燕子迁徙的语篇,作为课后知识补充。燕子迁徙和大雁迁徙的规律及其原因十分相近,学生可以借助本课时学习到的阅读方法,对大雁迁徙和燕子迁徙比较相似性和差异性,提炼、概括燕子迁徙的现象及原因。这样的阅读学习活动安排,可以培养和提升学生的课后延续阅读能力,让学生能初步进行独立思考。

另外,笔者对板书也进行了两次修改。第一次设计时,将核心问题和答案结构呈现在板书上,由教师提问,学生回答。这样的学习活动设计大大降低学生学习的主动性,课堂成为教师的主场,学生只能听从教师的指令去完成一个个学习活动,思维品质得到较少发展。所以,笔者对板书设计进行修改,第二次的板书设计为将关键信息呈现在黑板上,学生需要在教师的引导下寻找关键信息。学生可以根据板书呈现的关键信息自行概述大雁迁徙这一自然现象及其原因。这样的阅读学习活动安排不仅提升学生的语言能力,也提升了学生的思维品质,加强了学生语言组织能力和逻辑思维能力。

四、明确学习要求,提高学习能力

提高学习能力是指学生能够树立正确的英语学习目标,保持学习兴趣,主动参与语言实践活动;在学习中注意倾听、乐于交流、大胆尝试;学会自主探究,合作互助;学会反思和评价学习进展,调整学习方式;学会自我管理,做到乐学善学。

基于教材内容,本课结束时,学生应能够积极参与课堂活动,注意倾听,大胆尝试用英语进行交流;能在教师指导下,初步找到适合自己的英语阅读方法;能在学习活动中与他人合作,共同完成学习任务;能在学习过程中认真思考,主动探究,尝试通过所学方式发现并解决语言学习中的问题。

笔者在设计本课时学习活动时,设置的学习要求各有不同,层层递进。首先,是"Listen and judge",在听之前教师先请学生朗读需要判断的内容,然后归纳总结听的时候需要关注:"Where are the wild geese? When do they change homes? Why do they change homes?"这样设计的目的是使学生可以通过提炼这三个问题养成按意群阅读或者聆听的习惯。

其次,在学生通过聆听录音进行了初步判断之后,教师进一步跟进提出新要求"Read quickly and circle the key words"。教师提出这样的学习要求,目的是使学生可以在已经有初步了解的情况下,通过略读skimming的阅读方法寻找关键词,培养略读skimming能力,通过寻找关键词,感悟语篇大意;通过先聆听录音判断、后阅读圈关键词的学习活动,更加深刻地理解文本,知其然知其所以然。

再次,随着阅读学习的深入,教师提出"Read carefully and underline the clues"。教师引导学生根据学习任务单上的题目概括出在阅读时需要关注的两个问题:"Where do they fly?""Where do they live in winter?"教师提出这样的学习要求,目的是让学生可以通过扫读scanning的阅读方法画出线索,培养学生扫读scanning能力、捕捉语篇细节的能力,再次强化按意群阅读的习惯。

最后,关于大雁的第二次迁徙,教师提出:"Read carefully in groups and underline the clues."教师不再引导学生,而是让学生4人小组合作阅读回答4个问题,并且明确每位小组成员的任务:一人提问一人回答,剩余两人检查,4个问题由4位成员轮流问答完成,每位小组成员都参与每一次问答。同时,教师提出:"You don't need to write down your answers."学生不需要写下答案。教师提出这样的学习要求,目的是让学生开展合作学习,共同完成学习任务,提升合作能力,通过完成学习任务学会合理安排学习时间。

五、结语

英语阅读课是培养学生核心素养的重要渠道。本文结合实例,从四个方面分析探讨了英语核心素养培养的基本实践。教师在日常阅读教学中,应采用多种策略和方式,引导学生主动、自觉地投入阅读,通过课程学习逐步形成适应个人终身发展和社会发展需要的正确价值观、必备品格和关键能力。

参考文献:

[1] 教育部.义务教育英语课程标准(2022年版)[S].北京:北京师范大学出版社,2022.

[2] 九年义务教育课本·英语(牛津上海版)五年级第一学期[M].上海:上海教育出版社.

教材文本

Why do wild geese change homes?

Wild geese change homes twice every year. In spring, they fly to the north. In autumn, they fly to the south. They live in the south in winter.

Why do wild geese move? In winter, they cannot find enough food in the north. When spring comes, they miss their home in the north and fly back.

浅谈"深度学习"

——以小学数学教学为例

上海市浦东新区进才实验小学西校　王　莉

【摘　要】《义务教育课程方案和课程标准（2022年版）》的颁布，让我们一线教师重新开始研读新课标，进一步重视"核心素养"这四个字，也开始重新审视与分析这四个字。而核心素养与深度学习息息相关。我最早接触"深度学习"这四个字是在2020年，经过了两年的摸索与学习，我觉得要将这四个字的内化为教师的自觉行动，我们还有很长一段路。现结合自己的数学教学实践，谈些粗浅的体会。

【关键字】深度学习　小学数学　新挑战

教学的转型从来都不是一件易事。作为一个有着10年教龄的一线教师，我深有体会，在研读了吴刚平教授主编的《新方案·新课标·新征程》和钟启泉教授的《深度学习》后，受益匪浅。放眼如今的信息化时代，基于"核心素养"的课堂转型已是深化课改的主旋律。

一、"深度学习"的必要性

新课程改革以来，社会各界开始关注学生的综合素养培育，由此出现了"核心素养"等一系列新词汇，且持续升温。从关心学生的学习成绩到开始关注学生各方面的能力素养，这是必然会出现的局面，就像我们解决了广大人民群众的温饱问题之后，就会关注社会和人民群众的精神文明。教育的改革发展同样如此。因此，"深度学习"是新时代深化教育改革的风向标。[1]

通过不断地探究和研读，我觉得"深度学习"最大的优势是让每一个孩子找到学习的目的，发掘自己身上的闪光点，从而尽力发挥自身的能力，实现自我的全面、和谐发展。就学习而言，传统的课堂教育把教学视为一种信息传递，考试演练的"练兵场"，让学生通过死记硬背和反复练习来巩固这些应试的知识。这确实让学生掌握了很多知识。可是，学生不会学以致用，只把这些知识当作考试进阶的敲门砖。显然，这不是真正的学习。仔细想想学习无外乎出于两个原因，一个是因为兴趣，另一个是为了解决问题。想要解决生活中乃至当今社会面临的难题，死记硬背掌握的所谓知识只能是纸上谈兵的资源，真正能够解决问题的不是知识本身，而是在探究知识过程中所培育的各种能力和素养。质言之，想要解决问题就需要具备一定的核心素养，而核心素养的获得与深度学习密不可分。

二、"深度学习"的课堂教学效果

"深度学习"是一种能动而深入的学习，这样的学习超越了单纯获取知识的层级，而是"以高度的参与和有意义学习体验的创造"的高阶思维主宰的学习，是学生智慧成长的重要途径。

第一，知识掌握得更深刻、更扎实。"深度学习"区别于传统学习，并不是单纯的反复练习或死记硬背。学习者通过探究所需解决的问题，挖掘出所需解决问题的必要知识点和相关技能，自觉运用于问题探索、解决之中，既解决了问题，又在真切的实践情境中获得新的知识，进而在温故而知新、以新代旧的良性循环中启智育能，这样的知识往往记忆更深刻，也更为扎实。比如，在教学五年级第一学期《平均数的应用》这节课时，我尝试用传统教学和新型教学两种不同的教学方式进行教学。传统教学课时充足，但达标的学生不及预期。通过讲解练习，学生虽能勉强掌握"平均步幅×平均步数可以得到所需测量距离的近似值"。但一段时间后，遗忘率大幅增加。当时，我还比较年轻，面对这样的情况既困惑又无奈。两年后，我再一次教学这一内容，有了上一次的失败经历，我就思忖着应对策略。于是，和同一年级组的老师交流沟通过数次，又借鉴了《小学数学单元教学设计指南》中"平均数"单元作业设计的部分内容，制订了新型教学的方案——测量学校操场的长边。通过有梯度的问题支架，让学生顿悟出可以用脚步来丈量距离的认知。而为了减少误差，学生探究出了"平均步幅×平均步数=测量距离"的算法。此情此境，学生真切、实在地感受到了平均数在实际生活中的应用。人的"体验记忆"往往会把对自己无意义的、感到无用的知识，逐步剥落，乃至遗忘。反之，与自己的生存发展关系紧密的、有用的知识，却会保持在长期记忆中。这种亲身探究、体验的知识，正是学习者孜孜以求的。

第二，学习知识的目的是学以致用。"深度学习"有利于学习者在未知情境中灵活地运用已识探索未知。求解数学中的"应用题",往往通过公式的灵活运用来提高答题的准确率,在一些所谓的奥数教学中也会采取"公式记忆""机械练习""熟能生巧"的策略。但是,单靠这样的策略或许能让学生掌握解决应用题的一些方法,却未必能让学生理解学科内容的本质与基于体验的理解。也就是说,学习者即便还没有理解,在教师和伙伴的帮助下也能正确地解决基础性应用练习题,但离深度理解还差很远。在一些未知情境的应用题中,给出大量的阅读信息,学习者由于无法真正理解题意,难以准确取舍,解题正确率都会大大下降。这说明,传统的教学能让学生掌握在一定情境下的基础性练习,但面临较复杂的问题情景时,学生就容易"卡壳""堵思"。想要在未知的生活情境中灵活地运用知识,就得基于探究学科本质的"深度学习"。

第三,在真实学习情境中体会学习的快乐。"深度学习"要求学习者以主体角色全程参与教学活动,通过互相交流—主动思考—积极反思,探索和解决问题,获得豁然开朗的愉悦感。举一个简单的例子,我们亲自种一颗豆子,看着它发芽、长大、开花、结豆子、豆子成熟变黄,亲自种豆的过程能让我们获得快乐。同样,亲自挖掘、探究获得的知识,也会让学习者自然而然地流露出"哦,原来这样就行了呀!""啊,这个计算方法真方便!"之类的感叹。这样教学会让学生和老师都感到轻松。学生会因为通过自己的探索获得了新知识而产生学习的愉悦感,而这份愉悦感又会潜在地影响学生的学习兴趣和自信心,增强学生的学习主动性。教师也会因学生眼里满满的求知渴望而获得教学创造的愉悦与动力。这就是教与学的良性循环所折射出"教学相长"之光。

三、"深度学习"如何指导教学设计

传统意义上的教学,学习者是通过教师讲解、书本文字、媒体介绍来获得知识的,这样学习大都处于浅表层面,而"深度学习"是指"学习者基于实践经验与交互作用、能动地建构意义之际产生的深度理解,即共同体的成员浸润于某种情境的活动之中建构共同理解之际所产生的学习"[2]。"深度学习"强调的,不是制定课堂上需要"教授"的知识点内容,而是琢磨儿童的"学习"设计,本质上是一种建构主义的设计。这样的设计需要关注以下几点:情境问题的选择、教师角色的换位、学习目标的确立、学习评价的真实。现试就问题情境的选择和本人课堂教学的实践经验谈谈个人的想法。

沪教版数学三年级第一学期有一节课《周期问题》。

传统教学中我们一般采用这样的教学设计——先掌握什么是周期。为了让学生理解"周期"这个概念，我们会花比较多的时间来层层递进地让学生去理解这个概念。于是，就会出现以下的教学情境：

师：这里有几张图片，图片反映的是哪几个季节？

生：春夏秋冬。

师：春夏秋冬是按照一定的规律，周而复始地重复出现的。生活中还有这样的现象吗？你能举例吗？

学生举例：十二生肖是以12个动物为一组，周而复始的。每个星期从星期一到星期日也都是按规律重复出现的……

师：像这样的现象在我们的生活中无处不在，快元旦了，学校要举行联欢会，小胖他们在布置学校的操场，操场里都有什么？

生：操场有气球、彩旗、灯笼和盆花，排列得整整齐齐，太漂亮了。

师：它们是怎样排列的？

生：它们不仅排列得很整齐，还有各自排列的规律。

师：我们先来看彩旗，从左往右，后面是什么颜色？你是怎么思考的？

生：彩旗的排列是粉色、黄色、蓝色，然后又是粉色、黄色、蓝色，所以黄色后面应该是蓝色的。

生：其实就是3面彩旗一组，按照粉色、黄色、蓝色这样的规律排列。

师：请大家一起来试一试，找一找灯笼、盆花和气球。像这样从左往右地排列，接下去应该是什么颜色的呢？

（1）每5个气球一组，每组的排法都是粉色、粉色、绿色、黄色、黄色，所以接下去应该是粉色。

（2）每6个灯笼一组，每组的排法从左往右都是兔子灯、熊猫灯、兔子灯、狮子灯、狮子灯、小黄人灯，所以接下去应该是兔子灯。

（3）每4盆花一组，每组的排法从左往右都是黄色、白色、粉色、紫色，所以接下去应该是黄色。

师：刚刚大家都找了每组装饰排列的规律，那么现在请你整体观察一下，这些排列有什么共同的特征？

预设：每种装饰都是几个一组的排列。每组排列的方式都相同。每组各自相同位置上的颜色是一样的。

小结：排列顺序完全相同的一组反复出现，这一组就是这种装饰排列的周期。

在学生理解掌握了"周期"之后再进入本节课"周期问题"的学习——这一排气球,第23个是什么颜色的呢?

这样的教学会让学生较顺畅地抓重点,破难点,从课堂教学的情况看,教学效果还是很好的,学生基本都能理解什么是"周期问题",并通过一定的习题训练,较好地掌握了解决"周期问题"的方法。但这样较顺畅的教学也让我开始反思,在进入探究之前对"周期"的教学的层层铺垫,对于学生的学习来说到底是利多还是弊多呢?

这样的教学看似给了学生很多的思维支架,让学习较顺畅,但也同时减少了学生独立思考、探究摸索的时空。那该如何调整呢?有幸参与了项目化学习的培训,项目化学习的理念给了我不少的启发。我发现了"深度学习"和"项目化学习"具有某些共同或相似的特征:特征一,驱动性问题;特征二,聚焦学习目标;特征三,参与真实的实践;特征四,协同合作学习。"深度学习"需要对情境问题做好选择,"项目化学习"需要合适的驱动性问题,两者似有异曲同工之妙。可见,引导学生进入学习情境的问题很重要。

"周期问题"的其中一个学习目标,是根据规律确定某个序号所代表的是什么物体或图形。为了实现这个学习目标,我设计了多种情境,但最后都没有用,而是直接将教材给出的例题抛给学生。由此,就出现了以下开门见山式的教学:

例题:观察这一排气球,照这样排列,第23个是什么颜色的呢?谁来猜一猜?

生:绿色。

生:黄色。

生:红色。

在之前的教学时,学生都能一下说出应该是绿色。而这一次学生的答案就各不相同了。

师:你是怎么想的,为什么会这样猜?

学生猜测完,就安排学生用自己的方法进行验证。学生的心理倾向都是希望自己的猜测是对的,所以他们会想尽办法进行佐证。有的学生选择画一画,有的学生选择数一数,有的学生选择算一算。选择画一画的还有不同的画法,有的按照顺序画了一连串,有的是5个一组,一组一组画的……

等学生们都千方百计地验证后,就让大家交流自己是怎么验证的。在不断发表自己想法,进行"对话性学习"的时候,学生的认知会不断地接近探究对象的真相。当然,想要让"深度学习"更好地融入传统教学,我们还有很多事需要做,课堂纪律的把控、学生活动的组织等都需要加强。

四、"深度学习"推广中会遇到的挑战

实施"深度学习"的最大障碍在于"个体能力主义"[3]。从传统教学意义上来看,学校教育还是比较注重教师个人能力的。预计在很长一段时间内,中小学教育还是会将评价的着力点落在学生的学习成绩上。实行评价改革后,这样的情况在治标上有所改善,在治本上仍阻力重重。这就导致很多老师难以跳出固有的教育理念,而对"深度学习""项目化学习""问题学习"等新型的教学范式缺少认知或有所排斥。未来不可等,"深度学习"的推广、落实还得靠一线教师的共同努力。而对于一线的教师而言,需要面临三重挑战。

第一,从聚焦"教"转向聚焦"学"的挑战。[4]"深度学习"更关注的是学生的学习活动。它要求教师为每一个学生提供可以积极参与、主动探索,并能引起学生学习兴趣和主动学习的"学习环境"。

第二,从"个人学习"转向"协同学习"的挑战。[4]"协同学习"也可以叫作"合作学习"。"深度学习"并非课程改革,既不是教学内容的变动和更新,也不是单纯的教学方法的改变,而是教育观、学习观的转型。从"个人学习"转变成"协同学习",也就是说教师和学生会成为一个"学习共同体"。"深度学习"给予学生、教师、家长、社会成员相互协同、探究问题的机会。"协同学习"也是我目前比较关注、研究比较多的,我把它称为"合作学习"。随着信息时代的到来,很多学生的交流与沟通都隔着屏幕,社交能力减弱。而解决未来社会面对的问题,就必须学会同他人协作。社交能力必将成为现代社会必不可少的"生存能力"。但是,想要"协同学习"的模式成为人们(特别是师生)普遍认同、自觉作为的学习方式,还需要一线教师的观念更新和不断努力。

第三,从"教案"转向"学案"的挑战。[4]所谓"教案",顾名思义就是一线教师上课的备课文案,教师基于课程标准、单元目标、教学重难点、教学方法、评价标准等,制定课时目标并以此展开的教学设计。既然是详细的教案,那么教师应以上述要素为观照,将整节课的教学脉络理清,而学生则根据教师预设的目标进行按部就班的学习即可。但在实际的教学中会产生不同学习者的学习故事,学习者的故事也可以称为"学案",是动态的、不可预知的。正是因为教学中会产生诸多灵动多变的学习故事,才会催生学生思考的交响曲,促成丰富而有深度的学习。

建设教育强国,深化教育改革势在必行。适合新课标、新教材的新型教学范式

不仅仅是"深度学习",还有其他与时俱进的范式。更新教学理念、加强专业修为,以积极主动的姿态投入课程教学改革,正是新时代教师的使命与责任。

参考文献:
[1][2][3][4] 钟启泉.深度学习[M].上海:华东师范大学出版社,2022.

基于英语学习活动观的小学英语词汇教学实践

上海市浦东新区进才实验小学西校　李心宇

【摘　要】词汇教学是英语教学的重要环节。英语学习活动观对词汇教学产生了新的启发，为课堂教学提供了方向指导。在基于英语学习活动观的词汇学习中，学生以主题为引领，以语篇为依托，在体验中学习，在实践中运用，在迁移中创新，进而促进核心素养的发展。本文以上海版牛津英语一年级下册 Module 3 Unit 1 *Seasons Period 1 Seasons I know* 的词汇教学为例，深度剖析以英语学习活动观为引领的小学英语词汇教学实践。

【关键词】学习活动观　小学英语　词汇教学

一、引言

教学方式的选择与教育理念息息相关。《义务教育英语课程标准（2022年版）》（以下简称《2022年版英语课标》）强调课堂教学须着眼于学生核心素养的培养与发展，以实现"立德树人"的根本使命。而以往传统的以教师为中心或以任务为中心的英语教学方式都有着固有的局限性，无法真正满足学生语言能力、学习能力、文化意识和思维品质四大核心素养相互渗透、协调发展的需求。为应对这一挑战，英语学习活动观应运而生，它旨在全面实现英语学科的核心素养目标。《普通高中英语课程标准（2017年版）》首次明确提出了"英语学习活动观"的概念，强调教师应通过系列学习活动，培养学生的批判性和多元思维，扩展学习的深度与广度。而《2022年版英语课标》则进一步强化了这一观点，明确表明践行"学思结合，用创为本"的英语学习活动观是核心素养有效实现的关键支持。然而，英语学习活动观在高中英语教学的研究逐渐兴起，但对小学阶段的研究仍然较少，尤其是在词汇教学的研究方面。本文旨在深入探讨英语学习活动观在小学英语词汇教学中应用的意义和策略,以期为小学英语教学提供有益的指导和参考。

二、英语学习活动观的概述

英语学习活动观是一种以活动为核心组织和实施英语教学的理念和方式。英语学习活动观秉持着在体验中学习、在实践中应用、在迁移中创新的学习理念。英语学习活动观的核心强调学生是语言学习活动的中心主体,学生在主题的引领下,借助语篇,围绕真实情境和真实问题来进行整体性的学习。学生通过互相关联、循环递进的学习理解、应用实践和迁移创新三大学习活动,采用主动、合作、探究的学习方式,深度整合语言知识,积累文化底蕴并激活思维力度。进一步地,学生可以运用所学,针对特定主题表达自己的观点和态度,解决实际问题,以实现在教学活动中对学生核心素养的培养。

不难发现,活动是英语学习活动观的关键。通过活动,语言、文化、思维和学习能力紧密结合,实现了目标、内容与方法的和谐统一。并且,英语学习活动观突出了真实在语言学习中的重要性,体现了循序渐进的语言学习原理,遵循了布鲁姆的认知层次理论,有利于学生核心素养的形成与发展。

三、英语学习活动观对词汇教学的指导意义

词汇教学是小学英语教学的核心环节。语言学家Wilkins说过:"若无语法,我们所能传达之信息甚少;但若无词汇,我们则无法传达任何信息。"这说明,词汇的学习对学生在理解语篇和主题上起着决定性的作用。此外,《2022年版英语课标》指出,教师应避免将词汇教学从实际语境剥离出来,进行机械化记忆和操练,而应在具体语境中引导学生认知并应用单词的音、形、义。在教学实践中,如果忽视主题和语篇的整合,势必会导致教学的碎片化,这样难以有效促进学生的核心素养发展。因此,将英语学习活动观的理念融入词汇教学,教师在依据主题创设特定的语境下,引导学生基于语篇进行逐步深化的整体性学习实践活动,不仅能帮助学生理解和应用词汇,更能促进学生文化意识、思维品质和学习能力的发展,从而实现英语学科核心素养培育的初衷。

四、基于英语学习活动观的小学英语词汇教学实践示例

下面,以上海版牛津英语一年级下册Module 3 Unit 1 *Seasons Period 1 Seasons I know* 的教学为例,探讨如何基于英语学习活动观进行小学英语词汇教学。

(一)提炼单元主题,优化教材语篇

1. 单元整体分析,提炼主题意义

英语学习活动观强调语言学习和运用活动应围绕主题意义探究进行,通过探究主题意义整合单元内容。基于主题的英语教学在小学阶段表现得尤为关键。由于学生学习的语篇和参与的活动都紧扣特定主题开展,这不仅增强了与主题相关的词汇复现率,还能依据小学生身心发展实际充分调动他们学习的积极性和主动性,为他们提供更真实的学习体验,这对于小学生核心素养的培育也起到一定的促进作用。

从单元整体分析,上海版牛津英语一年级下册 Module 3 Unit 1 *Seasons* 这一单元话题属于三大主题范畴中的"人与自然"。通过对教材的研读,提炼出本单元主题为"Beautiful seasons, beautiful life"。通过认识四季,感受四季特征和活动的不同,引导学生发现四季之美和生活之乐趣,从而激发学生热爱自然、享受生活的思想情感。本单元共计四个模块,分别为 Listen and enjoy、Look and learn、Look and say 以及 Say and act。其中 Look and learn 为本单元词汇部分,主要包括春夏两季词汇 spring、summer 以及相对应的气候特征词汇 warm、hot。Look and say 为本单元句型部分,旨在让学生能够自如地描述春夏两季的颜色和气候特征。因此,教师整合以上两个板块内容,提炼出第一课时主题"Seasons I know"。在该主题的引领下,学生既学习春夏两季的词汇及其对应的气候特征的词汇,又掌握描述春夏两季特征的表达方式。

2. 围绕主题意义,优化教材语篇

英语学习活动观同样强调语篇在教学中的重要地位。尽管确立的学习主题可以帮助教师有效规划教学内容,但仅依赖于主题远远不能满足教与学的需要。英语教学应该以实际、多样且贴近学生生活和性格特点的语篇为核心,为学生创设真实且丰富的语言学习环境。基于语篇的词汇教学不仅能让学生通过语篇理解词汇的意义和形式,还能引导学生在真实的语境中运用词汇和句型,从而有效促进学生的核心素养发展。

基于语篇的词汇教学,倡导"词句结合,语篇感悟"的原则。教师应合理挖掘语言知识点、以学生为主体,通过丰富词汇内涵、搭建词句框架等方式,帮助学生运用所学词句。因此,为了更好地通过围绕主题意义的语篇进行词汇教学,引导学生积极投入以"四季之美,生活之乐趣"为主题意义探究的活动中,教师结合学生已有的

知识、经验和情感态度，再构本课时语篇，基于本课时核心词汇和核心句型，融入学生所学过的颜色表达以及能力表达，最终以对话的形式展现。

以 *Spring* 为例，文本如下：

Mum：Look! It's spring now. What do you see?

Kitty：I see a tree. It's green.

Mum：Yes. Spring is green. Spring is warm. What can you do?

Kitty：I can dance.

经过优化的语篇不只涵盖了本课时的核心词汇和句型，还融合与季节相关的词汇与表达，进一步丰富了主题深度。这有助于学生整合所学知识，达到学以致用的目的。

（二）基于主题语篇，设计学习活动

英语学习活动观以活动为核心。为了更好地落实学生核心素养，教师应基于主题意义，借助于语篇，设计具有实践性、关联性、综合性等特征的灵活多样的学习活动。基于语篇的学习理解类活动，有利于学生感知与理解与主题息息相关的语言和非语言知识；在深入语篇的应用实践类活动中，学生可以在语境下运用所学，进一步内化知识和文化知识，加深对知识的理解，进而促进知识向能力的有机转化；而在超越语篇的迁移创新类活动中，学生能够运用所学解决生活中的问题，更加理性地阐述情感、态度和价值观，促进能力向素养的发展。

1. 创设语篇情境，落实学习理解

教师准确把握单元主题后，需创设主题情境。这种鲜活的情境不仅促进了主题、情境与活动之间的有机融合，而且通过与主题意义相关的情境，学生可以激活已有的知识，发现语言与认知上的差异，形成学习的期待，并感知语言意义和理解学习活动，提升学习兴趣。

因此，在本课时中，教师设定了妈妈带着 Ben 和 Kitty 两位小朋友，去新疆独库公路一天观四季这样一个可以在现实生活中发生的真实情境。教师先播放一段有关独库公路的视频，通过看、听、赏，以视觉和听觉带领学生进入主题情境。接着，学生先整体聆听妈妈与 Ben 和 Kitty 之间对于在路上所见不同季节产生不同感受的对话，结合自身知识经验建立与主题之间的关联，初步感知春夏两季的各自特征和活动，形成学习期待。之后，教师在学生听的基础上逐步呈现不同季节的语篇，导入词汇学习。在本环节中，学生从多模态语篇中获取与问题相关的信息，学

习词汇 spring、warm 的音形义,初步梳理出 green、dance 等与春天相关的信息。教师引导学生建立信息之间的联系,在学习春季相关表达的基础上,让学生通过聆听 Ben 和妈妈关于夏季的对话,并结合图片,学习夏天及其气候特征的英语表达——

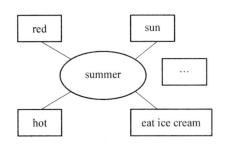

summer、hot。学生通过观察图片知道 Ben 所在的季节是夏天,并在听对话的过程中对 summer 和 hot 的读音有了初步的感知。之后教师引导学生对信息进行整合和概括,进一步学习词汇的音形义,并完善知识结构,形成本节课的知识结构(如左图)。

通过创设与主题相关的语篇情境后,避免了因词汇分散而导致的知识碎片化,学生始终保持积极的学习态度,提升了词汇学习效率,丰富了词汇相关的文化知识以及锻炼了语言技能和思维能力。

2.丰富学习体验,实现应用实践

英语学习注重体验。在语言教学中,"体验"指教师以课堂为平台,采用各种能激发学生参与和实践的方法,以学生参与为核心,让学生在一个体验式的学习环境中深度感受,提升自身能力与经验。在学习理解层次之后,教师经常让学生即刻进行知识的迁移输出。然而,学生缺乏必要的学习经历就无法体验到语言及其背后的意义,无法有效地完成知识的内化,更无法将知识有机转化为能力,甚至使学生容易产生挫败感,对语言学习产生畏难情绪而失去学习兴趣。因此,教师应贴合学生特点,开展灵活多样的体验活动完成学生对知识的应用实践。

在本课时中,教师通过让学生模仿朗读、角色扮演等方式,进一步加深学生对语篇的整体感悟和理解。学生在朗读中思考,在演绎中感悟,不断巩固内化知识语言,感受春夏两季特征的不同和两位小主人公对不同季节喜爱的原因。另外,教师一起呈现春夏两季图片,让学生通过观察图片对比分析,准确判断春夏两季,以此引导学生应用所学词汇和句型去描述两季的特征。为了更好地丰富学生体验,教师还设置了开放式活动,借助板书提供的语言支架和多媒体,让学生自主选择季节,结合自身实际情况表达对季节的喜爱之情。如选择春天的学生表述说"Spring is green. I see a green bird. Spring is warm. I can fly a kite. I like spring"。

通过语篇创编活动,既帮助学生巩固内化新的知识点,又建立了新旧知识间的关联。在这个体验的过程中,学生尝试运用自己的语言表达,深化对文化内涵的理解,为迁移创新做好铺垫。

3. 强化素养立意，完成迁移创新

2022年版课标的教学建议部分指出，教师应强化素养立意。教师要引导学生构建围绕单元主题深层的认知、态度和价值判断，理性表达，促进能力向素养的转化。

本课时中，教师借助多媒体技术，让学生置身于真实的独库公路的场景中，与小主人公产生共鸣，使得个人情感得到升华。学生在探究、合作、交流的过程中，运用所学词汇围绕主题表达个人观点和态度。最后阶段，教师播放主人公继续踏上独库公路观四季旅途的视频，学生再次感受四季的不同，惊叹于独库公路的壮丽景色。由此，教师提出问题 "How are the four seasons?" 引发学生思考，最终紧扣主题意义："The four seasons are beautiful. Our country is beautiful too. We have a beautiful life!" 体会四季之美，祖国之美，自然之美，生活之乐趣。

五、结束语

从本教学案例中不难发现，以英语学习活动观为指导的小学英语词汇教学，其教学内容不只局限于词汇知识，还深入语篇和文化知识；而培育的焦点不只是语言能力，更重视思维品质、学习能力及文化意识的塑造。总的来说，基于英语学习活动观的小学英语词汇学习，让学生以主题为引领，以语篇为依托，通过学习理解、应用实践、迁移创新类相互关联、层层推进的活动，在真实的情境下探究主题意义，整合性地学习词汇的音、形、义和用，避免知识碎片化。这种语言学习过程，不仅有效激发了学生的英语学习兴趣，提升他们的课堂参与度，更有益于推动自身核心素养的发展。

参考文献：

［1］程晓堂.义务教育课程标准（2022年版）课例式解读·小学英语［M］.北京：教育科学出版社，2022.

［2］中华人民共和国教育部.义务教育英语课程标准（2022年版）［S］.北京：北京师范大学出版社，2022.

［3］王蔷.新版课程标准解析与教学指导（2022年版）·小学英语［M］.北京：北京师范大学出版社，2022.

［4］朱浦.小学英语教学关键问题指导［M］.北京：高等教育出版社，2016.

小学英语教学中合作学习模式的应用

上海市浦东新区进才实验小学西校　顾佳蓉

【摘　要】随着我国素质教育理念的深入,小学英语教学模式逐渐细化,以往的教学模式有了较大变化,教师在教学过程中更注重学生的课堂主体地位,强调学生在课堂学习中的主观感受。合作学习便成为课堂中不可或缺的学习方式,并持续焕发它的作用。在小学英语教学中应用合作学习教学模式的意义在于:有利于培养学生的合作能力、思维能力,也有利于凸显学生的课堂教学主体地位。新课标新教材背景下,我国小学英语教学质量得到了明显的改善,但仍存在诸多问题和不足:模式单一、能力素养不足以及学习内容片面。因此,我们可以寻求以下应用策略:利用小组合作进行阅读教学、开展句型教学以及单词教学。

【关键词】小学英语教学　合作学习

在小学英语教学中,有的教学理念和教学方法并不适用于当下的课堂教学,学生的课堂学习积极性和参与度不高,教学的有效性难以得到显著的体现。因而有必要采取适当的教学模式和教学方法,尽力调动学生主动参与的积极性。而合作学习教学模式的应用能够加强教师和学生之间的联系与沟通,促进学生之间进行互帮互助式的学习。与此同时,应用合作学习模式还能够活跃课堂氛围,创设乐学情境。

一、小学英语教学中应用合作学习模式的意义

(一)有利于培养学生的合作能力

对于小学阶段的学生来说,培养合作能力非常重要。这需要教师根据学情和教学要求,设定相应的教学目标。其中,融入合作学习理念,应用合作教学模式,对于

培养小学生的合作意识和初步合作能力,促使小学生养成良好的合作学习习惯很有意义。

(二)有利于培养学生的思维能力

教师在教学时应对小学生的接受能力及学习状态有真切的认知,这样才能对学生的思维能力进行针对性培养。但由于当前小学生课业任务较重,在日常生活中与他人进行沟通交流的机会较少,这就使培养学生思维能力的难度变大。而教师在课堂教学中,采用合作学习方式,在有效的师生互动、生生互动中,能对相关知识点开展互动式的深入分析,显然有利于激活学生的思维,培养学生的思维能力。

(三)有利于凸显学生的课堂教学主体地位

小学生正处于认识世界、学习知识的初级阶段。在这一过程中,教师有必要让学生初步形成自主学习、自主思考的意识和能力。因此,在课堂中,教师便需要给予学生充分的时间来进行自主性的学习,使学生逐渐成为课堂学习的主体。而小组合作学习模式,能让学生通过相互讨论与合作探究,拓展学习思路,习得学习方法,从而激发学生自主学习的自信心,凸显学习主体地位,进而在主动学习、独立思考中有效实现学生的个性化发展。

二、小学英语课堂中小组合作学习的现状

新课标新教材背景下,我国小学英语教学质量得到了较明显的提升,但与预期目标比对,还有一定差距。

首先,是模式的单一性。在当前小学英语教学过程中,传统的读、写、背等机械学习模式依然占据主导位置,学生学习的主体性从根本上来说并未改变,其自主学习能力也仍受到抑制。在这样的机械单一的学习模式下,学生的学习思维、积极性无法被打开,从而压抑了学生学习英语的动力和信心。

其次,是能力素养不足。在目前的小学英语教学中,大多数学生仍处于"哑巴英语"的状态,在日常生活中学生之间难以形成有效的语言运用。究其根本,就是在学习时,学生无法对英语的听说与思考能力形成有机统一,这在无形中削弱了学生的英语应用能力。虽然学生已具备相对完善的英语基础知识体系,但缺乏语言应用能力,这不仅与小学英语学习的目标是背道而驰的,而且阻碍了学生英语核心素养的培育。

最后,是学习内容的片面性。从目前的小学英语教学来看,不少教师虽然设计了三维教学目标,但在实际教学中,往往侧重于单一的知识技能目标,即将英语知识与技能的习得作为学习评价的唯一内容,且以传统灌输式的教学方式为主,教学内容也多为课文、单词、语法等方面知识。而对于如何使用英语进行交流、如何将所学到的英语知识运用于生活实际等方面很少涉及。导致学生虽然已经掌握了一定的英语基础知识和技能,但却难以实现真正意义上的理解和运用,也就难以将所学知识融会贯通。这样就会出现学得慢、忘得快、记不住等情况,这就直接影响了学生英语学习兴趣和学习效率。

三、小学英语教学中合作学习模式的应用策略

从"合作学习"的特征来看,包括协作性、分享性、互动性三大特性。在实际应用中,教师要善于应用合作学习模式,借此提升学生学习热情和能力,进而让小学英语的教学质量更上一个台阶。

(一)利用小组合作进行阅读教学

小组合作学习的主要表现形式是以小组为单位,开展有主题、有要求的学习。教师在安排小组合作学习成员时,应当充分考虑每个小组内不同学生个体的学习差异,按好、中、差的一定比例组成合作学习小组。这样分组,可发挥学优生的传帮带作用,促进学困生缓解学习压力,逐步长进,最终实现共同进步。

例如在课堂教学的过程中,教师在向学生讲述牛津英语沪教版四年级上册 *Me, my family and friends* 这部分知识内容时,可引导学生在小组合作学习过程中制作思维导图,进而掌握这部分的重点知识。学生在小组合作学习时要有不同的任务,并且和学生的学习基础相匹配。对于基础较差的学生,可让他们负责信息的整理以掌握基础性的内容;对于学习能力较强的学生,则须承担信息汇总,构建科学性、系统性较强的思维导图的任务。在各小组开展合作学习时,教师应及时巡视,引导各组沿着正确的学习方向有序推进学习,同时关注分工、合作的情况,给予学困生更多的关照、点拨,从而使各组呈现由学优生引领的互帮互助的良好学习氛围。

(二)利用小组合作开展句型教学

在小学阶段的英语教学中,句型教学一直是重难点内容之一,教师可以尝试用小组合作的方式让学生自主完成对句型内容的探究,且在和他人合作学习的过程中

把握知识要点,突破认知难点。

例如,在教学牛津英语沪教版五年级上册 *My future* 这单元知识的时候,教师可以借助"What do you want to be?"句型,开展小组间的合作比赛。首先第一个同学要说:"What do you want to be?"第二个同学要重复第一个同学的句型,并且还要对该句型进行有效的扩展,第二个同学要说:"I want to be a pilot. What do you want to be?"以此类推。这种小组合作的方式能调动学生的学习兴趣,驱使学生掌控表达、训练句型。在整个比赛的过程中,哪一组学生在说出该句型时犯的错误较少,哪一组同学就会获得胜利。小组合作教学模式相比于传统教学教法,具有尊重学生主体,调动学生主观能动性的优势,使得句型学习质量和效率得到明显提高。

(三)利用小组合作的方式进行单词教学

在小学英语教学中,单词的记忆和应用也是学生学习的重难点,利用小组合作学习的方式能较好解决学生在单词学习上存在的问题,使学生在互启互促中,习得适合自我的学习方法。

例如,在教学牛津英语沪教版三年级下册 *Things around us* 这部分知识时,教师可以进行小组间的单词学习比赛,先让学生按照课本中的内容试着说一下这几个单词的含义,如 star、circle、triangle、square,学生可以通过查字典和阅读课本中的内容,探究出问题的最终答案。在此过程中,教师也可以在多媒体课件中为学生播放关于方位词的图片,在学生脑海中留下一定的印象,为后续学习活动提供重要的基础。之后,教师要求每个学生拿一本书放在桌子上,每一组先让学生A说出这几个单词中的某一个方位词,让学生B做出相应的指令,以此类推,看看哪一个小组正确率较高。对于正确率较高的小组,可派一个代表在班级中介绍学习经验和方法。这种游戏式竞赛,既有利于在班级中形成良好的学习氛围,也能使全班学生加深对这部分单词的记忆和应用。

四、结语

综上所述,新课标新教材有利于培养学生的核心素养,小组合作学习模式是"双新"背景下的一种持续焕发生命力的教学模式。小学英语教师在应用此种教学方式进行教学时,应该根据学生的接受能力、学习状态、思维方式、兴趣爱好等合理分组,从而开展具有针对性的小组合作学习活动。教师应结合动态的教学实际,采取多种教学策略,尽力确保小组合作学习模式更好地为英语课改和培育学生的英语核心素养服务。为了获得更好的效果,还有一些值得注意的地方:其一,在合作前,先让学生自主思考以及激发学生合作的需求。其二,小组分工要明确,比如小组合作中谁做主持人,谁做记录员,谁做监督员,还有谁代表小组发言,代表发言之后谁做补充性的发言,等等。其三,让学生发言以小组而非个人为出发点。小组代表发言的第一句话应该是"我们小组……"。其四,评价、反馈不能少。老师的评价和反馈,越具体越有针对性就越好。另外,还可以安排小组互相评价和自我评价。其五,增加组际之间的互动和交流。比如,让后一组对前一小组的发言先做一番评价或补充提问,这样组际之间就有了交集、有了互动。

小组合作学习是小学阶段重要的教学方法,不仅有助于学生实现思维和智慧的互补,也有利于提高学生的学习能力和学习素养,还有利于提高课堂教学效果和教学质量。

参考文献:

[1] 喻安婷.双减背景下小组合作学习模式在小学英语课堂的应用[C]//广东教育学会.广东教育学会2022年度学术讨论会暨第十八届广东省中小学校长论坛论文选(二).[出版者不详],2022:1136-1139.

[2] 姚艳红.浅析小学英语教育中实施合作学习的教学模式[C]//廊坊市应用经济学会.对接京津——社会形态 基础教育论文集.[出版者不详],2022:702-704.

新课标视域下小学体育跨学科教学探究

上海市浦东新区进才实验小学西校　牛晶晶

【摘　要】在新课标视域下的跨学科项目化学习已成热点命题,因为这是对标核心素养培育的新型教学方式。本文以体育学科为主体,尝试探讨体育跨学科教学的必要性、重要性。据此,笔者以××小学为例,在问卷调查、座谈、随访的基础上,统计数据、梳理观点、分析原因,在对调研结果进行分析的基础上提出了几点建议。

【关键词】小学体育　新课标　跨学科教学

2022年4月教育部印发《义务教育课程方案和课程标准(2022年版)》和《义务教育体育与健康课程标准(2022年版)》(以下简称"新课标"),要求实施跨学科教育推动学生"运动能力、健康行为、体育品德"核心素养的形成。这就从国家政策方面显示出,促进体育跨学科融合发展已成深化教育改革的一项重要举措。小学体育跨学科融合,有助于发挥新课标所要求的学生核心素养培育的育人功能。但是当前小学体育学科的受重视程度仍然远远滞后于语、数、英等学科,小学体育教学内容单元化、教学制度单元化、教学目标单元化体系亟待加强,小学体育跨学科面临课程设置"模糊化"、目标界限"边缘化"、主题设计"浅表化"的窘境。故此,以××小学体育跨学科教学的实际状况为例,做粗浅探究。

一、研究目的

分析新课标背景下小学体育和其他学科跨学科融合的内容、方法、途径、所面临的主要问题等,根据实际情况提出些许建议,使小学体育与其他学科深度融合,促进小学生对体育的兴趣,发挥小学体育学科对小学生核心素养培养方面的重要功能。

二、研究对象与方法

（一）研究对象

本课题的问卷调查对象为上海市浦东新区××小学的小学生（随机抽取）和体育教师，以本校有关学校领导、小学生、部分体育教师为访谈对象。

（二）研究方法

1. 文献资料法

在中国知网、中国教育网、上海市浦东新区图书馆、上海市杨浦区图书馆、进才实验小学图书馆、进才实验小学西校图书馆等收集与小学体育教学、跨学科主题、跨学科融合、新课标等相关材料，整理分析出当前小学体育跨学科融合的价值意蕴、当前困难等。

2. 调查研究法

根据小学体育跨学科融合这一课题的探究目的设计问卷和访谈纲要，对××小学共20名体育教师和随机抽取小学高年级280名学生进行问卷调查，收回问卷265份，回收率达到94.6%，有效率为100%。同时，随机抽取50名学生、5名学校领导、20名体育教师进行访谈。

3. 观察法

笔者在××小学开展小学体育跨学科深度融合教学实践探究，对其做出反思和评价。同时，在自然状态下观察其他教师和学生跨学科教学现实情景，为本文的探究提供相关支持。

4. 数理统计法

在Excel2003中输入××小学教师和学生的问卷调查数据进行统计。

三、结果与分析

（一）调查、访谈情况剖析

对××学校小学生的问卷调查结果展示：占比约98%的小学生对体育课程是比较喜欢的，但是3%左右的学生却表示不是很喜欢体育课程的内容，不喜欢的具体原因为：有些体育课内的动作不能完成，有时候的体育课比较无聊等。而从参加访谈的小学生情况来看，100%的学生是比较愿意上体育课的。而从教师问卷以及访谈的结果来讲，××小学一周5节体育课（在编体育教师任教三节体育课，班主任任教一节体育活动课,外聘教师任教一节体育专项课),在讲授手段上,100%的小学体育教师组织学生进行课前2分钟体育微展示;85%的小学体育教师应用讲解+示范的方法;60%的教师会在教学上引入学习情境,讲明探究步骤,学生自主学习的积极性在体育课上被激发;35%的小学体育教师尝试将课堂交给学生,让学生分组探索(比如二年级"自然地形跑"的教学)。在体育教学创新上仅有5%的小学体育教师开展了项目化教学(如"微型马拉松"课题)。

(二)小学生对小学体育跨学科教学的认知情况

调查结果显示,94%的小学生觉得小学体育与音乐关联比较多,在访谈中了解到小学体育公开课或者平时的小学体育课堂上,小学生总会跟着音乐做热身操和放松活动。大约86%的小学生认为小学体育与劳动可以结合,因为体育活动和劳动在一定意义上来讲都是体力类劳动。60%的学生曾尝试用学习到的体育知识去解释其他学科知识或将从体育课堂中学习到的本领应用到生活中,45%的学生养成一周三次锻炼的习惯。仅有15%左右的小学生认为小学体育课可融合语文知识,与小学生交谈发现:他们的感触来源于校内公开课(一年级公开课"队列队形:怎么走直角",二年级体育优秀展示课"韵律:小壁虎找尾巴",五年级市级课题"跑:穿越生命线")等,这类跨学科课程不仅让他们的运动能力提升,而且也让他们更团结协作。有35.8%的小学生认为小学体育可以与自然、道法、数学等科目的学习相结合。一言以蔽之,大多数小学生认为,体育课程可与许多文化类课程相融合,可以根据需要,开展"体育+"跨学科教学。

(三)小学体育教师对小学体育跨学科教学的认识概况

100%的小学体育教师认为小学体育教材内容与其他科目内容存在联系,75%的体育教师听说过小学体育跨学科教学方式,但是具体的形式并不清楚。仅仅15%的体育教师对小学体育跨学科教学方式非常了解或者相对了解,而这三位教师都是高级教师,平时参加的培训和会议相对较多。从图1中可知晓在小学体育与其他学科跨学科融合方面,排在前3名的科目依次为:劳技100%、道德与法治100%、音乐100%,同时发现小学的所有学科都可以与小学体育科目开展融合教学。另外,由图2可知,有10%的教师尝试过小学体育跨学科教学,但有时可能过分强调"跨",而忽略体育的主体教学地位,但是会继续尝试以体育教学为主的跨学科教学。15%的体育教师有尝试小学体育跨学科教学的意愿。75%的体育教师表示曾尝试过体育跨学科教学,然而如果没有硬性要求,今后将不会再尝试小学体育跨学科教学,毕竟这种形式会让体育教师付出更多的时间和精力。再者,从图3可知在小学体育教师综合素质提升方面,5%的体育教师经常学习除了体育学科知识外的其他学识,以便于今后跟上小学体育跨学科教学共同推进的步伐,还有25%的体育教师会根据自己的情况,通过智慧教育平台进行学习。总体而言,××小学体育教师对小学体育中开展跨学科教学的意识相对薄弱,学校也未制定跨学科教学的激励举措。

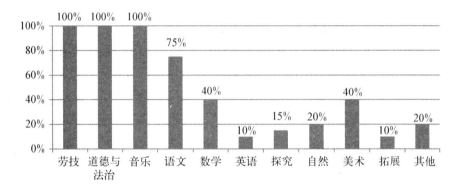

图1 小学体育教学中尝试融合其他学科知识情况统计图

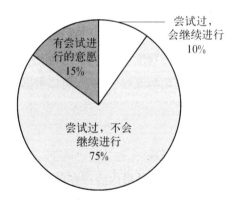

图2 小学体育教学中尝试融合其他学科的意 愿统计图

图3 小学教师学习体育外学科知识情况统计图

四、结论与建议

(一)结论

1.学校领导对小学体育跨学科融合教学的重视度不够

查询相关资料能够了解到,国内外对小学体育跨学科教学的相关研究并不是很多,小学校长等学校领导对跨学科教学,特别是体育学科的跨学科教学缺乏应有的重视。长期以来,小学课程在设置时大多以明确的学科分类为准则,各种课程教学之中的关联性并不强,然而小学生所面对的生活现实却是多变的、复杂的,所涉及知识体系也并不都是对应的、完整的,因此学到的体育知识并不能在现实生活之内得到有效的、灵活的应用。诚然,当下正在推广包括跨学科融合的项目化学习,但鉴于种种原因,不少学校领导还处于试验或者应付状态,未能将这项工作抓紧、抓实。

2. 小学体育教师的跨学科融合教学本领不够

从图4可知,在影响小学体育学科与其他学科融合的因素方面,小学体育教师拥有跨学科知识储备与小学生对体育跨学科融合主题内容的兴致是主要的影响因素,70%的小学体育教师缺乏小学体育跨学科教学的能力,可以参考的体育跨学科教学案例匮乏,致使80%的小学体育教师还不知道从何处着手进行小学体育跨学科融合教学;还有部分教师认为跨学科融合教学没有太大的必要性。在如此境况下,如果没有行之有效的举措,促使小学体育教师跨学科融合教学能力的提升方面将会始终面临困境。

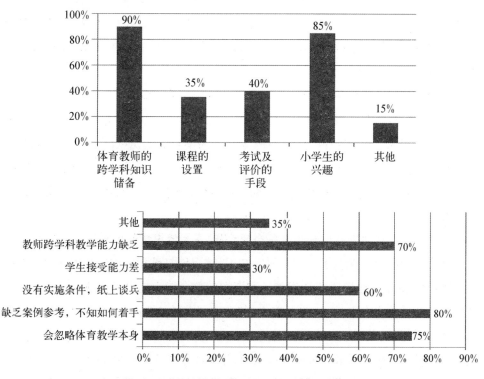

图4　小学体育跨学科融合实际教学情况统计图

3. 小学生的体育基础及跨学科学习的能力参差错落

总体来看,通过选拔加入马术、滑雪、羽毛球、乒乓球、花样跳绳、足球、篮球、网球、高尔夫等社团或者校队的小学生体育能力相对较强,有约60%的小学生在校内或者校外都没有参加体育类培训,体育技能基础较弱。而对全校学生2022—2023学年体能与技能数据的剖析也反馈出该校学生体育情况的差别。在小学体育跨学科课题接受方面,仅有45%的小学生对此完全接纳并理解。究其原因,在浦东新区科技节、论文比赛、创新大赛等各类比赛中,××小学学生常会获取一、二等奖,与云南交流、国外游学等学校项目为部分学生提供了开阔视野的机会,有65%的学生有拓展类的课外项目,然而也有30%的学生仅仅学习学校内科目,这说明其跨学科接受力参差错落。

(二)建议

1. 学校领导对体育跨学科融合教学的重视度需加强,积极推行跨学科教学培训、比赛

学校领导要加强培训,培养拥有跨学科融合能力的小学体育教师,积极引入最新的体育跨学科融合教学相关资源,建立小学体育跨学科融合的主题内容,激励同一主题不同学科资源的汇总与探析,创建小学体育跨学科融入教学组织。组织针对某小学体育跨学科主题教学大赛,以期提高教师精确表达、准确展示动作的才能;增加其主教体育,另外能够兼教某一学科的实力。

2. 增进体育教师跨学科教学能力,积极落实体育学科核心素养

小学体育教师要积极参加小学体育跨学科类的培训,比如"智慧平台""市级新课标跨学科实践"等,教师自身也要多了解体育跨学科的知识点,在进行跨学科教学时注重体育学科在培养学生"运动能力、健康行为、体育品德"的主体地位。同时,要注意体育学科与其他学科在哪些方面可以融合,哪些方面不能融合,不能为跨而跨、硬跨。

3. 增强小学生体育跨学科资源融合的才能,在生活中情景化知识

体育跨学科教学融合了不同学科的知识,这可能打破学生相应知识学习的衔接性、系统性,这对学生跨学科知识储备和资源的整合能力提出了挑战。学生需要在教师设置的情境中自主学习,并且消化、整合不同学科的知识,持续尝试在生活中应用这些知识,真正做到学以致用。

4. 小学体育跨学科教学主题务必明确,体育教学任务更趋趣味化

小学体育并不是与所有学科的所有内容都能够融合,跨学科融合的关键在于主

题要明确,比如设置"春种秋收"主题,体育教师可以与劳动教师一起设计,将球类、田径等运动技能与劳动结合,设置有趣的劳动情境,促使主题目标更加合理化、科学化、趣味化、丰富化。在设置小学体育跨学科融合教学任务时,以数字化革新小学体育跨学科融合教学的手段和方式,完善小学体育跨学科融合的多方位评价,使其更趋趣味化。

参考文献:

[1] 田迷,刘留.核心素养背景下小学体育整合课程教学单元的设计探究[J].辽宁体育科技,2017(29):95.

[2] 丁素芬.跨学科主题学习的困境与实践路径[J].教育视界,2022,(31):28-31.

[3] 叶玉华,宋淑华.全面发展视域下中小学体育开展跨学科教学的价值蕴涵及突破策略[C]//陕西省体育科学协会.第一届陕西省体育科学大会论文集,2023.

[4] 郝毅,陈秀芸,王冬梅.信息技术赋能跨学科整合的实践探索[J].小学教学研究,2022(1):87-89.

[5] 钟秉枢.发挥《义务教育体育与健康课程标准(2022年版)》的独特作用[J].首都体育学院学报,2022,34(3):233-235.

[6] 郭庆,杨雅晰,程伟,等.新课标背景下义务教育阶段体育教师跨学科教学能力的内涵厘定、构成要素与培育路径[J].教育科学,2023,35(2):141-149.

[7] 尹志华,孟涵,孙铭珠,等.新课标背景下体育与健康课程落实核心素养培养的思维原则与实践路径[J].首都体育学院学报,2022,34(3):253-262.

[8] 刘登珲.美国综合课程改革指导框架、实施路径与借鉴[J].比较教育研究,2019(12):94-100.

小学数学作业评价现状分析与应对举措

上海市浦东新区海桐小学　郁伟超

　　小学数学作业评价，是评定学生完成数学作业情况的过程，是对学生数学作业的完成情况进行总结，对学生的学习状态进行评价，同时也是教师对于学生学习态度的反馈。因此，小学数学作业评价不仅能够促进学生自我反省能力的提升，也能够促使教师不断更新教育教学方法。随着新课改的推进，小学数学作业评价越来越受到重视。如何在新课程改革背景下，更好地进行小学数学作业评价，对于促进小学生的健康成长来说具有重要意义。因此，在实际的小学数学作业评价过程中，教师应当结合小学生的实际情况来进行探索和思考，以更好地实现小学数学作业评价目标。基于此，本文结合笔者教学经验进行探索与实践。

一、目前作业评价存在的问题

（一）评价标准过于统一，缺乏灵活性

　　由于学生的知识层次、认知能力和家庭背景存在差异，学生对同一个问题的理解和掌握会有差异。但是，我们现在的作业评价标准过于统一，把所有学生都"一视同仁"，不管你是否认真完成作业，也不管你是不是对知识点掌握得很好，只要你没有完成就被打上了"不认真"的标签。这样对那些不认真完成作业的学生来说无疑是一个极大的打击。而且他们的自尊心也会受到伤害，进而产生自卑心理。

　　其次，在同一个班级中，每个学生对同一知识点的理解和掌握都是有差异的，所以在布置作业时也应该有所侧重。而教师在布置作业时只是简单地"一刀切"或用一把尺子量到底，不仅降低了作业评价的质量，而且还会打击那些认真完成作业的学生的自信心。

（二）评价内容单一，评价范围狭窄

目前，一些教师的作业评价只注重考查学生对基础知识的掌握程度，而不注重对学生能力、情感的考查。事实上，教师的评价不能只有一种标准，应该根据不同的特点，采取不同的评价方式。一种方法往往只适合一部分人，而不适合另一部分人；一种方法往往只适合一部分学科，而不适合另一些学科。教师应根据学生的实际情况，采取恰当的评价方式。教师在对作业进行评价时要做到既注重评价知识，又注重评价能力和情感；既注重对学生学习过程和结果的评价，又注重对学生学习态度、方法及情感态度等方面的评价。通过对学生作业中存在问题的分析，使教师及时了解学生知识掌握的情况并加以改进，从而更好地促进学生全面发展。

（三）评价方法机械，评价形式单一

对小学数学作业的评价，往往只采用单一的形式，低年级作业只有"★"和"▲"，而高年级也仅仅只有"优"与"良"。评价方法单一，缺乏激励性。教师采用单一的方式来对学生作业进行评价，这样就难以激发学生的学习兴趣。有些教师只注重学生作业的数量、质量，而忽视了学生对作业内容的思考和探究，更忽视了对学生进行学习过程的评价。另外，有些教师没有认真地进行作业分析。有的教师对作业中出现的问题缺乏深入的分析和研究，只是简单地把教师认为好或不好的题目批改或集中起来让学生做练习题。这样也不能很好地发挥作业评价在教学中的作用。

（四）评价语言枯燥乏味，缺乏激励性

对作业进行评价是为了更好地促进学生的发展。教师在评价时应该注意激发学生的学习兴趣，调动学生参与学习的积极性和主动性。教师对学生作业进行评价时，不应只以书面形式呈现，而要采取多种方式。例如，可以采用口头评价的方式，将学生在作业中遇到的问题及时反馈给学生；也可以用评语的形式对学生进行评价，这样不仅使教师清楚地了解到学生在作业中存在的问题，还可以促进老师对这些问题的深入研究。但教师在用语言进行作业评价时却显得过于简单、单调。教师在用语言进行作业评价时往往用一句"对不对""好不好"代替了对作业内容本身的评价，这就使作业评价失去了其应有的意义，起不到应有的激励作用。

二、优化作业评价的意义

评价作为一种教育手段，对教育起着积极的作用。评价不是为考试服务，评价

既不能替代考试,更不能取代考试。但在考试制度没有根本改变的情况下,把它作为评价手段来进行小学数学作业评价具有十分重要的意义。

(一)作为教师教学情况的反馈信息

教学过程中,教师只有在了解了学生的学习情况后才能正确地选择和安排教学活动,及时地调整教学方法、策略和进度,以保证教育目标的实现。作业也是一种反映学生学习情况、体现学生学习成果的形式。我们可根据评价结果了解学生对所学知识掌握的情况,也可为今后教学提供相应的参考信息。

(二)了解学生对所学知识的应用情况及发展程度

教师对作业进行评价时,可以通过作业中出现的问题了解学生对所学知识的理解及应用水平,从而为教学提供反馈信息,使教学更有针对性;同时可以通过作业中出现的问题了解学生在学习中存在的困难和问题,以便为教学提供参考信息。

(三)实现新课程标准的途径

作业评价是实现新课程标准关于"注重过程和方法,加强情感、态度、价值观以及过程与方法等多方面的综合素质评价"要求的重要途径。作业中体现了学生对知识掌握的过程、能力提高的过程以及情感态度价值观等方面的发展变化趋势,同时也为今后教学提供了反馈信息。作业评价可以使教师更全面地了解学生对所学知识掌握的情况及其存在的问题和不足,从而有针对性地指导学生掌握所学知识和提高学习能力。

三、关键举措

笔者在自己教学的几个班级中,采取了以下几种不同的作业评价方式,对其进行了分类与案例展示。

(一)多层次作业评价

为了更好地了解学生,教师需要充分掌握全班学生的共同特点及个别差异。同时,对每一个学生的学习方式进行深入研究,以确保不同类型的学生都能得到满足,并按照既定目标主动开展学习。笔者根据学生的学习状况分为三层进行进展评价:一层为优秀生,二层为一般生,三层为学困生。这种分层评价的方式可以使75%以上的学生都能体验到成为优秀生的喜悦,避免过度竞争给学生身心造成的伤害。同时,通过特殊的等级评价方式,使不同类型的学生得到应有的心理满足,鼓励优秀生继续努力,带动一般生向更高的目标主动迈进。

(二)趣味性作业评价

小学生由于年龄小,具有好胜心强的特点。他们的数学作业评价可以用"敲章"的方式,每次回家作业全部正确且书写认真,就可以凭借作业最后老师批改的"优"或者低年级的"★"来找老师敲章,集齐一定数量的章后可以兑换礼物,并且最后一个学期获得章数前5名的学生就会获得一枚"数学之星"的奖章。这样的数学作业评价方式能让学生觉得完成作业是一件好玩且有趣的事情,而不是将作业看作一种每日任务机械地完成;这样还能更好地激发学生的争强好胜心理,养成认真完成作业的良好习惯。在遇到不懂的题目的时候,他们会主动提问寻找帮助,在学生间形成了一种良性的学习竞争氛围,充分发挥学生的主观能动性与积极性,也使数学作业的实际功能得以发挥。

(三)针对性作业评价

在很长一段时间里,学生对他们的作业所呈现出来的优、良等评语已经习惯了,不能有效地激起学生的情绪波澜。如果数学评语能融入老师的感情,就能在某种意义上促进学生的学习。教师应将多元评估对象和多元评估方式有机地结合起来。教师批改学生作业的本质是"评"和"批"的有机统一,其中"批"就是"批"这句话,主要是用来判断"对与错",而"评"字,却是用来解释为什么会错。可以这样说,"批"是评审的先决条件,"评"是评审的结果。其实,大部分的老师只是"批",没有真正的"评"。所以,为了激发学生的情感,提高作业批改的效率,老师可以对数学评分进行优化,提高学生对数学学习的兴趣。

1. 指出错误原因

在给学生批改的时候,许多老师包括笔者都只是简单地在他们错误的地方画一个"×"或者是圈出来。其实老师可以用红色的笔在旁边写出一些修改信息让他们明白自己错在哪里。比如二年级一个学生某道题做成了48 + 11 = 49,笔者用红笔把"49"的"4"圈了起来,在旁边写上:"这个4是怎么得到的? 你是不是漏了十位上的加法?"当笔者批出一个圈以及在旁边写出一个提示的时候,学生就会立刻意识到自己具体哪里写错了,并且能够迅速纠正过来。在纠正的同时,他们也会进行自我反省,会告诫自己在计算加法的时候,不能忘记数位相加。又例如,三年级学生在做 "98 + 2 × 8" 的时候,很多学生会写成 "98 + 2 × 8 = 100 × 8",笔者在 "2 × 8" 的下面画了一条横线,旁边写了一行字 "先乘除后加减"。在这种情况下,学生就会很快地意识到自己做错了什么。这样的作业评价具有很强的针对性,可以激发学生反思,发现错误,培养和提高学生的数学素养。

2. 提示解题方法

在对学生作业进行批阅时,老师可以在批阅中提供一些解题技巧,使学生不仅能 "知其然",而且能 "知其所以然"。比如,在三年级《植树问题》这一课中,有一个问题是:"取 20 dm 长度的一铁丝,将铁丝分成五个部分,每个部分的长度是多少? 要分多少次?" 一般情况下,他们都能搞定第一个问题,并且能快速列出算式 "20 ÷ 5 = 4 (dm)"。但是后一个问题,不少学生没有经过思考就回答:5! 那就错了。所以,笔者在旁边写下下面的话:"自己画一条线段代替 20 分米的铁丝。" 试试用 "画图" 的方式指导,让同学们建立图形思维,把立体和形象联系起来,去寻找答案。

3. 引导解题思路

笔者在批改五年级学生行程问题的作业的时候,经常遇到学生大片作业空白。显然是没有掌握解题思路。笔者在其作业本上对行程问题的解题思路进行了分析。首先,需要判断是行程问题中的相遇问题还是追及问题;其次,根据题目类型画出线段图,根据线段图找出等量关系;最后列出方程解方程。于是,笔者在旁边评论:"1. 判断题型 2. 画线段图 3. 找等量关系 4. 列方程"。把学生的解题思路完整地罗列出来,有目标地指导,以确定理性的行为为依据。有些学生对于这种整体的解题思路是掌握的,只是具体到某一步骤的时候无法推进下去,那教师就应该根据具体情况具体分析,在其旁边进行批注。同样,五年级的学生作业中,某个学生对追及问题的等量关系总是无法找出,导致方程一直列错,比如 "20 + 65x = 80x",在此方程中他总是会把先发者的两段路程相减,笔者在其作业旁批注:先发者走的两段路程需要相加才等于追及者行的路程。有了这些评价,不仅让学生能够更好地学习,还能让学生具有不畏难的品质。

(四)自主性作业评价

学生在教学活动中不仅是学习的主体,还是评价的对象。既然学生是学习的主体,那么由教师单方面评价学生显然具有片面性。让学生参与作业批改,从而改变单一的教师评价,加强师生间的交流互动。学生通过批改作业,可以了解他人的思路和想法,能通过对比了解自身的不足。这样,学生也可从另一个角度深入地学习知识,并体会到发现问题和解决问题的快乐,从而爱上学习并促进自学和终身学习习惯的养成,最终达到学生发展的目标。教师先查看作业情况,根据作业中暴露出的"问题",选择学生共同批改。教师选择存在问题的学生批改作业,有针对性地让学生认识到自己的问题,增加学生的学习机会;也可以分组轮番批改,这样大家都有机会批改,也能增加学生的积极性和集体感。教师也可以让学生之间互相评价。学生互相评价既可以是班级内互相评价,也可以是小组内互相评价。学生在相互评价时,也可以相互讨论,在完成自己评价的同时,学习他人的评价方法。在这些互动中发现自己的不足并提高学习的兴趣,也有利于提高团队沟通和合作能力。

笔者所带的三个班级从本学年伊始就采取以上方法进行作业批改,经过一个学期的应用,学生的作业情况较之前普遍有所提升。二年级的学生作业优秀率从81.3%提升到93%;五年级的一个班作业优秀率从66.6%提升到84.4%,另一个班从56.8%提升到79.5%。

根据笔者所提出的方法,打破了以往各学科批改作业的常规模式,将简单的打钩打叉变得更加复杂化。针对每个学生的具体问题,笔者采用了个性化的作业批改方法,为他们提供了具有针对性的、有效的修改方法。这样,学生可以在拿到作业后立即思考出错的地方,并根据提示及时进行订正。此外,学生还可以根据所提供的批注反思解决这类题目的解题思路。这种方法真正实现了通过作业巩固课堂所学知识的目标。

参考文献:
[1] 朱茂娟,康立军.小学数学实践作业设计初探[J].黑龙江教育·小学,2012(12):50-51.
[2] 周文叶,陈铭洲.指向核心素养的表现性评价[J].课程·教材·教法,2017,37(9):36-43.
[3] 席文雅.小学数学作业的评价[J].素质教育,2014(5):23-24.
[4] 潘超.浅谈如何在数学作业批改中巧用评语[J].读写算,2018(6):145.
[5] 吴清华.小学数学作业评价之我见[J].江西教育(综合版),2012(03):97.
[6] 逯永慧.小学初任教师课堂评价素养初探[D].上海:上海师范大学,2019.

为学生创设"能说会写"的天地

——以"2分钟演讲"和《语林采英》为例

上海市浦东新区进才实验小学　江海虹

　　小学语文课程标准强调：通过学习，"使学生具有适应实际需要的识字写字能力、阅读能力、写作能力、口语交际能力，正确地理解和运用祖国语言文字"，同时还提出：学生应"具有日常口语交际的基本能力，学会倾听、表达与交流，初步学会文明地进行人际沟通和社会交往"。

　　根据小学语文课标凝练的小学语文核心素养，集中体现在阅读理解力、语言表达力、思维发展力和文化感受力上。这四种能力是相互关联、相辅相成的。其中，语言表达力即语言的建构和运用能力。语言的建构从学科知识上划分，应包括口头语言与书面语言；从学科能力上划分，应包括口头语言的听、说能力和书面语言的读、写能力。显见，语言表达力是小学生语文核心素养培育的基础和载体，对于回归、丰富"文道相谐，以文化人"的语文本真具有高屋建瓴、守正创新的意义。

一、小学生语言表达存在问题及原因

　　在不少语文教师（包括笔者自己）的日常教学中，经常会看到这样的情景：有的学生在回答问题或讨论时，闷声无语或轻声细语，羞于在公众场合说话；有的学生虽有表达的欲望和热情，回答问题、发表见解却踩不到点子上，或问东答西、毫无章法，或浅尝辄止、缺乏深思；有的学生一见作文就思路"断电"，内心忐忑，一脸茫然，不知从何下笔……诸如此类的常见问题可归理为：表达不准、表达不畅、表达不清。

　　审视上述司空见惯的种种问题，有其深层的主客观原因。从主观动因上分析，作为语言表达主体的小学生，有其身心发展的特点。一般而言，小学生的语言表达与发展水平受制于自我的身心发展水平，主要表现在以思维品质、社会阅历、教育程

度为基础的语言建构力上。质言之,小学生的心智成熟度在较大程度上制约了他们语言建构的质量与水平,也就制约了他们语言表达的质量与水平。

从客观原因上分析,与至今仍难治本的应试之风不无关系。进一步反思,与语文教学中久治未愈的顽症休戚相关,如碎片化的阅读、应试式的写作、边缘化的口语表达等等,或多或少阻碍了以"文道相谐,以文化人"为主旋律的大语文教育观的践行,也就使新课标的落实、小学生语文核心素养的培育,遭际诸多折腾。

辩证分析小学生在语言表达上的种种问题,既要规避违背教育规律和小学生身心发展规律的"拔苗助长"、好大喜功之倾向,又要遵循语文新课标要求和立德树人目标,努力为小学生的语言表达创设一方"天空任鸟飞,海阔凭鱼跃"的天地。

二、语言表达训练的实践探索

通过多年的教学实践与反思,我在小学生的语言表达训练上积累了一定的经验:在小学低、中年级的语文教学中,教师须深入研析教材,确定口语训练点,逐步培养学生的口语表达能力。在小学高年级的语文教学中,除巩固、发展学生的口语表达能力外,还须力抓书面表达能力的训练。教师可结合文本特点,撷取经典段落,让学生动笔仿写,体验悟道。为了让学生拥有更多的口语表达天地,为了激发学生的书面写作兴趣,我以课前2分钟演讲(走进语文小讲堂)和《语林采英》语段赏析作业为抓手,持之以恒地开展了小学生语言表达训练的"实战练兵"。

(一)2分钟演讲——培养小学生口语表达能力的"轻骑兵"

在正式上课铃打响之前的2分钟,会有一个预备铃。以往,这短暂的2分钟是为学生准备好课本、教师维持纪律所用的。当课前准备已成良好习惯时,我萌生了好好利用的念想。是啊,如果能把每节课之前的2分钟充分利用起来,让学生做点有意义的事情,何乐而不为呢? 事物矛盾运动的哲理告诉我们,质变总是以量的积累为前提的。学生的学习亦如此。

如前所言,小学语文学习的核心素养之一是引导学生学会倾听、学会表达。鉴于学生(特别是低年级学生)在口语表达上的种种问题,我将这2分钟定为学生演讲的时间。即在课前准备的基础上,由一个学生上台演讲,按照学号轮流循环,无一例外。起先,学生演讲后由教师做简要点评,见多识广了,评价主体自然变成了学生。当学生在口语表达上有了进步之后,专设2分钟演讲小主持人,从开场到选人评价,再到最后的小结,都由小主持人全权负责,也真的锻炼了学生的主持表达能力,出现了一批像模像样的主持人。

评价基于目标。为了让学生的评价具有针对性、适切性，可根据不同年级学生的层次差异（总体而言），确立不同年级的演讲要求（见下表）。

2分钟演讲分年级要求

年级	2分钟演讲要求
一	1. 知道在人前演讲的重要性，勇于演讲 2. 能用普通话流畅地进行主题演讲 3. 能认真倾听别人的演讲，记住大概内容 4. 在老师的指导下，能对别人的演讲进行简单的评价
二	1. 能在家长或老师的帮助下，准备演讲稿 2. 能用普通话，流畅、自然、大方、声音洪亮地进行演讲 3. 能从多个角度评价别人的演讲，给出档次（优、良、合格、须努力），并简单地提出建议 4. 对演讲感兴趣，敢于在人前发表自己的意见
三	1. 能在家长或老师的提示下，自己准备演讲稿 2. 演讲时，能带有一定的感情色彩 3. 认真听完别人的演讲，记住主要内容 4. 能和他人共同评价，博采众长，取长补短
四	1. 能独立准备演讲稿，或向其他同学请教，修改演讲稿 2. 演讲时，态度大方自然，有自信，表现出蓬勃的朝气 3. 对别人的演讲，能大胆地说出自己的看法，并接受别人的意见
五	1. 能借助工具书或网络等媒介，独立准备，并修改演讲稿，语言精练 2. 演讲时，不拘泥于演讲稿，能适时发挥，随机应变，表达有条理 3. 对别人的评价不拘泥于形式，提出合理、有效的改进建议

确立分年级演讲要求，为不同年级的学生依据不同的要求做演讲准备和有针对性的评价，提供了基本准则。同时也为成长中的学生设置了口语表达有序进阶的梯度，激励学生强基固本，拾级而上。

在评价方式上，小学低年级以教师点评为主，小学高年级以学生合评为主（受控于有限的时间，课间更多的同学将点滴感悟和简要评价贴在《学习园地》的"分享栏"内，引发热议）。虽有等第评价，但以激励性、发展性评价为主导，为学生创设扬长避短、良性竞争的口语表达氛围。

在演讲主题方面，低年级由语文老师定主题；到了中高年级，由学生推荐主题，然后全班投票确定。每个年级的主题见下表：

2分钟演讲分年级主题

年级	主　　题
一	自我介绍,我的家人,我的朋友,我的旅行
二	快乐的暑假生活,古诗欣赏,成语故事,民俗节日
三	学生自己定主题,如:我喜欢的玩具,四季,我喜欢的运动等
四	学生自己定主题,如:我的故乡,一件有意义的事,名言警句赏析,广告词赏析等
五	学生自己定主题,如:经典佳作介绍(对话名家,走近经典)等

经过多年的系统训练,所教班的学生们都能自信、坦然地站在讲台前演讲,出现在部分同学中的"表达不敢、表达不畅、表达不清"的问题逐步得以消解,"爱说、能说"已蔚然成风。一位羞于表达的学生写下了感受:"我太喜欢短短两分钟的演讲活动了。这次演讲不仅让我战胜了自己的内向和胆怯,更让我知道'世上无难事,只怕有心人',任何能力,只要勇敢面对,勤加练习,就一定会获得提高!"学生家长们看到孩子在口语表达上的进步,也津津乐道。有的家长认为,这是"神奇的2分钟",竟有如此魅力;有的家长由衷感叹:经过几次训练,孩子不仅逐渐摆脱掉紧张,还讲出了兴趣,讲出了门道。一位家长还给我发了微信:"江老师把演讲活动变成了孩子们充分互动的平台,发挥了'2分钟演讲'短、新、趣、活的'轻骑兵'作用。"

(二)《语林采英》——训练小学生书面表达能力的"策马鞭"

口语表达是学生人际交往的直接形式,是陪伴终生的必备素养。若要传递清晰、准确的信息,最终须得落实到笔头上。这是自小学至大学,学生必须逐步学会、不断提升,直至运用自如的一种重要文化技能,更是新时代背景下当代公民理应具备的国学素养。据此,作为经年强调且被列入小学语文核心素养之一的书面表达能力的训练也就成了常议常新的重难点命题。

前文提及的作文思路"断电"及由此折射出的"东瞧西望、抓耳挠腮,半天憋不出一个字来""知道要写些什么,却总是思路混沌、文意不清、用词不当"等学生书面表达上的问题具有一定的普遍性、顽固性。作为从教多年的语文教师,自然践行了多种纠偏矫治的教学策略与方法,也借鉴了相关行之见效的经验与做法,取得了良好的成效。为进一步激发学生(特别是高年级学生)的写作自信与兴趣,我开始了新的探索。于是，我和所教班的学生和家长进行了一次广泛、坦诚的交流，受益匪浅：那些经常受到老师表扬的学生有着强烈的写作欲望与兴趣，自信心也强；那些偶尔受表扬的学生对写作的自信与兴趣就相形见绌；极少表扬或相对落后的学生则存有畏惧或挫折心理。其实，那些写作基础较弱的学生更希望自己的写作能进步，能被表扬，习作能在班内亮相、传阅，只是他们觉得自己的愿望很遥远，也就失却信心了。

心理学研究表明，欲望激发兴趣，兴趣触动内驱，内驱牵引行为。学生失去了写作的欲望、兴趣，自然会陷入"要我写""逼我写"的被动与无奈；反之，将会迎来"爱写""会写"的愉悦与享受。受学校定期编辑校刊的启发，所教的高年级班级何尝不能拥有自己的班刊呢？由此，编辑一本《班级作文集》的想法便在我心中油然而生。在集思广益的群策群力中，我和学生一起为以摘抄好词佳句为主、并记录有感而发文字的作业本取了个雅趣的名字——《语林采英》，意为文学的佳作、美文犹如繁茂的森林，游览其间，采撷好词佳句，品味思索，写点感悟随笔，常能觅得"下笔不灵观飞燕，行文无序看花开"的灵感与惊喜。我又推波助澜，何不将学生的作文或摘抄集结成班级同学们共同享用的《语林采英》作文集？作为班刊的《语林采英》便应运而生了。

《语林采英》所收集的文章来自班级的全部学生。只要学生对自己的作文满意，就可以收集在册。不少学生利用周末将一周阅读中最喜欢的篇目的某个段落工整誊抄，再做赏析；更有学生兴至趣来，落笔抒怀。于是，有以近期周边发生的一件事、一个现象为感触点，或以社会热点为素材的每周随笔便纷至沓来，内容丰富、视角相异，令人耳目一新。有趣的是，还装帧了亲和的封面，配上精美的插图，专设了家长、老师、同学互动的"点评"。于是，《语林采英》就成了教师、学生、家长间沟通、交流的纽带。学生们有感而发的文字记载了各自成长的足迹，老师、家长的评语更如涓涓细流滋养着孩子们的成长。

别看《语林采英》只是一本小小的作业本或作文集，它在训练学生的书面表达能力上起到了不容忽视的作用：学生不再"脑中空乏，思路混沌、无话可写"，下笔自如的写作状态逐渐从少数发展到多数。学生能够将所读书籍中的好词佳句美文摘录于自己的《语林采英》作业本内，然后带着欣赏的心绪品味睿思、学以致用。每到作文课，先前皱着眉头、搜索枯肠的现象已少之又少，取而代之的是自信地拿起笔，紧扣给定的主题，理顺涌动的思绪，从容地书写自己建构的语言。学生也不再"局囿自我、狭窄视野、索然无趣"。手拿一本《语林采英》，一睹同伴们的写作风采，取长补短、切磋交流、互鉴相助、争议辨析便成了写作拓展的常见风景。每每至此，教师对学生书面表达的指导多半是乘势而为的点化，推陈出新的导引。面对学生"表达不准""表达不畅""表达不清"等老大难问题，多了一份"柳暗花明又一村"的喜悦和自信。回溯《语林采英》作业本和文集的诞生、成长、发展历程，感触良多。倘若将书面表达比作培育学生核心素养的一匹良驹，那么，《语林采英》则是一杆促其扬蹄力行的"策马鞭"。

三、结语

在以国学为底蕴的语文学习的广袤原野上，作为小学生语文核心素养培育要素的"语言表达"，始终是语文教学的主干任务和难点所在。本着"难点共商，异议相析；经验互享，警示可鉴"的意愿，本人以"2分钟演讲"和《语林采英》为例，做了多年的实践研究和教改探索，取得了良好的成效。虽然，课前2分钟演讲只是短暂的片刻，而《语林采英》作业本及由此汇编的相同名称的班级文集，也只是学生写作拓展的"自留地"，但在"不忘初心、方得始终"的坚守、革新中，或多或少、或明或隐地体现、透视了"集腋成裘、聚沙成塔"的些许效应。而贯穿其中的正是很易淡视乃至忽视的学生对于语言表达的尝试欲望、学习兴趣、内在驱动力。"2分钟演讲"和《语林采英》作业本及其文集，依循了学生身心发展特点和认知规律，为学生创设了自由驰骋的一方天地，使学生的学习自信得以建树，读写兴趣得以保持，思维品质得以锻炼，内在潜能得以唤醒，正能文化得以濡染，较好地缓解了学生在语言表达上的共性矛盾。

当然，这是个不断积累、刻苦修炼的过程。我们还须在"集思广益、博取众长""行成于思、求道于心"的改进、优化中持之以恒、久久为功，切实为学生奠好小学阶段的"语言表达"基础。

教育有道，教无定法。愿"轻骑兵"和"策马鞭"在培养、提升学生的语言表达能力和水平上发挥"文道相谐，以文化人"的独特作用。

参考文献：

[1] 李作芳.浅谈阅读教学中小学语文核心素养的培养[J].教育理论与实践,2017(14):60-61.

[2] 刘晶晶.语文学科核心素养：内涵及构成[J].教育探索,2016(11):17-20.

图书在版编目（CIP）数据

稻海耕波：上海市浦东新区进才实验小学教育集团
教师文集. 2023卷 / 赵国弟主编. —上海：文汇出版
社，2024.3
ISBN 978-7-5496-4235-9

Ⅰ.①稻…　Ⅱ.①赵…　Ⅲ.①小学教育-浦东新区-
文集　Ⅳ.①G62-53

中国国家版本馆CIP数据核字（2024）第051451号

稻 海 耕 波
——上海市浦东新区进才实验小学教育集团教师文集·2023卷

主　　编 / 赵国弟
责任编辑 / 张　涛
封面装帧 / 梁业礼

出 版 人 / 周伯军
出版发行 / 文汇出版社
　　　　　　上海市威海路755号　（邮政编码：200041）
经　　销 / 全国新华书店
排　　版 / 南京展望文化发展有限公司
印刷装订 / 上海新文印刷厂有限公司

版　　次 / 2024年3月第1版
印　　次 / 2024年3月第1次印刷
开　　本 / 787×1092　1/16
字　　数 / 350千字
印　　张 / 20.25

ISBN 978-7-5496-4235-9
定　　价 / 65.00元